权威·前沿·原创

皮书系列为
“十二五”“十三五”国家重点图书出版规划项目

BLUE BOOK

智库成果出版与传播平台

河南双创蓝皮书
BLUE BOOK OF MASS ENTREPRENEURSHIP AND INNOVATION IN HENAN

河南创新创业发展报告（2020）

ANNUAL REPORT ON INNOVATION AND ENTREPRENEURSHIP DEVELOPMENT OF HENAN (2020)

双创与高质量发展

顾　问／张大卫
主　编／喻新安　胡大白　杨雪梅
副主编／于善甫　王　威　郭军峰　张　冰

社会科学文献出版社
SOCIAL SCIENCES ACADEMIC PRESS (CHINA)

图书在版编目(CIP)数据

河南创新创业发展报告．2020：双创与高质量发展／喻新安，胡大白，杨雪梅主编．－－北京：社会科学文献出版社，2020.9
（河南双创蓝皮书）
ISBN 978－7－5201－7154－0

Ⅰ.①河… Ⅱ.①喻… ②胡… ③杨… Ⅲ.①企业创新－企业发展－研究报告－河南－2020 Ⅳ.①F279.276.1

中国版本图书馆CIP数据核字（2020）第159889号

河南双创蓝皮书
河南创新创业发展报告（2020）
——双创与高质量发展

主　　编／喻新安　胡大白　杨雪梅
副 主 编／于善甫　王　威　郭军峰　张　冰

出 版 人／谢寿光
责任编辑／丁　凡

出　　版／社会科学文献出版社·城市和绿色发展分社（010）59367143
地址：北京市北三环中路甲29号院华龙大厦　邮编：100029
网址：www.ssap.com.cn
发　　行／市场营销中心（010）59367081　59367083
印　　装／三河市东方印刷有限公司

规　　格／开　本：787mm×1092mm　1/16
印　张：23.5　字　数：353千字
版　　次／2020年9月第1版　2020年9月第1次印刷
书　　号／ISBN 978－7－5201－7154－0
定　　价／128.00元

本书如有印装质量问题，请与读者服务中心（010－59367028）联系

主要编撰者简介

喻新安　男，经济学博士，教授，研究员，河南省政协常委、学习和文史委副主任，河南省社会科学院原院长、首席研究员，河南省高校智库联盟理事长，黄河科技学院、中国（河南）创新发展研究院、河南新经济研究院首席专家，国家统计局“中国百名经济学家信心调查”特邀专家。享受国务院政府特殊津贴专家，曾获“河南省跨世纪学术带头人”、“河南省优秀专家”、“河南省杰出专业技术人才”、第二届（2012）“河南经济年度人物”称号。先后在河南省委党校、河南省社科联、河南省社会科学院工作。兼任河南省社科联副主席、中国区域经济学会副会长、中国工业经济学会副理事长，河南省“十五”至“十四五”规划专家委员会成员，第三、四届皮书学术评审委员会委员。主持国家级、省部级课题30余项；公开发表论文400余篇。出版著作30多部，获省部级社科特等奖、一等奖、二等奖20余项。

胡大白　女，黄河科技学院创办人，董事长，教授，中国当代教育名家，第十届全国人大代表，享受国务院政府特殊津贴，中国民办教育协会监事会主席、河南省民办教育协会会长。曾荣获第三届“中国十大女杰”、“全国三八红旗手”、“60年60人中国教育成就奖”、“中国好人”、“中国好校长”、“世界大学女校长终身荣誉奖”、“河南省劳动模范”、“河南省优秀共产党员”、“改革开放40周年影响河南十大教育人物”等荣誉称号。从事民办高校管理工作，致力于创新创业理论研究、民办高等教育理论研究等，担任《河南创新创业发展报告》主编、《河南民办教育发展报告》主编。出版著作7部，主持“民办高校实施内涵式发展的战略研究”等省部级以上课题10余项，发表论文50余篇，获第六届河南省发展研究奖一等奖、河南省哲学社会科学优秀成果二等奖等。

杨雪梅　女，黄河科技学院校长，博士，教授，硕士生导师。十二届全国人大代表、民建中央委员、民建河南省委常委、中国民办教育协会副会长、河南省民办教育协会副会长兼秘书长、河南省高校创新创业协会会长，河南省政府督学、河南省教育评估中心首批评估专家。荣获“全国五一劳动奖章”“全国五一巾帼奖章”“全国青年五四奖章”“全国三八红旗手”“2012年度河南省学术技术带头人”“河南省十大科技领军人物”等荣誉称号。从事民办高校管理工作，致力于民办高等教育领域理论研究和管理实践。出版作品10部，主持参与“民办高校应用型人才培养模式创新与实践”等省部级以上课题20余项，发表论文40余篇。曾荣获高等教育国家级教学成果二等奖1项，河南省高等教育教学成果特等奖1项，河南省社会科学优秀成果一等奖1项、二等奖2项。

摘　要

本书是第四部对河南省创新创业情况进行跟踪研究的年度蓝皮书，由黄河科技学院、河南省高校智库联盟、中国（河南）创新发展研究院组织创研。蓝皮书贯彻落实国务院《关于推动创新创业高质量发展打造“双创”升级版的意见》（国发〔2018〕32 号）以“双创与高质量发展”为主题，从产业发展、区域发展、企业发展三个层面进行深入研究，力求全面、客观、真实地反映河南 2019 年“双创”取得的成效。为深入推进大众创业万众创新，探究 2020 年河南“双创”全面升级，发展创业投资、平台经济、共享经济，更大激发社会创造力，推动经济高质量发展提供理论和智力支持。

本书共分四部分，结构如下。

第一部分，总报告。该部分由两个分报告组成。《2019～2020 年河南创新创业与高质量发展的形势分析与展望》在对 2019 年河南创新创业发展与高质量发展整体情况回顾的基础上，从机遇、挑战、新趋势三个方面对河南 2020 年创新创业与高质量发展环境进行了系统分析，并提出了 2020 年河南省创新创业与高质量发展的对策。《河南省城市创新能力评价报告（2020）》侧重从实证考察的角度，构建了由 35 个统计指标组成的河南省城市创新能力评价指标体系，并利用新的统计数据，进行了 2020 年河南省城市创新能力评价，针对 2020 年河南省城市创新能力评价的结果，结合当前科技创新发展趋势，提出了推动城市创新发展与高质量发展的相关建议。

第二部分，产业发展篇。该部分主要结合当前产业发展趋势，针对当前河南相关新兴产业、优势产业、特色产业的创新与高质量发展进行研究与分析。研究产业涉及电子信息类、制造类、金融类、生活服务类等众多领域，主要包括：河南装备制造业、新型材料产业、智能制造产业、现代物流产业、金融产业、文旅产业、健康养老产业、现代农业、食品加工业、信息产业等。系统分析了当前河南省内相关产业的发展现状，为产业转型升级、助推河南经济高质量发展提供了建议与对策。

第三部分，区域发展篇。该部分主要从区域发展的角度，对相关地市和区域创新创业与高质量发展情况进行了研究与分析。全面地梳理了郑州、洛阳、开封、商丘等区域2019年“双创”及高质量发展的基本情况，剖析了各区域“双创”发展中面临的形势和存在的问题，从竞争力提升、产业创新能力提高、国际化推进、“双创”主体活力释放、文化驱动、培养和集聚双创人才、优化创新创业生态系统等方面对区域深入开展“双创”，推动高质量发展提出了思考与建议。

第四部分，企业发展篇。该部分选取了部分河南典型企业进行研究和分析。如建业集团、河南保税集团、郑州国际陆港、鹿邑农商银行、双汇集团、牧原集团等。通过对企业进行深入的调研，梳理了各企业在“双创”和高质量发展方面的现状，总结各企业在推进创新创业升级，实现高质量发展方面进行的实践与探索，分析各企业当前所面临的问题和难点，最后从多维度提出了优化建议与对策。

关键词： 河南省　创新创业　高质量发展

序

呈现在我们面前的，是第四部对河南省创新创业情况进行跟踪研究的年度蓝皮书，主题是“双创与高质量发展”，由黄河科技学院、河南省高校智库联盟、中国（河南）创新发展研究院组织创研。

2019 年 3 月 10 日，习近平总书记在参加十三届全国人大二次会议福建代表团审议时强调“要营造有利于创新创业创造的良好发展环境”。2020 年两会期间，习近平总书记再次强调，要大力推进科技创新及其他各方面创新，加快推进数字经济、智能制造、生命健康、新材料等战略性新兴产业，形成更多新的增长点、增长极。李克强总理在今年政府工作报告中也明确提出，要“深入推进大众创业万众创新”，要“深化新一轮全面创新改革试验，新建一批双创示范基地”，以此来激发市场主体活力，增强经济发展新动能。2019 年 12 月 27 日，人力资源和社会保障部发布《关于进一步支持和鼓励事业单位科研人员创新创业的指导意见》，对“双创”工作进行再部署，这些都为当下及今后一个时期“双创”工作的开展指明了方向。

河南作为中西部地区经济和人口大省，2019 年全省生产总值突破 5.4 万亿元，在国家打造“双创”升级版、推动区域高质量发展的布局中，具有不可替代的地位，梳理研究河南“双创”开展情况，探索“双创”与高质量发展具有重要意义。

2019 年，面对国内外严峻形势和复杂多变的发展环境，河南全省上下以习近平新时代中国特色社会主义思想为指导，深入贯彻落实习近平总书记调研指导河南工作时提出的“以构建自主创新体系为主导推进创新驱动发展”的重要嘱托，以及党中央和省委关于创新驱动发展的新要求，以创新驱动发展战略为主线，以高质量发展为根本目标，以产业转型升级为重点，以郑洛新国家自主创新示范区为核心载体，不断深化科技体制改革，构建了更具活力的创新创业生态系统。从全年来看，河南省经济发展及创新创业呈现如下态势。

一是经济发展质量不断提高。经济结构不断优化，居民收入持续增长，服务业发展稳中有进，供给侧改革成效显著，就业形势保持良好，跨境电商等新兴产业较快增长。二是创新能力继续增强。全省创新体系逐渐完善，创新引领型企业能力不断增强，创新引领型人才逐渐壮大，创新引领型平台不断增加，创新引领型机构不断增多。三是创造能力不断提升。全省优势产业逐渐形成，规模以上企业比重增加，战略性新兴产业蓬勃发展，科技成果转化能力不断增强。四是创新创业创造环境不断优化。表现为政策体系逐渐完善，营商环境不断优化。

2020 年新冠肺炎疫情暴发以来，全球供应链、产业链一度中断，世界经济发展前途未卜，我国发展面临的风险挑战也是前所未有。当下及今后一个时期，河南省要全面落实“六稳”“六保”工作，深入探索创新创业与经济高质量发展之间的逻辑关系。要以党的十九大精神和习近平总书记调研指导河南工作时的重要讲话为统领，以高质量发展为目标，着力推动创新驱动提速增效；必须始终坚持稳中求进工作总基调，依托新发展理念创新求变，以高质量发展为根本遵循，以各项国家战略协同融合为抓手，全力打赢三大攻坚战，持续推进“四个着力”，打好“四张牌”，精准落实“六稳”“六保”任务，保持经济平稳健康发展，促进经济高质量和高效率发展。

一是全力推进各类“双创”主体再升级。全力培育创新引领型企业，以创新推动企业转型升级，激励各类人才创新创业创造。二是持续强化平台载体建设。通过打造高能级创新载体平台、加快建设高水平创新平台、引进培育一批新型研发机构、推动重大创新载体联动发展、高水平规划建设郑开科创走廊、争创国家全面创新改革试验区等措施强化平台建设。三是提升科技成果转化与应用。要不断强化关键核心技术攻关，新布局一批重大科技专项，加速科技成果转化和产业化，加强军民科技协同与国际合作交流。四是持续推进营商环境优化。深化科技领域“放管服”改革，培育更具活力的创新创业“新生态”，不断加强知识产权保护和运用。五是多措并举推进消费升级。要激发消费潜力，提高供给体系质量，适时启动农村市场，大力发展新消费。六是要打造对外开放的新高地。要立足河南“空中、陆上、网上、海上”四条丝绸之路协同并进的良好态势，积极打造对外开放通道新优势。七是持续推进供给侧改革助力高质量发展。通过精准施策、全面改革创新、完善科技奖励体系等措施提升供给质量。八是不断完善创新创业与高质量发展的治理体系和治理能力。要不断增强财税政策扶持能力，建立和完善创新创业创造投资引导机制，构筑完善创新创业创造发展生态链。

这部以“双创与高质量发展”为主题的蓝皮书，从产业发展、区域发展、企业发展三个层面进行深入研究，力求全面、客观、真实地反映河南2019年“双创”取得的成效。力争为深入推进大众创业万众创新，探究2020年河南“双创”与高质量发展，以求为推动经济高质量发展提供理论和智力支持。我们希望并相信，《河南创新创业发展报告（2020）》的出版，能对河南持续深入推进创新创业创造工作，推动经济高质量发展产生积极的影响。

河南省高校智库联盟理事长

中国（河南）创新发展研究院院长

喻新安

2020年7月6日

目　录

Ⅰ　总报告

Ⅱ　产业发展篇

Ⅲ 区域发展篇

Ⅳ 企业发展篇

皮书数据库阅读**使用指南**

总 报 告

General Report

B.1
2019～2020年河南创新创业与高质量发展的形势分析与展望

中国（河南）创新发展研究院课题组*

摘　要： 2019年3月10日，习近平总书记在参加十三届全国人大二次会议福建代表团审议时强调“要营造有利于创新创业创造的良好发展环境。要向改革开放要动力，最大限度释放全社会创新创业创造动能，不断增强我国在世界大变局中的影响力、竞争力”。2019年12月27日，人力资源和社会保障部发布《关于进一步支持和鼓励事业单位科研人员创新创业的指导意见》，对“双创”工作进行再部署。从创新创业到创新创业

* 课题组组长：喻新安，博士，河南省高校智库联盟理事长，黄河科技学院中国（河南）创新发展研究院首席专家，教授，研究方向：区域经济、产业经济；杨雪梅，博士，黄河科技学院校长，教授，研究方向：高等教育、创新创业。课题组成员：于善甫、张冰、于广超、喻晓雯、豆晓利、郭军峰、刘晓慧、张志娟、杜文娟、李斌、武文超、刘晓、魏征。

创造的转变，体现的是以技术为导向进行各种生产要素组合的创业，再到弘扬伟大民族精神创造精神的思想体系。大力推动创新创业创造，有机组合和高效利用创新要素，推动产品从劳动生产向价值创造、从加工制造向价值链攀升全面转型，有利于最大限度释放全社会创新创业创造新动能，推动经济高质量发展。

我国经济已由高速增长阶段转向高质量发展阶段，对推动创新创业创造提出了新的更高要求。当前，新冠肺炎疫情在全世界蔓延，世界主要经济体大都“闭关封城”，全球产业链中断导致各国经济雪上加霜。河南创新创业创造面临前所未有的困难和挑战，但挑战中也不乏各种机会。河南省必须坚持把创新创业创造摆在发展全局的核心位置，激活高质量发展的第一动力，切实提高科技供给的质量和效率，打造发展新引擎，培育发展新动能，为新时代中原更加出彩提供强有力支撑。

关键词： 创新创业　高质量发展　河南省

2019年，全省上下以习近平新时代中国特色社会主义思想为指导，深入贯彻落实习近平总书记调研指导河南工作时提出的“以构建自主创新体系为主导推进创新驱动发展”的重要嘱托，以及党中央和省委关于创新驱动发展的新要求，以创新驱动发展战略为主线，以高质量发展为根本目标，以产业转型升级为重点，以郑洛新国家自主创新示范区为核心载体，深化科技体制改革，构建更具活力的创新创业生态系统，打造省级“双创”升级版范式，为现代化经济体系建设、新时代中原更加出彩提供坚实的科技支撑。

一 2019年河南省创新创业与高质量发展整体情况回顾

2019 年，河南省经济总量达 54259.20 亿元，比上年增长 7.0%，高于全国平均水平 0.9 个百分点，圆满完成了预定经济增长目标。其中，战略性新兴产业增加值增长 13.7%，现代新兴服务业营业收入增长 13.6%（1～11 月），高技术制造业产值增长 9.2%，技术合同成交额增长 56.32%。全年来看，河南省创新创业和高质量发展取得可喜成绩。

（一）经济发展质量不断提高

1. 经济结构不断优化

2019 年河南省经济实现快速增长，三次产业结构中第二、第三产业增速均高于平均增速（见图 1），总产值达 54259.20 亿元，战略性新兴产业增长最快达 13.7%，工业结构持续向中高端攀升，经济实力和经济结构持续优化。其中，全省规模以上工业增加值增长 7.8%，近年来河南省重点推进的五大主导产业、战略性新兴产业、高技术制造业增加值增速均高于全省规模以上工业增加值，而传统产业、高耗能工业增加值增速均低于全省规模以上工业增加值（见图 2）。由此可见，河南省产业结构不断优化，经济增长的新动能逐步形成。

2. 居民收入持续增长

2019 年，全省居民人均可支配收入达到 23902.68 元，同比增长 8.8%，高于全省 GDP 增速 1.8 个百分点；全省居民人均消费支出 16331.79 元，增长 7.7%，高于地区生产总值增速 0.7 个百分点。居民收入不断提高、中等收入群体不断扩大，为全省经济稳定增长注入了活力。其中，农民人均可支配收入达到 15163.75 元，同比增长 9.6%，高于城镇居民增速 4.9 个百分点，农村居民人均消费支出 11545.99 元，增长 11.1%，全省有 68.7 万农村贫困人口脱贫，14 个贫困县脱贫摘帽，城乡收入差距继续缩小。

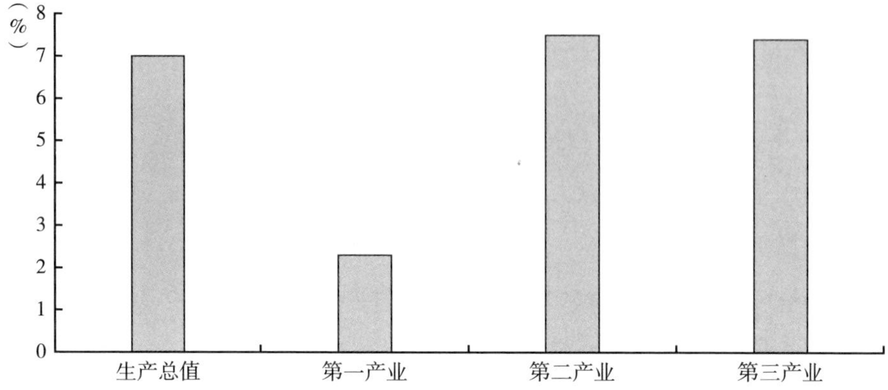

图 1　2019 年河南省三次产业增加值增速

资料来源：河南省统计局、国家统计局河南调查总队《河南统计月报》。

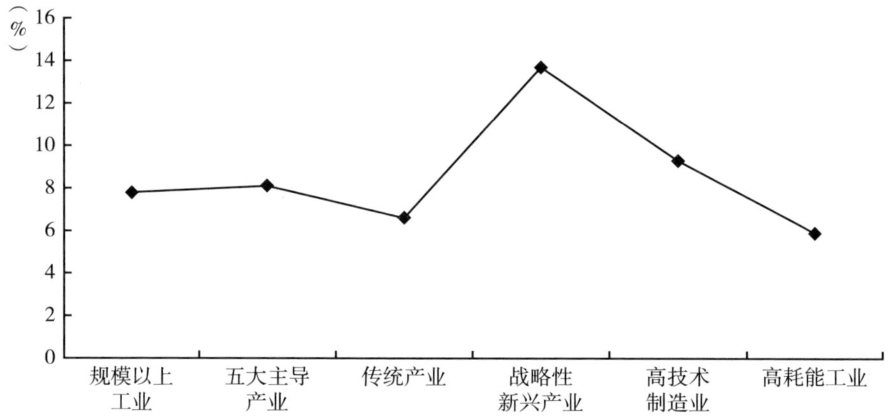

图 2　2019 年河南省分产业规模以上工业增加值增速

资料来源：河南省统计局、国家统计局河南调查总队《河南统计月报》。

3. 服务业发展稳中有进

从全年来看，服务业增加值占生产总值增加值的比重达到了 48.0%，较 2018 年提升 0.7 个百分点，服务业对 GDP 增长的贡献率为 45.6%，高于工业 1.8 个百分点，服务业的增速明显，继续成为经济增长的主要拉动力量。2019 年 1～11 月，全省现代新兴服务业营业收入增长 13.6%，互联网和相关服务业等增速较快（见图 3）。

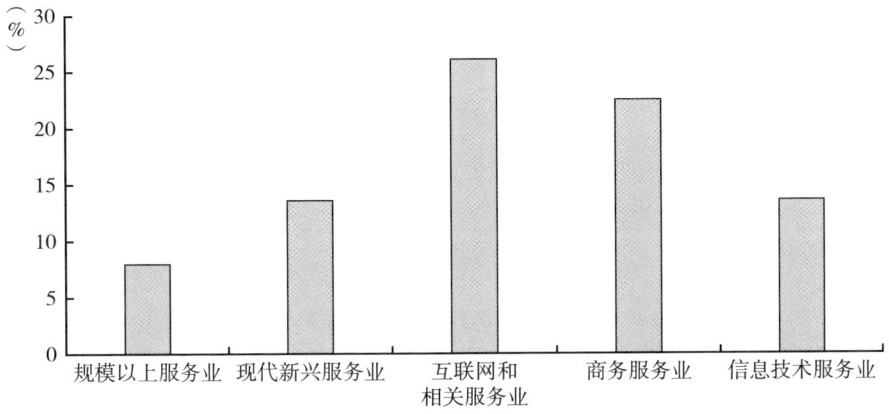

图 3　2019 年 1～11 月河南省分产业规模以上服务业增加值增速

资料来源：河南省统计局、国家统计局河南调查总队《河南统计月报》。

4. 供给侧改革深入推进

2019 年全省全面贯彻落实“八字方针”，不断巩固“三去一降一补”成果，以精准深入推进供给侧结构性改革调优供给结构，取得显著成效。为尽快补足发展短板，全省上下持续加大对短板领域的投资力度和政策扶持。2019 年全省生态保护和环境治理业、公共设施管理业、卫生、教育领域投资分别增长 67.4%、20.8%、29.6%、24.6%，均明显高于固定资产投资（见图 4）。为降低企业负担，及时实施减税降费政策，出台了“降成本 30 条”，2019 年 1～11 月，全省规模以上工业企业每百元营业收入中的成本同比减少 0.13 元，供给侧改革取得明显成效。

5. 就业形势保持良好

2019 年，河南省继续实施就业优先战略和积极的就业政策，把稳定扩大就业作为各项工作的重中之重，全面实施职业技能提升行动和全民技能振兴工程，大规模开展职业技能培训，全省就业局势总体稳定。全年实现城镇新增就业 138.3 万人，全省实现农村劳动力转移就业 45.8 万人。全年全省

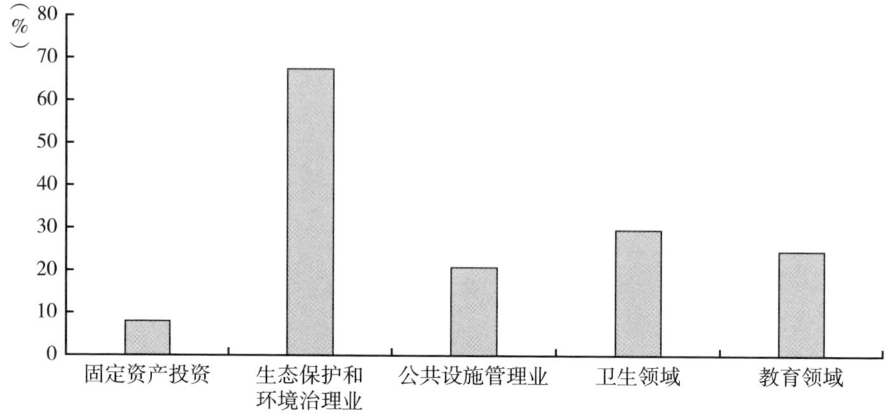

图4　2019 年河南省部分行业及固定资产投资增速

资料来源：河南省统计局、国家统计局河南调查总队《河南统计月报》。

2019 届高校毕业生累计实现就业 53.5 万人，为 6 万多名困难毕业生发放一次性求职创业补贴 1.2 亿元。1～11 月，借助培训、贷款、孵化、服务“四位一体”的创业体系，开展创业培训 35.18 万人次，新增发放创业担保贷款 106.88 亿元，建成 312 个创业孵化基地，在孵企业 2 万多家。

6. 跨境电商较快增长

2019 年，全省货物贸易增幅呈现前低后高走势，全年进出口总额 5711.6 亿元，同比增长 3.6%，增幅略高于全国 0.2 个百分点（见图 5）。进出口、出口分别居全国第 12 位、第 9 位，在中部 6 省均为第 1 位。其中，跨境电商进出口（含快递包裹）1581.3 亿元，增长 22.7%，郑州海关共监管跨境电商零售进出口清单年增长 32.8%，焦作、鹤壁、漯河、周口、驻马店和济源示范区六个地市跨境电商增幅超过 30%。在吸引外资方面，新设外资企业 214 家，全省实际吸收外资 15.2 亿美元，其中郑州、洛阳两市合计占全省吸收外资的 40%。

（二）创新能力继续增强

1. 创新体系逐渐完善

2019 年，河南省继续贯彻落实创新驱动发展战略，大力推动“双创”

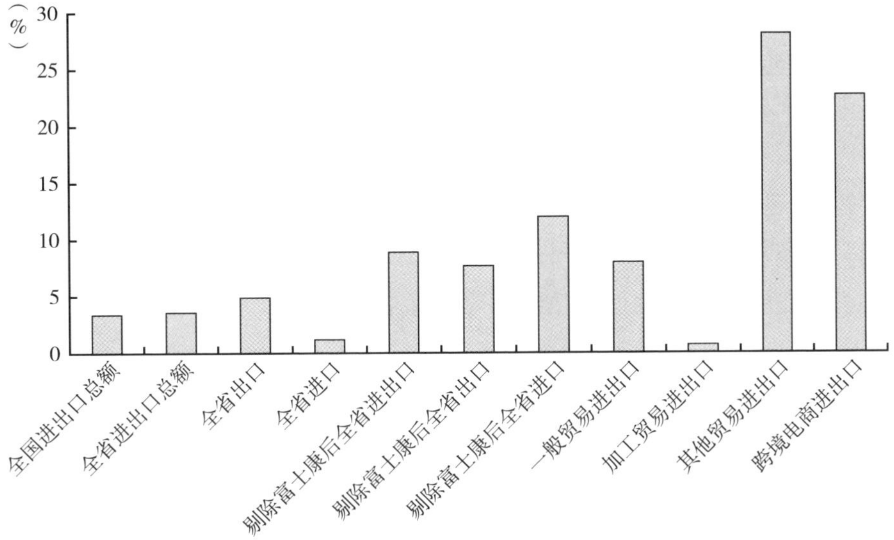

图 5　2019 年河南省主要进出口指标增速

资料来源：河南省商务厅《2019 年全省商务运行情况分析》。

深入开展和要素升级，围绕“四个一批”汇聚创新资源，全力推进“四个融合”开展协同创新，全省创新创业创造活力不断增强，自主创新 + 开放创新双轮驱动体系日渐成熟。目前，郑洛新国家自主创新示范区、国家技术转移郑州中心、中原现代农业科技示范区、国家专利审查协作河南中心、国家农村信息化示范省、国家知识产权强省试点省等一批“国字号”创新载体构成了河南创新体系的牢固基础。以“双创”示范基地来说，目前全省拥有省级以上各类“双创”示范基地 73 家，其中国家级“双创”示范基地 4 家，省级“双创”示范基地 57 家，省级大数据“双创”示范基地 12 家，双创支持体系总体布局合理，对全省创新创业创造工作的深入开展具有明显推动作用。2019 年，河南省通过围绕培育创新引领型企业、人才、平台和机构，实施“十百千”转型升级创新专项，有力促进了“四个融合”和全省创新能力的持续提升。

2. 创新引领型企业能力增强

2019 年，河南省不断加大智能传感器、智能装备等战略性新兴产业的培育力度，阿里巴巴、中原鲲鹏生态创新中心、海康威视等企业区域总部相继落地，战略性新兴产业增加值增长达 13.7%。全年有 4 个创业集群获批国家战略性新兴产业集群发展工程，新增高新技术企业超过 1400 家。工业机器人产量增长 56.9%，锂离子电池增长 21.5%，新能源汽车增长 11.4%；5G 网络在超高清视频、无人驾驶、智慧医疗等领域开始应用；郑东新区龙子湖智慧岛建设项目进展顺利；国家超级计算郑州中心获批筹建，将助力河南省人工智能、装备制造、精准医学、生物育种等产业发展。2019 年上半年，占规模以上工业企业 9% 的规模以上高新技术企业贡献了 18.1% 以上的产值和 23.2% 以上的利润。

3. 创新引领型人才逐渐壮大

创新驱动本质上是人才驱动，人才是创新的第一资源。河南省按照人才成长规律，精准施策，不断加大人才培养力度，目前已形成了中原青年拔尖人才、中原科技创业领军人才、中原科技创新领军人才、中原学者的人才梯次培育体系。目前，在豫“两院”院士达到 26 人（中科院 7 人，中国工程院 19 人），2019 年全年共有 3970 名高层次人才加盟河南。根据河南省第四次全国经济普查结果，截至 2018 年末，全省共有科学研究和技术服务业从业人员 73.26 万人。其中，企业从业人员 64.76 万人（见表 1）。

表 1　按行业大类分组的科学研究和技术服务业企业从业人员

单位：万人

类别	从业人员
合　计	64.76
研究和试验发展	3.77
专业技术服务业	29.85
科技推广和应用服务业	31.14

资料来源：《河南省第四次全国经济普查公报》（2020 年 2 月）。

4. 创新引领型平台

基于高端创新平台对提升区域整体创新能力、抢占未来发展制高点意义重大。2019 年河南省以重大创新需求为导向，加快建设重大创新平台，集聚高端创新资源。2019 年 4 月 19 日，国家超算郑州中心获得批复筹建，成为全国第 7 家批复建设的国家超算中心，国家超算郑州中心建设事宜已经在 2019 年 7 月 3 日省政府第 55 次常务会议上审议通过。按照“省、市、校联动共建，市、校为主”的思路，由郑州大学作为建设主体，河南省、郑州市、郑州大学共出资 10 亿元支持国家超算郑州中心建设。中心计划于 2020 年上半年建成，配备技术先进、自主可控新一代超级计算机系统，峰值计算能力达到 100Pflops，存储容量 100P，力争计算能力排名进入国际同期前 10 名，着力建设为全国具有重要影响力的战略基础设施和重大科研装置，打造高端信息人才培养和溢出的策源地，为全省经济社会发展提供强大的算力支撑。目前，河南省国家国际联合实验室有 37 家，省级重点实验室 206 家，省级工程技术研究中心 1685 家。

5. 创新引领型机构

近年来，河南省围绕大力培育新型研发机构，有效破解创新资源不足短板，着力增强服务产业发展能力不断发力。按照“定标准，树标杆，作示范”，省市联动，精准支持，持续发展壮大新型研发机构。与中科院、清华大学、深圳光启尖端技术有限公司等一批知名高校、科研院所、创新机构建立了合作关系，引进建设了一批高端新型研发机构，仅与中科院系统，就先后合作建立了洛阳中科信息产业研究院、中科院自动化研究所（洛阳）机器人与智能装备创新研究院、郑州中科新兴产业技术研究院（中国科学院过程工程所郑州分所）。2017 年以来，新增 19 家新型研发机构，目前总数达到 67 家。从整体上看，这些新型研发机构发展态势不错。据不完全统计，目前河南省新型研发机构资产总额 82.3 亿元。职工总数为 4600 多人，其中研发人员占职工总数的 74%；拥有发明专利 676 项；创办孵化企业 416 个，估值 49.3 亿元。

（三）创造能力不断提升

1. 优势产业逐渐形成

近年来，河南省按照省重大科技专项“1+3”的工作体系，组织实施了“十百千”转型升级创新专项、自创区产业集群专项和重大公益专项，突破了一批制约产业发展的关键核心技术，培育壮大了一批具有核心竞争力的优势产业。其中盾构、新能源客车、耐火材料、超硬材料等产业的技术水平和市场占有率均位居全国首位，主要农作物育种、畜禽疫病检测、生物疫苗、冷链物流、体外诊断试剂等领域创新水平位居全国前列，一批创新成果和装备在蛟龙、航母、港珠澳大桥等重大工程上应用。根据《中国区域科技创新评价报告2019》发布的数据显示，河南综合科技创新水平居全国第19位，比上年度提升2位，创新能力不断增强，优势产业逐渐形成。

2. 规模以上企业比重增加

2019年，河南省规模以上企业增长较快，截至2019年11月，全省规模以上工业增加值同比增长7.9%，高于全国2.3个百分点，其中，规模以上高新技术产业增长16.2%，高新技术产业增加值占规模以上企业的比重达41%，规模以上工业企业结构进一步优化。从全年来看，河南省规模以上工业增加值比上年增长7.8%，不论从经济类型还是产业门类看，均实现较快增长（见图6）。

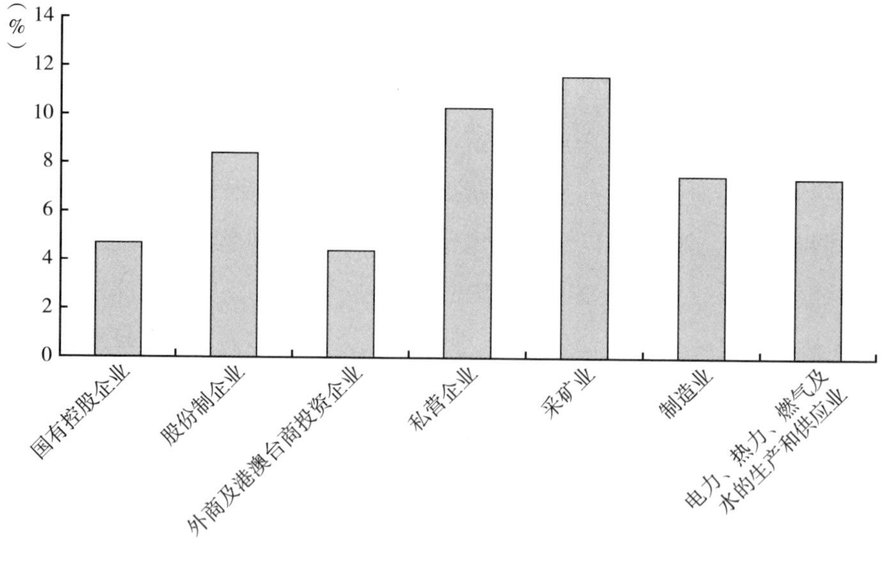

图6　2019年河南省规模以上企业分类型、分门类产值增速

资料来源：河南省统计局、国家统计局河南调查总队《河南统计月报》。

3. 战略性新兴产业蓬勃发展

2017 年河南省发布《河南省“十三五”战略性新兴产业发展规划》，聚焦新一代信息技术、生物、高端装备、先进材料、新能源、数字创意六大领域，重点实施产业集聚发展工程、创新能力提升工程、重大技术创新专项工程、新技术新业态示范工程、创新型企业培育工程、高端人才引进培养工程六项重点工程，推动战略性新兴产业发展壮大。根据河南省第四次全国经济普查结果，2018 年末，全省从事战略性新兴产业生产的规模以上工业企业法人单位 2983 个，占规模以上工业企业法人单位的 14.2%。其中，新材料产业 864 个，占工业战略性新兴产业企业法人单位的 29.0%；生物产业 668 个，占 22.4%；节能环保产业 608 个，占 20.4%。截止到 2019 年，河南省战略性新兴产业增长 13.7%，占规模以上工业的 19.0%，产业带动和创新能力均取得突出成就。

4. 科技成果转化能力不断增强

2019 年，河南省不断完善科技成果转化、转移的各类文件，随着《河南省技术转移体系建设实施方案》《河南省促进科技成果转化条例》等文件的制定和修订，全省科技转化能力不断增强。2019 年全省新培育省级技术转移示范机构 19 家，新增备案省级新型研发机构 15 家。据科技部 2020 年 2 月 24 日发布的 2019 年全国技术市场交易快报显示（见表 2），河南省全年共签订技术合同 9310 项，技术合同成交额 234.07 亿元，均较上年实现大幅增长，并分别高于全国 10.07 个、29.72 个百分点，技术合同成交额创历史新高。

表 2　2019 年全国部分省份技术合同登记情况

单位：项，亿元

地区	项数	成交额	其中:技术交易额	成交额排名
全国	484077	22398.39	15711.28	—
北京	83171	5695.28	4389.04	1
河北	7270	382.46	133.50	15
黑龙江	3799	235.84	133.13	16
上海	36324	1522.21	1449.21	4

续表

地区	项数	成交额	其中:技术交易额	成交额排名
江苏	49622	1675.59	1132.82	3
浙江	19220	974.43	777.71	9
其中:宁波	3077	159.50	152.84	—
安徽	19563	452.72	289.70	14
山东	35505	1152.21	939.19	8
其中:青岛	7736	170.58	170.46	—
河南	9310	234.07	173.74	17
湖北	39511	1449.63	808.76	6
湖南	9023	490.69	191.71	12
广东	33796	2272.78	1960.76	2
其中:深圳	10217	705.02	697.41	—
贵州	2906	227.18	74.68	18
陕西	53004	1467.83	1120.04	5
甘肃	5921	196.42	121.56	19

资料来源：根据科学技术部火炬高技术产业开发中心发布的数据整理。

（四）创新创业创造环境不断优化

1. 政策体系逐渐完善

河南省委、省政府高度重视创新创业创造，每年都要召开推进创新创业的专门会议，尤其是省第十次党代会明确提出，未来五年要奋力建设以中西部地区科技创新高地为首的“三大高地”，吹响了河南创新发展的号角。省委、省政府先后出台了《关于加快自主创新体系建设促进创新驱动发展的意见》《关于深化科技体制改革推进创新驱动发展若干实施意见》《关于贯彻落实〈国家创新驱动发展战略纲要〉的实施意见》《关于加快推进郑洛新国家自主创新示范区建设的若干意见》《河南省人民政府办公厅关于优化营商环境激发民间有效投资活力的实施意见》《河南省优化营商环境三年行动方案（2018—2020年）》《关于做好2018年河南省降成本重点工作的通知》《关于促进非公有制经济健康发展的若干意见》《关于强化实施创新驱动发展战略进一步推进大众创业万众创新深入发展的实施意见》《河南省人民政府办公厅关于做好复制推广支持创新相关改革举措工作的通知》《河南省开展企业成长促进行动实施方案》等一系列重大科技创新和创业孵化文件，制定多项在全国具有突破意义的政策措施，创新驱动发展政策体系基本构建，为河南省创新创业推动高质量发展奠定了优越的政策环境和良好氛围。

2. 营商环境不断优化

2018 年河南省政府出台了《河南省优化营商环境三年行动方案（2018—2020 年）》，对河南省营商环境进行全面部署。一是以企业减负为导向优化经济环境。河南省不断加大改革力度，深化商事制度改革，优化经济环境，推进法治建设，整体营商环境不断优化，全省市场主体投资创业热情高涨、增长势头持续旺盛，市场活力正在逐步释放。二是以效率变革为导向优化政务环境。河南省创新政府管理服务方式，提高政府服务意识和能力，加强政务诚信建设，构建新型政商关系，强化政策统筹协调，深入推进“放管服”改革，深化行政审批制度改革，加快政府职能转变，创新监管服务方式，建设网上办事平台，不断提高审批效率和服务质量，切实降低企业的制度性交易成本。三是以公平竞争为导向优化法治环境。河南省在着力优化营商法治环境方面，以公平竞争为导向，紧盯营商环境评价体系中“执行合同”“保护中小投资者”“办理破产”三项司法指标，制定了 49 条服务保障措施，提升审判质量，治理审判拖延，司法指标评价结果快速改善，市场环境日益优化。

（五）河南省创新创业与高质量发展存在的问题

近年来河南省创新驱动和大众创业万众创新发展虽然取得了可喜成绩，创新创业创造对经济社会发展的引领作用明显增强，但目前还存在着资金投入不足、创新主体不强、平台载体不多、人才开发不够、体制机制不活、环境氛围不优“六个不”问题，与东部地区、全国平均水平特别是中部六省相比仍是薄弱环节突出。

1. 创新要素投入严重不足

创新是经济持续保持活力，实现快速高质量增长的基础。但创新也是河南经济发展的突出短板，提升创新能力对河南实现高质量发展意义重大。一是资金投入不足。2018 年河南 R&D 经费投入强度仅 1.40%，不仅低于全国平均水平（2.19%）0.79 个百分点，也明显低于安徽（2.16%）、湖北（2.09%）、湖南（1.81%）等周边省市，在中部六省中仅排第四位，这与河南省的经济总量严重不符。另外河南省公共财政科技支出也明显偏少，与湖北、安徽等中部省份有较大差距。二是创新主体不强。河南省创新型企业不但数量较少而且能力不足，研发实力整体偏弱。以高新技术企业为例，截至 2019 年底，全国高新技术企业约 22.7 万家，河南省只有 4782 家，这个数量不及广东的 10%，仅占全国高新技术企业总量的 2.1%，这与河南 GDP 在全国的排名明显不符。

2. 新旧动能转换能力不强

河南正处于工业化中期向后期发展的过渡阶段，加快新旧动能转换比以往任何时候都更加迫切，但全省新旧动能转换较为缓慢。2019 年 1～9 月，全省高耗能工业投资同比增长 14.9%，较上年同期提高 14.4 个百分点，分别比固定资产投资增速、五大主导产业投资增速高 6.7 个和 10.2 个百分点；传统产业投资增长 15.9%，较上年同期提高 14.9 个百分点，而高技术制造业投资更是负增长，为 -1.3%。反映在工业增加值方面，2019 年 1～9 月，全省传统产业、高耗能工业增加值增速分别为 6.5% 和 7.4%，分别同比提高 1.7 个和 1.9 个百分点，而高技术制造业增加值增速则同比下降 7.7 个百分点。可见，目前全省以传统产业、高耗能产业为代表的传统动力依然很强大，短期内新兴力量还难以对冲传统动力的下行力量，实现新旧动力平稳衔接、转换还需一个长期的过程。

3. 创新平台载体急需扩能

河南省创新驱动的核心地位还没有牢固树立，产学研用创新体系还没有有效建立；创新政策与先进发达省份相比，视野不够宽、力度不够大、措施不够实、落实不够好，还远未形成集聚创新资源的政策高地。还要看到，当前全国各地都在大力实施创新驱动发展战略，周边地区竞争压力日益加剧，与先进地区相比，河南省在科技创新方面基础差、底子薄、起点低，并且出台政策不够实在、不够接地气、不够有实效，与先进地区差距逐渐加大，与后追地区的优势不断缩小，在全国区域格局中的地位将持续走低。河南省重点实验室、实验基地等高层次人才创新创业平台少，低成本、便利化、全要素、开放式众创空间等大众创新创业平台少，对创新创业型人才承载、吸纳能力弱，目前河南省国家工程技术研究中心占全国总数的7.6%，国家级企业技术中心占全国总数的6.2%。全省大中型企业建有省级以上研发机构占比不足20%，离省委省政府提出的全覆盖目标还有相当大的差距。特别是与先进地区相比有较大差距，与中部安徽省国家级工程技术研究中心、高新技术企业等指标均有较大差距。

4. 创新创业创造环境有待提升

目前，河南省区域经济增长除了取决于市场主体的生产效率、科技创新能力等硬件外，还取决于政府公共服务的效率，即营商环境的好坏。虽然近几年河南在改善优化营商环境方面下了一番功夫，做了一些文章，见了一些成效，但与先进地区相比、与企业要求相比还存在较大差距。“互联网＋政务服务”建设中存在跨层级、跨区域、跨部门互联互通难、业务协同难问题，政务效率有待提升。企业普遍反映企业注册、项目申报审批、政策补贴扶持等政府服务效能方面与沿海地区相比仍有较大改善空间，政策执行普遍存在“重出台、难落实”问题、“一站式”服务不到位问题，包括在营造诚实守信发展环境方面还有很多工作要做。

5. 创新体制机制不活

河南省高校、科研机构关于促进科技成果转移转化的机制不完善，有些高校和科研院所在落实科技成果“三权”改革、净收入分配、科研项目资金管理自主权等方面政策时持观望态度、畏首畏尾，产学研用协同发展体制机制不完善，导致科技成果转化率整体偏低。以国有企业为例，在引进高层次人才时，还存在工资总额和绩效工资总量的约束，国企改革中企业分配制度改革进展缓慢，不利于吸引高层次顶级人才，知识导向价值观还未形成。

6. 创新人才不足

科研人员培育和创新人才培养一直都是河南省的“洼地”，“一流大学”和“一流学科”与河南省总的经济规模极不相称，高校资源特别是优质高校资源匮乏，本科以上在校生偏少，学生毕业后外流人员较多，多数流向北上广深等先进地区。全省每万人从事科技活动人员不足40人，仅相当于全国平均水平的一半；每万人R&D研究人员约8人，不仅远远低于江苏、浙江等省份，也低于山东、湖北、安徽等周边省份。河南省高层次创新领军人才极其匮乏，目前河南省拥有“两院院士”、国家杰出青年科学基金获得者、长江学者等项数量都与全国及周边省份相比差距较大（见表3）。

表3　2013～2017年中国大陆部分省份六类高层次人才入选统计

单位：人次

省份	中国科学院院士	中国工程院院士	长江特聘	杰青	青年千人	优青	总结	排名
北京	60	56	222	355	546	619	1858	1
上海	12	9	93	143	395	257	909	2
湖北	6	4	56	56	184	107	413	5
安徽	5	4	5	42	112	91	259	7
山东	2	4	11	24	40	46	127	12
河南	0	2	3	0	4	4	13	22
江西	0	0	2	4	3	4	13	23
河北	0	1	2	1	2	5	11	24

资料来源：根据已公开资料整理。

二　2020年河南省创新创业与高质量发展环境分析

2020年，河南省经济发展面临的外部环境更加复杂多变，世界经济下滑已成定局，而且未来不明朗，必将给河南省经济带来空前挑战。2020年，全省上下必须始终坚持稳中求进工作总基调，依托新发展理念创新求变，以高质量发展为根本遵循，以各项国家战略协同融合为抓手，全力打赢三大攻坚战，持续推进“四个着力”，打好“四张牌”，实现“六稳”，保持经济平稳健康发展。

（一）河南省创新创业与高质量发展面临的机遇

1. 国家推动中部地区崛起战略机遇

2019 年 5 月，习近平总书记在江西主持召开推动中部地区崛起工作座谈会，对中部地区崛起进行重大部署和安排，提出了推动制造业高质量发展、优化营商环境、完善政策措施和工作机制等 8 项主张。2019 年 9 月 18 日总书记在河南调研时再次勉励河南要抓住促进中部地区崛起的战略机遇，立足省情，推动经济高质量发展，打造内陆开放高地，加快建设现代经济体系。我们要坚决落实好总书记的各项要求，主动融入新一轮科技革命，推动经济高质量发展。未来几年，国家将对中部崛起出台专项支持政策，将对河南省深入创新创业创造提供重大政策机遇。

2. 郑洛新国家自主创新示范区建设机遇

建设国家自主创新示范区是新时期党中央、国务院加快创新型国家建设、实施创新驱动发展战略的重要举措。郑洛新国家自主创新示范区是国务院批准的第 12 个国家级自主创新示范区，是国家开展体制机制改革、政策先行先试，促进高新技术产业发展的引领示范区，是新时期国家赋予河南的重大发展战略。在经济发展遇到空前挑战的 2020 年，更应充分把握机遇、乘势而上，用好做实“国家自主创新示范区”这块“国字号”招牌，引领带动全省创新创业创造向更高水平发展。

3. 创新资源加速向内地转移布局的机遇

未来一个时期是国家重大创新平台和科技基础设施布局的重大战略机遇期，在国家推动深化东中西部协同发展、龙头企业产业链布局加快由“外”转“内”的形势下，河南创新创业创造迎来新的发展机遇。特别是阿里巴巴中原区域中心、华为鲲鹏产业创新中心和鲲鹏硬件生产基地、海康威视区域总部、诺基亚全球交付中心等知名企业先后布局河南，将为河南省集聚创新资源，高质量推进创新创业创造提供有力支撑。

4. 郑州大都市区建设带来的引领优势

2019 年 8 月，河南省委办公厅、省政府办公厅联合印发了《郑州大都市区空间规划（2018—2035 年）》，规划明确提出了郑州大都市区要构建“一核、四轴、三带、多点”空间格局，郑州大都市区建设也迎来了快速发展的机遇期。根据规划，2020 年郑州大都市区要实现区域集聚人口 2000 万人、常住人口城镇化率达到 70%、人均 GDP 超过 9 万元的发展目标，大都市区的全面建设，将为河南创新创业创造提供新的动力，助力全省经济高质量发展。郑州大都市区是中原城市群建设的发展与延续，要聚焦郑州内陆区域交通的比较优势，通过完善交通枢纽发展多式联运，培育壮大产业，以“双创”提升创新能力，将郑州大都市区打造成中原地区重要经济增长极。

5. 黄河生态保护和高质量发展带来的机遇

2019 年 9 月，习近平总书记在郑州主持召开黄河流域生态保护和高质量发展座谈会，将黄河流域高质量发展提升到国家战略，为河南等沿黄省份提供了新的发展机遇。河南地处黄河流域的腹地，是黄河流域高质量发展的主战场和主力军。黄河流域生态保护和高质量发展上升为国家战略，预计后期将会有一系列的配套支持政策出台，为河南新一轮改革发展提供了新的机遇，助力河南创新创业创造实现新突破，经济高质量发展增添新抓手。

6. “一带一路”助推开放再上新台阶

河南省目前正在统筹推进“空中、陆上、网上、海上”四条丝绸之路建设，着力打造内陆开放高地。河南自贸区、河南保税区物流中心、郑州航空港、郑欧班列、郑州跨境电子商务试验区等对外贸易平台载体近几年发展迅速。郑州跨境电商 1210 模式已经走出国门，成为世界 E 贸易的标准；全球跨境电商大会将郑州作为永久会场，目前第四届电商大会正在筹备之中。2020 年，河南省将继续完善对外开放的软硬环境，继续将打造内陆开放高地作为重要工作目标，不断提升对外开放质量和水平，为全省经济发展提供新的战略支撑。

7. 乡村振兴战略激发“三农”新活力

党的十九大报告提出，必须始终把解决好“三农”问题作为全党工作的重中之重。近年来，中央关于乡村振兴战略的规划和政策也层出不穷，出台了一系列支持和促进乡村振兴的举措。乡村振兴战略的提出，为农业大省的河南带来了重大机遇。河南作为农业大省，粮食产量和从业人数在全国的占比都较高，但大而不强，现代农业体系还没有完全建立起来，农民收入低，农产品缺乏竞争力。河南省应借助乡村振兴的东风，加快“三农”机制体制改革，大力发展现代农业，提升农业发展质量。

（二）河南省创新创业与高质量发展面临的挑战

1. 经济下行压力前所未有

进入2020年，国际经济形势更加错综复杂，美国在“美国优先”理念的驱使下，不断挑起与各国的贸易摩擦给全球贸易带来了深远影响，特别是运用举国体制对中国进行各种打压，将给我国带来各种挑战。目前，新冠肺炎在全球蔓延，多位经济学家预测，此次疫情带来的影响不亚于第二次世界大战，世界格局有可能重塑。

据联合国经济与社会事务部4月1日发布的报告，预计2020年全球经济萎缩至0.9%，而非此前预计的增长2.5%。年后截至3月27日，中共中央先后召开8次政治局会议（见表4），部署疫情防控和经济发展工作，特别是3月27日中央政治局会议，因召开节点之特殊、关注问题之深入、政策调节力度之大，为2020年政府工作报告和后续工作开展奠定了总基调。受内外部因素的影响，我国第一季度生产总值增速可能为负，全球疫情的不确定性更是加剧了人们对经济进一步下行的预期。身处世界经济之中的河南不可能独善其身，一方面政府要加大投资和对实体经济的支持力度，防止大量企业破产倒闭，遏制经济加速衰退的风险；另一方面要在危机中寻找新的机遇，精准应变，综合发力寻求新突破。

表4　2020年春节后8次中央政治局会议内容梳理

时间	会议内容	会议要点
1月25日	1. 成立应对疫情工作领导小组。 2. 分类指导各地做好疫情防控工作。	1. 疫情防控

续表

时间	会议内容	会议要点
2月3日	1. 做好疫情防控工作,维护正常经济社会秩序。 2. 为实现今年经济发展目标而努力:推动复工复产,加大金融支持力度;优化投资结构;聚焦攻克脱贫攻坚战;稳定居民消费,释放新兴消费潜力	1. 疫情防控; 2. 实现2020年战略目标; 3. 经济社会发展措施
2月12日	1. 做好疫情防控重点工作,确保生活必需品生产供应。 2. 确保实现各项目标任务。 3. 加大宏观政策调节力度。财政政策:减税降费;货币政策:优惠利率、加大信贷支持力度。 4. 投资:优化地方政府专项债券投向,加快推进建设一批重大项目;消费:扩大实物商品消费,释放新兴消费潜力;出口:抓紧复工生产	1. 疫情防控; 2. 实现2020年战略目标; 3. 经济社会发展措施:提出加大宏观政策调节力度,推动投资、消费、出口发展
2月21日	1. 完善差异化防控策略,有序推动复工复产。 2. 努力实现全年经济社会发展目标任务,确保脱贫攻坚任务完成。 3. 出台积极有为的财政政策和灵活适度的货币政策 4. 投资:加大新投资项目开工力度,推动生物医药、医疗设备、5G网络、工业互联网等发展;消费:促进消费回补和潜力释放;出口:保障全球供应链中重要企业和关键环节恢复生产供应。 5. 实施好就业优先政策,强化困难群众基本生活保障	1. 疫情防控; 2. 实现2020年战略目标; 3. 经济社会发展措施:出台积极有为的财政政策和灵活适度的货币政策,推动投资、消费及出口发展; 4. 关注就业及扶贫问题
2月26日	1. 全国疫情防控形势向好,加强湖北和重点地区防控工作。要精准稳妥推进复工复产,落实各项惠企政策。 2. 加强疫情防控国际合作,分享防疫经验	1. 疫情防控
3月4日	1. 全国疫情防控形势持续向好,继续加强湖北和重点地区疫情防控工作,分区分级推动复工复产,提高疫情防控物资生产供应。 2. 投资:推进重大工程和基础设施建设,加快5G网络、数据中心等新型基础设施建设进度;消费:释放消费,培育壮大新型消费、升级消费,回补实物消费和服务消费;出口:维护全球供应链稳定,抓好重大外资项目落地。 3. 开展援企、稳岗、扩就业工作;抓好农业生产;加大贫困帮扶	1. 疫情防控; 2. 经济社会发展措施:推动投资、消费、出口发展; 3. 关注就业、农业及扶贫问题

续表

时间	会议内容	会议要点
3月18日	1. 全国疫情防控形势持续向好，做好重点地区疫情防控工作，落实外防输入重点任务，恢复正常生产生活秩序，提高复工复产效率。 2. 兼顾疫情防控和对外经贸合作，保持国际供应链畅通，创新招商引资	1. 疫情防控； 2. 关注出口发展
3月27日	1. 疫情防控重点改为外防输入，内防反弹。 2. 实现决胜全面建成小康社会、决战脱贫攻坚目标任务。 3. 加大宏观政策调节和实施力度。积极有为的财政政策：适当提高赤字率、发行特别国债、增加地方政府专项债券规模、落实减税降费；灵活适度的货币政策：引导贷款市场利率下行，发挥再贷款再贴现、贷款延期还本付息等金融政策牵引带动作用；协同复工复产：及时解决难点堵点问题，推动产业链协同复工复产达产。 4. 投资：做好重点项目前期准备和建设工作；消费：增加公共消费，启动实体消费，保持线上新型消费热度；出口：加快国际物流供应链体系建设。 5. 抓好农业生产及脱贫攻坚工作	1. 疫情防控：重点转移； 2. 实现2020年战略目标； 3. 经济社会发展措施：明确提出积极有为的财政政策和灵活适度的货币政策，推动投资、消费、出口发展； 4. 关注农业、脱贫问题

资料来源：根据已公开资料整理。

2. 区域创新资源竞争更趋激烈

当前，全国各地都将创新作为抢占产业制高点、推动经济高质量发展的重要抓手和第一动力，区域之间的创新资源竞争将日趋激烈。北京、上海等发达地区提出要建设全球有影响力的科技创新中心；中部各省开放、创新的竞争意识不断增强，湖北省着力构建“一芯驱动、两带支撑、三区协同”战略布局，大力培育国之重器的“芯”产业集群，安徽省加快建设合肥综合性国家科学中心和滨湖科学城，以全面创新改革试验省建设引领高质量发展。与发达省份甚至周边省份对比，河南省创新资源相对薄弱，在科技创新特别是原始创新能力上还有很大差距，而且有越拉越大的趋势。

3. 要素供给的瓶颈制约日趋增强

劳动力、自然资源等要素红利逐步消失，资金密集、人才密集、技术密集已经成为推进创新创业创造的基本条件和关键要素，河南省专业技术人才短缺、技术创新资源薄弱、中小实体融资困难等难题依然突出，创新创业的要素供给瓶颈制约作用日趋增大。当前，资源要素趋紧成为威胁河南经济快速发展的最大障碍。在国家保护耕地的红线下，建设用地日益紧缺，一些招商引资来的项目无法落地。由于青壮年劳动力短缺，工资持续上涨，企业的成本急剧增加。再加上日益严重的环境保护问题，河南高污染产业比重相对较大，受环保高压政策的影响相对较大。

4. 创新本身带来的风险和压力

与发达地区相比，河南省创新环境、创新氛围、创新能力等仍有待进一步提升，企业转型创新将面临更大的研发风险、产业风险、市场风险等诸多压力。特别是河南省创新型龙头企业不多，资源消耗和低产能企业占比较大，加上创新本身就存在较大风险，最终导致许多企业“不创新等死、盲目创新找死”的意识和两难困境，企业创新创业创造的发展环境、氛围和能力等还很薄弱，创新有待进一步优化提升。

5. 后发优势有可能变成后发劣势

近年来，河南经济运行指标快于全国，后发优势明显，河南与全国发展差距持续缩小，但与发达地区的差距依然较大。导致河南经济发展落后的原因有很多，不但存在如发展观念落后、区域交通不便、资金人才技术缺乏等普遍问题，还存在着突出的“后发劣势”，即相对于东部沿海发达地区而言，河南现阶段发展还面临更强的环保约束、以经济减速换挡为特征的经济新常态以及尚待进一步探索的新型工业化道路等新的变数与严峻环境，再加上全球贸易保护主义抬头、中美贸易摩擦及新冠肺炎疫情等不确定因素，河南的后发优势有可能变成后发劣势。

6. 消费增长有所放缓

一直以来，内需都是拉动河南经济增长的决定性力量。特别是在近几年外部环境不稳定不确定因素增多的情况下，发挥好消费的基础性作用和投资对优化供给结构的关键性作用成为稳增长的不二选择。2019 年 2 月，国家发改委等十部委联合印发了《进一步优化供给推动消费平稳增长促进形成强大国内市场的实施方案》，提出6个方面24项具体促进消费的措施，但2019年消费贡献率却是下降的，远远没有达到年初机构预测的80%的贡献率，2019年消费支出对GDP的贡献率只有57.8%，可见消费潜力的进一步释放受到了诸多制约。2020年第一季度，受新冠肺炎疫情的影响，第一季度消费内需呈明显下降趋势，未来一段时间虽可能会有所好转，但很难达到往年水平。

7. 财政收支矛盾和压力进一步彰显

为应对疫情防控和经济下行压力，中央提出了一系列减税降费的政策，支持企业降成本、增效益。随着减税降费政策的实施，河南省财政收入增速持续放缓。与此同时，疫情防控、环境保护和民生保障等支出需求不断增加，地方政府收支矛盾凸显，财政可持续性面临着巨大的挑战。2020年随着减税降费政策的继续实施，河南省财政收支矛盾有可能会更加突出。政府财政收入的下降，将会影响政府基建投资，对今年投资增长形成不利影响。

8. 新冠肺炎带来的全球经济放缓

截至2020年4月3日，全球新冠肺炎确诊人数已突破百万，死亡人数突破5万，疫情还在全球加速蔓延。新冠危机前所未有，经济衰退或破纪录。新冠肺炎疫情不仅在夺去人们的生命，而且在攻击实体经济的核心——贸易、供应链、企业和工作。目前，全球主要经济体所在的国家和城市大都处于封锁状态，边界正在关闭，河南众多外向型经济体同样受到巨大冲击。疫情造成的产业链中断即便是疫情结束后也难以迅速恢复。

（三）2020年河南省创新创业与高质量发展的新趋势

面对当前错综复杂的国内外环境，河南经济发展总体向好的基本面没有改变。随着新一轮科技革命和产业变革的加速推进，河南省政策支持和制度供给也日益完善，包括创新创业发展环境在内的综合环境也不断优化完善，河南省创新创业创造发展将呈现出新的趋势特点。

1. 新一轮科技革命势必引领创新创业创造的发展方向

当前，以新一代信息技术、生物技术、新能源技术、新材料技术、智能制造技术等为重点的新一轮科技革命正在深度酝酿，基于多重技术交叉融合的新应用场景和新商业模式不断衍生，5G、物联网、区块链、人工智能等新技术革命正在加快向产业化落地实施。这意味着未来创新创业的基础、条件和趋势正在发生着颠覆性的变化。可以预见，未来一个时期创新创业创造的热点领域和方向将集中在跨界融合、前沿技术、商业模式创新等领域，并将催生更多具有战略性、创新性、颠覆性的新企业、新业态。

2. 生态链协同创新正在加速形成

当前，河南省创新创业环境日益完善，空间、资本、市场环境、创业服务等要素日趋完备，为催生伟大创业者和促进更广泛创业群体提供了良好的基础条件。随着创新要素的集聚和创新生态的完善，创新创业大军将逐步形成以科学家、职业经理人、风险投资家等高端人才组成的联合创业群体为引领，以连续创业者、跨区域创业者等高质量专业型创业群体为核心，以普通创业人群为基础的多元化结构。今后，高校院所科研人员、职业经理人、资本运营专家、专业化众创孵化机构等各类主体将发挥各自优势，通过资源开放共享、协同创新发展等方式，构筑形成上下游联动、互促互进的创新创业生态。在河南，生态链协同创新的格局正在加速形成。

3. 数字经济将成为创新创业创造的新引领

数字经济促使人类社会的网络世界和物理世界日益融合，伴随着数据成为重要的生产要素，依据数据信息反向配置生产资源成为可能，与企业家能够影响全要素生产率类似，数据对全要素生产率产生的影响日渐受到重视。数字经济推动生产组织方式由“标准 + 集中”向“定制 + 分布”转变，平台成为数字经济的主体。河南围绕数字经济与生活消费深度融合领域的创业已衍生出一批头部平台，今后围绕产业、城市发展等方面的数字平台将是创新创业的重要方向。

4. 场景创新将成为新经济创新创业的重要源头

随着人工智能、区块链、云计算、大数据、5G 等新技术的融合发展及广泛运用，应用场景已成为决定技术和产品创新深化成败的一个关键因素。作为新技术应用和落地的重要载体，“场景”能够精准定位市场需求，创造巨大的新需求、新机会与新市场，将取代传统实验室，成为新一代技术创新中心和新兴产业的基础设施。未来，“场景”将成为新经济创新创业的重要源头。在场景中，将集聚多种类型企业，促进跨界融合创新，形成新技术的价值网络，支撑产业的跨界融通和商业模式创新。不断涌现的新场景为人类的衣、食、住、行、游、购、医、娱等带来了颠覆性的体验，创造了广阔蓝海市场，为新经济初创企业发展提供巨大空间和难得机遇。

5. 创业服务体系日趋完善

一是服务内容趋向专业化，服务切入的创业环节更加垂直，创业服务平台与实体经济的结合更加紧密；二是平台建设主体及服务模式更趋多元化，政府、高校、科研院所、投资机构、龙头企业等机构利用自身资源建设不同类型的创业服务平台，为创业者提供不同类型的服务；三是服务主体及手段趋向市场化，越来越多的市场化机构加入创业服务平台；四是平台发展日趋国际化，在全球范围整合创新创业资源，通过建立海外孵化基地，链接全球高校院所、其他服务机构的孵化资源，吸引并服务全球创业者等方式布局全球孵化业务。

6. 新冠肺炎疫情催生新的业态发展

新冠肺炎疫情的暴发，一方面导致经济出现暂时性的停摆，另一方面新经济新产业迎来新的发展机遇。新冠肺炎疫情使影视、餐饮、旅游等行业几乎停滞，疫情给这些行业造成的损失是致命的。但并非所有的行业都遭遇了这种极端情况，像电商、游戏、短视频、在线教育等行业在疫情中呈现出快速增长，迎来了前所未有的发展机遇，疫情之下一个新的庞大的市场正在形成。一是生物医药产业加速发展，部分生物医药企业迎来短期急速扩张机遇；二是人工智能、大数据等加快应用；三是新业态新模式迎来重大机遇，在线问诊、远程医疗、在线教育、数字娱乐、生鲜电商、远程办公等业务迅速成长，仓储冷链物流行业在疫情中得到长足发展；四是基础性医护用品生产行业迎来难得的发展机遇。

7. 新基建将为创新创业创造提供新机遇

新基建主要包括5G基站、特高压、工业互联网、城际高速铁路和城际轨道交通、新能源汽车充电桩、人工智能、大数据中心7个方面，它具有鲜明的科技特征和科技导向。第五代通信技术即5G是当之无愧的数字经济基础设施，是通信市场的高速公路；特高压是建设全球能源互联网的关键，有望成为具有广泛影响力的国际新基建；工业互联网将重构工业生产体系，将加速实现“线上”和“工业互联”为特征的“场景式”变革和数字化转型；城际高速铁路和城际轨道交通将构建城市群网络；新能源汽车充电桩将突破新能源汽车的发展瓶颈；人工智能在新冠肺炎疫情防控中发挥了强大威力，有望重构生产、分配、交换和消费，催生新技术、新产品、新产业、新业态、新模式；大数据中心是产业数字化转型的必然要求，是国际竞争力新内涵的集中体现。2020年政府对新基建的巨大投入将为创新创业创造提供新的发展机遇。

三　2020年河南省创新创业与高质量发展的对策

截至目前，新冠肺炎疫情已成为第二次世界大战以来人类最大的灾难，而且疫情还在加速蔓延，其给世界造成的危害还难以估量。国内疫情防控虽然取得阶段性胜利，但内防反弹、外防输入的压力特别大，加上很多国家闭关封城，全球产业链中断，2020年受国内外复杂环境的多重影响，河南省创新创业创造面临的形势也在不断发生深刻变化，既面临前所未有的严峻的困难和挑战，但危机中也透露着发展机会，必须坚持高质量发展导向，瞄准竞争前沿，抓住关键领域，集中精力，整合力量，集聚创新要素资源，力争在新一轮区域竞争中赢得先机，掌握主动。

（一）全力推进各类“双创”主体再升级

1. 全力培育创新引领型企业

培育创新引领型企业是推动创新创业创造工作的重要抓手，企业是创新的主体，高质量的创新创造需要众多一流企业做支撑。培育创新型企业需要不断强化以企业为主体的创新导向，夯实企业创新创业创造主体地位，谋划实施“百千万”创新引领型企业培育工程，不断壮大创新型企业规模。河南省要谋划实施创新龙头企业提升引领行动，聚力扶持100家创新龙头企业做优做强，引领带动全省创新创业创造高质量发展。

2. 以创新推动企业转型升级

河南企业转型升级面临科技创新能力不强和科技与经济“两张皮”的双重问题，要破解企业转型中的难题，必须以创新为引领，推动科技创新体制改革，重点强化科技同经济对接、创新成果同产业对接、创新项目同现实生产力对接、研发人员创新劳动同其利益收入对接、产业科技与金融对接，让创新真正落实到创造新的增长点上，将河南打造成为富有效率的创新成果汇聚中心和孵化、育成、转化基地。

3. 激励各类人才创新创业创造

人才是创新的动力。河南要不断强化人才是创新的第一资源，通过引进全球高端创新人才、创新高层次人才培养体系、出台科技人员创新激励政策、优化人才生活环境等多项举措，深入实施创新人才战略，集聚、培养、用好多类型、多层次的创新人才，为持续创新提供坚实保障。要强化科研人员、大学毕业生、返乡农民工、退伍军人等在创新创业创造群体中的重要性，着力壮大创新创业队伍。

（二）持续强化平台载体建设

1. 打造高能级创新载体平台

抢抓国家战略机遇，做强做优一批“高、尖、精、特”创新载体，打造高能级创新载体。争取国家重大科技基础设施布局，推动国家超算郑州中心、国家生物育种产业创新中心等重大创新平台建设，组建以超算中心、现代分析与测试中心、基因测序中心为基础的大科学中心。依托国家生物育种产业创新中心打造世界农谷，带动形成世界一流的农业科技基础设施集群和千亿级生物产业集群。支持战略支援部队信息工程大学、中电科二十二所和二十七所等高校、科研院所在网络信息安全、物联网通信、5G天线、天地一体化信息网络等领域建设一批重大科技基础设施，打造空间分布集聚、学科方向关联的重大科技基础设施集群。

2. 加快建设高水平创新平台

力争新增一批国家产业创新中心、制造业创新中心和技术创新中心，推动汉威科技智能传感器、安图生物体外诊断、中铁装备盾构装备、宇通集团氢燃料电池客车创建国家级创新平台。加快布局建设一批前沿学科交叉研究平台和产业技术公共服务平台，在先进计算、人工智能、集成电路等关键领域集中布局建设一批产业创新平台，组织实施重大科研项目，开展高水平基础研究和应用基础研究，促进重大科技创新成果产出。加大创新能力开放合作，建设一批诺贝尔奖工作站和国际联合研究中心。

3. 引进培育一批新型研发机构

加快中德智能产业研究院等一批高水平研发机构建设，出台极具吸引力的政策，吸引和鼓励中央直属企业、世界500强企业迁入研发总部或在河南设立研发分中心，对其开展科技创新和成果产业化进行奖励，提升河南研发机构的集聚能力和水平，为国内外高层次创新科研团队和领军人才在河南创办新型研发机构提供全方位支持。制定扶持新型研发机构发展政策措施，在政府项目承担、建设用地、职称评审、人才引进等方面加大支持力度。推动优质创新资源与河南省重点企业、重大项目对接，开展关键技术联合攻关，加速科技成果落地转化。

4. 推动重大创新载体联动发展

全面提升郑洛新国家自主创新示范区、科创走廊、高新区等创新区块承载功能和服务能级，推动各类创新载体协同联动发展。推动郑洛新国家自主创新示范区建设，对标东湖、苏南等先进自创区，全面推进自创区核心区体制机制改革，开展科技成果转化、科技金融结合、科技开放合作、知识产权运用与保护等先行先试，培育引进创新引领型企业、平台、机构、人才。强化自创区辐射带动作用，有序拓展自创区发展空间，逐步构建起“3 + N”自创区空间发展布局。

5. 高水平规划建设郑开科创走廊

构建以郑东新区龙子湖智慧岛为引领，环龙子湖高校园区、云湖智慧城、白沙大数据产业园、科学谷为支撑的数字经济发展核心区，打造国内重要的科技创新策源地和国内一流的数字经济发展高地。研究制定支持郑开双创走廊建设的若干意见，在促进科技成果落地转化、引进培育创新型企业、建设高水平创新平台、集聚高端创新人才团队、深化科技国际交流与合作、营造创新发展良好环境等方面出台政策措施。加快重大工程和重点园区建设，推进郑开科学大道、隋唐大运河郑开段疏浚工程等基础设施建设，实施龙子湖智慧岛智慧化工程，启动科学谷建设。加快引进高水平创新平台机构，推动中科院计算所、中德智能产业研究院等加快建设，加强与国内外一流大学、科研机构和龙头企业合作，在郑开双创走廊布局建设一批研发机构和区域总部。

6. 争创国家全面创新改革试验区

以争创全面创新改革试验区建设为契机，统筹推进中国（河南）自由贸易试验区、郑州航空港经济综合实验区、郑洛新国家自主创新示范区、中国（郑州）跨境电子商务综合试验区、国家大数据（河南）综合试验区、国家粮食生产核心区等国家战略平台协同发展，突出制度创新和系统集成，完善“六区”联动机制，集中资源配置，集成复制推广，积极探索有利于创新、人才、贸易和要素流动自由化便利化发展的体制机制，形成国家战略平台叠加效应，推动政策互惠互享，打造引领改革开放创新的新引擎。

7. 强化“双创”示范基地的新引领

河南省“双创”示范基地自启动建设以来不断探索创新，在生态环境、产教融合、人才培养、组织方式、平台建设、技术创新等方面不但取得了可喜的成绩，而且积累了丰富的经验。充分发挥各双创示范基地的创新资源优势，在科研立项实施、成果确权和转化等方面先行先试，引导各类企业实现转型与创新结合，促进大中小企业融通发展，加快打造专业化、功能强、持续发展的创新创业支撑平台。

（三）提升科技成果转化与应用建设

1. 强化关键核心技术攻关

在生物育种、智能农机、智能传感器、新能源汽车等重点领域实施一批技术研发和产业化项目，强化战略性产品供给，加速实现关键核心技术自主可控，培育形成一批新兴产业集群。探索实行重大创新需求面向国内外揭榜攻关，组织企业揭榜转化国内外重大科技成果。统筹军地两种资源，实施一批国防科技“卡脖子”技术研发项目。设立重大技术装备创新研究院，建立首台（套）示范应用基地和示范应用联盟，完善重大技术装备首台（套）支持政策，推进自主创新产品示范应用。

2. 新布局一批重大科技专项

积极对接国家科技创新 2030 重大项目和科技重大专项，实施“十百千”转型升级创新引领专项和创新引领型产业集群重大科技专项，围绕河南省产业发展优势和方向，围绕产业链部署安排一批重大科技专项，加强产业链条中关键领域、薄弱环节的重大技术攻关，力争在新型电力装备、机器人与智能装备、可见光通信、北斗导航等战略性新兴产业取得原创性重大突破，研制具有国际市场竞争力的重大产品，以优势领域的局部突破带动产业整体提升，加快向价值链中高端攀升。

3. 加速科技成果转化和产业化

加快国家技术转移郑州中心建设，积极申建国家科技成果转移转化示范区。推动洛阳创建国家军民融合创新示范区，争取国家在河南省布局建设河南军民科技协同创新平台。加快郑开双创走廊建设，推动中德（许昌）中小企业合作区、郑洛新国家自主创新示范区硅谷创新中心、中芬创新产业基地、中以科技城、中卢创新科技产业园区等建设，打造一批离岸创新成果孵化基地，大力促进科技成果在豫转化。

4. 加强军民科技协同与国际合作交流

加强军民技术转化运用对接，推动洛阳等地创建国家军民融合创新示范区，争取国家在河南省布局建设河南军民科技协同创新平台。支持龙头骨干企业联合军工科研院所合作建设军民融合创新载体。加强与美国、日本、欧盟等世界创新强国和“一带一路”沿线国家科技创新合作，依托高校、科研院所及企业，引进海外关键技术和研发团队，推进国际联合研究中心、诺贝尔奖工作站、国际科技合作基地、海外人才离岸创新创业基地建设。

（四）持续推进营商环境优化

1. 深化科技领域“放管服”改革

环境是创新的基础，国内外创新发展做得较好的地区，创新环境均较好，政府不干预、强化服务，通过简政放权，提高效率。河南省要不断深化科技评价改革，探索完善科研机构评估方法。探索有利于科技工作者增加收入的分配制度，增加科技工作者工作自主权，简化科研经费使用流程。加快形成全省高端公共创新平台的共享共建局面，实现国家和省、市科研平台资源的无缝对接，提升高端科研仪器使用效能。

2. 培育更具活力的创新创业“新生态”

围绕企业家资源、科技资源和金融资源的培育进行制度构建和环境重塑，从而吸引创新资源集聚。通过在行政审批和商事登记制度改革、建立政府部门权责清单制度和市场准入负面清单制度等方面先行先试，厘清政府与市场关系，营造市场化法治化国际化营商环境，释放市场活力。良好的政府和市场互动不仅激发全社会的创业激情，为企业提供完善的产业配套，也能加速创新资源在河南的集聚。

3. 加强知识产权保护和运用

加快知识产权强省建设，严格知识产权保护，利用大数据和知识产权预警系统建立知识产权侵权查处快速反应机制。充分利用中国郑州（创意产业）知识产权快速维权中心，完善知识产权维权援助体系，构建全省知识产权维权服务网络。实施专利导航工程，利用大数据对专利进行精准配对，提升专利转化能力，探索加大专利权质押融资工作力度，完善知识产权交易，提升知识产权市场活力，促进知识产权与金融资本、产业发展有效融合。

（五）多措并举推进消费升级

1. 激发消费潜力

河南作为1亿人口大省，随着人均收入不断提高，消费能力不可小觑，消费潜力巨大。河南的消费市场一旦被激发，将能极大地拉动经济增长。一是要抓住农村市场。河南省农村人口多，外出打工者多，每年带回河南的财富就多，河南农村部分家庭潜在消费能力不弱，但农村人普遍爱存储，需要进行消费观念引导，提升生活品质，激发农村市场活力。二是抓住中产阶层。因人口基数大，河南中产阶层人数总量不少，要通过供给侧改革，改变河南中高端产品和服务供给不足的突出矛盾，应对这个阶层的人群进行消费结构升级。三是引导富裕阶层。富裕阶层人数虽少但消费能力强，除了鼓励他们创新创业加大投资以外，还要鼓励他们消费，通过提升高端产品和服务的供应能力，引导他们超前消费，激发消费市场活力。

2. 提高供给体系质量

影响消费的因素很多，涉及收入水平及预期、消费习惯及预期、产品价格及走向等多因素影响，在不同经济发展阶段不同要素的影响程度不同。河南省要针对高端需求供给不足的特点，深入推进全省“消费升级行动计划”，提档升级吃穿用、住房、汽车等实物消费，放宽服务消费领域市场准入，加快教育、医疗、育幼、养老、文化、旅游等现代服务业发展，增加新兴消费产品供给，满足群众个性化和多元化的消费需求。

3. 启动农村市场，促进农民消费升级

大力发展基层设施建设，既可以拉动经济，又能为消费提供基础（增收和增加升级成品）。河南省应加大农村社会保障和民生改善投入力度，持续畅通城乡双向销售渠道，促进农民增收，提升农村居民消费能力；大力发展农村电子商务，推进传统商贸创新发展，打造有影响力的展销平台和高品质的消费载体，推动农村消费升级，不断释放消费潜力。要高度重视农村消费市场，以满足基本生活为重点，支持品牌连锁服务企业向乡村延伸，扩大电商、快递农村覆盖面，让广大农民可以方便快捷地买到称心如意的商品，享受到高品质的服务。

4. 大力发展新消费

新消费要靠新技术引领，通过创新加大新技术的应用才能创造更多的消费需求，本次疫情引爆的一些产业要好好分析，如何做大做强；重伤的一些产业要好好反思，如何优化调整。以前，内需在拉动经济增长中发挥着日益重要的作用，随着供给侧结构性改革的持续推进，内需发展的活力和后劲将不断释放。政府要根据消费情况发放购物券、消费券，针对有利于促进消费升级的领域发放购物券、消费券，企业凭消费券可以抵扣相关税费。要坚持增供给与优环境并举，深挖内需发展空间，不断释放消费潜力，为全省经济高质量发展提供强大支撑。

5. 优化消费环境

2018 年以来，受中美贸易摩擦及经济下行压力变大的影响，造成一部分人不敢投资、不敢消费，再加上社会舆论对经济放缓预期的放大和对个别投资失败的过度解读，造成市场预期持续降低，这样就形成恶性循环，导致一部分人更不敢消费和投资，谁投资谁亏损的局面，进而更多的人都会降低收入预期，缩减消费。河南省应加快推动重点领域产品和服务标准建设，加强商务诚信体系建设，加大市场协同监管整治，完善消费维权机制，促进消费安全，提升消费服务品质，提振消费信心，稳定消费预期。要加强消费领域信用建设，依法打击侵害消费者权益的违法行为，让消费者放心消费。

（六）打造对外开放的新高地

对外开放是保持经济持续稳定发展的必然选择。在国家以全方位开放推动经济高质量发展的大背景下，河南要继续坚持以大开放引领大发展，不断强化高质量发展动能。要立足河南“空中、陆上、网上、海上”四条丝绸之路协同并进的良好态势，积极打造对外开放通道新优势。利用好新科技催生的新机会，把握新冠肺炎疫情带来的全球产业链调整的契机，不断加强与实际主要经济枢纽地区的联系合作，不断提升“空中丝绸之路”的辐射力和影响力，提高“陆上丝绸之路”“网上丝绸之路”“海上丝绸之路”的带动力，大力发展枢纽经济、口岸经济，以大枢纽带动大物流、大物流带动大产业发展。

（七）持续推进供给侧改革，助力高质量发展

1. 精准施策

精准推进供给侧改革是高质量发展的客观要求，要始终坚定供给侧结构

性改革的主攻方向，处理好供给与需求、投入与产出、传统与新兴、政府与市场四对重大关系，构建平台、政策、科技、人才四大支撑体系，坚持问题导向，精准落实“八字方针”。一是精准巩固“去降补”成果，保障经济稳步高质量发展。二是精准增强微观主体活力，激活经济高质量发展的新活力。三是精准提升产业链水平，激发经济高质量发展的新动能。四是精准畅通经济循环，推动经济高质量发展的效率提升。

2. 全面改革创新

改革是做好经济社会发展各项工作的重要遵循，是激发高质量发展活力的根本路径。高质量发展需要协同推进国企改革、要素市场化改革、“放管服”改革、农村改革、生态文明体制改革等一系列关键领域的改革，着力解决影响经济持续健康发展的突出问题，推动改革向纵深发展，开创更有活力、更富品质的发展新境界，激发高质量发展活力。

3. 优化要素配置

长期以来，地方保护、行业垄断、行政干预、准入限制、所有制歧视等诸多因素导致经济循环“不畅通”，造成要素流动阻梗，交易成本增加，全要素生产率低下。落实供给侧结构性改革“八字方针”，需要在优化资源配置上下功夫，瞄准畅通经济循环这个关键，着力构筑统一开放、竞争有序的现代市场体系，清理经济循环障碍，让市场在资源配置中发挥决定性作用，推动各种要素顺畅流动，提升质量发展之“效”。

4. 完善科技奖励体系

科技奖励制度是我国长期坚持的一项重要制度，是党和国家激励自主创新、激发人才活力、营造良好创新环境的一项重要举措。2017 年 3 月，习近平总书记主持召开的第三十三次中央深改组会议，审议通过了《关于深化科技奖励制度改革的方案》，为推进国家和河南省科技奖励制度改革指明了方向、提供了遵循。科技奖励工作应注重成果的质量、贡献和绩效，突出成果对产业发展的支撑和经济发展的贡献，强调科技成果对破解制约行业关键共性技术难题和“卡脖子”技术难题的作用和成效，注重科研道德和科研诚信建设，对学术不端行为实行“零容忍”。

5. 坚持科技创新

创新是引领发展的第一动力，随着大数据、人工智能等新一轮技术革命的高速发展，创新在经济发展中的作用日益突出。落实“八字方针”，需要强化创新引领作用，持续深入实施创新驱动发展战略，进一步完善河南区域创新体系，积极探索开放式创新模式，推动创新要素与产业要素深度融合，加快形成以创新驱动为基础动力的高质量发展动力体系。

6. 补齐短板

民生福祉、生态环保、基础设施、区域协调、城乡协调等领域的短板，是制约河南高质量发展的关键，需要深化供给侧结构性改革，多措并举形成合力，补齐高质量发展之“短”。一是着力民生福祉短板。发展为了人民、发展依靠人民，发展成果由人民共享是科学发展的根本目的，也是推进高质量发展的目标要求和应有之义。二是着力补齐生态环保短板。坚持绿色发展不动摇，坚决打好蓝天碧水净土保卫战，建立健全污染防治长效机制。三是着力补齐基础设施短板。聚焦百城提质工程、生态环境建设、交通基础设施、农村水利工程、新一代信息网络等重点领域和薄弱环节，加大投资力度，加快重点项目建设进度，补齐基础设施短板。四是着力补齐区域协调短板。实施中心城市带动战略，加快郑州国家中心城市建设，发挥其在中原城市群中的龙头作用。五是着力补齐城乡协调短板。处理好城镇化与乡村振兴的关系，坚持城乡一体设计、多规合一、功能互补，统筹城乡产业、基础设施、公共服务、资源能源、生态环境等布局，以规划一体化促进城乡空间融合。

（八）不断完善创新创业与高质量发展的治理体系和治理能力

1. 增强财税政策扶持能力

加大财政资金统筹支持力度，统筹安排科研、技改、产业、人才等各类专项资金，加大对小微企业和创新创业的支持力度。落实普惠性税收措施。落实支持小微企业发展的各项税收优惠政策。加强税收优惠政策宣传，确保小微企业“应享尽知”。落实企业研发费用加计扣除、固定资产加速折旧等税收优惠政策。落实创业投资企业税收抵扣政策，创业投资企业采取股权投资方式投资于未上市的中小高新技术企业 2 年以上，按照其对中小高新技术企业投资的 70%，在股权持有满 2 年的当年依法抵扣。

2. 建立和完善创新创业创造投资引导机制

完善引导基金管理办法、绩效考核、合作机构遴选等配套制度，引导社会资本投向创新创业各个领域，重点培育和扶持处于初创期、起步期的科技型企业。积极争取国家新兴产业创业投资引导基金、科技型中小企业创业投资基金、国家科技成果转化引导基金、国家中小企业发展基金的支持。推动河南省战略新兴产业投资基金、省科技创新风险投资基金、自创区成果转化引导基金、国家战略性新兴产业创投基金等与创新型企业加强对接，支持一批科技创新项目。

3. 构筑完善创新创业创造发展生态链

围绕产业转型升级中的重大创新需求，以项目为牵引，增强创新型企业的引领带动作用，鼓励高校和科研机构建立专业化的技术转移机构，加快建设自主创新体系，着力解决经济社会发展核心关键技术“卡脖子”问题，提升科技供给质量和效率，加快打造创新发展新高地。完善创新机制，持续推动全省深化“放管服”改革，破除科技与经济深度融合的体制机制障碍，推广成熟的创新创业模式，优化创新创业生态，降低创业创新成本，充分释放企业、平台、人才、机构的创新活力，加快构建创新创业“生态圈”。深化重点人群创新创业教育和精准培训，创造更多元、更稳定的新就业岗位，进一步提升创新创业带动就业的能力。

参考文献

尹弘：《政府工作报告——2020 年 1 月 10 日在河南省第十三届人民代表大会第三次会议上》，《河南日报》2020 年 1 月 17 日。

陈润儿：《政府工作报告——2019 年 1 月 16 日在河南省第十三届人民代表大会第二次会议上》，《河南日报》2020 年 1 月 23 日。

徐委乔：《河南供给侧结构性改革持续深化》，《中国信息报》2020 年 2 月 12 日。

河南省社会科学院课题组、谷建全：《2019 年上半年河南经济运行分析及全年走势展望》，《区域经济评论》2019 年第 5 期。

刘战国：《坚持创新驱动推动河南经济高质量发展》，《河南日报》2018 年 4 月 4 日。

《河南省人民政府关于实施创新驱动提速增效工程的意见》，《河南省人民政府公报》2019 年 3 月 10 日。

B.2
河南省城市创新能力评价报告（2020）

中国（河南）创新发展研究院课题组*

摘　要： 2019年，河南省坚持贯彻新发展理念，推动经济高质量发展，科技创新实现了量质齐升。本课题组构建了由35个统计指标组成的河南省城市创新能力评价指标体系，并利用新的统计数据，进行了2020年河南省城市创新能力评价，其中，郑州、洛阳和新乡排在河南省城市创新能力的前三名。针对2020年河南省城市创新能力评价的结果，结合当前科技创新发展趋势，课题组关于提升郑洛新国家自主创新示范区带动作用、不断强化创新发展的基础和人才支撑、以科技创新推动高质量发展、营造更好更优的发展环境、加快扩大开放创新步伐提出了建议。

关键词： 城市创新　能力评价　河南

一　2019年河南省创新发展回顾

2019年，河南省认真落实习近平总书记视察河南重要讲话精神，坚持以新发展理念为引领，大力推动高质量发展，在科技创新领域实现了量质齐

---

* 课题组组长：喻新安，博士，河南省高校智库联盟理事长，黄河科技学院中国（河南）创新发展研究院首席专家，教授，研究方向：区域经济、产业经济；杨雪梅，博士，黄河科技学院校长，教授，研究方向：高等教育、创新创业。课题组成员：于善甫、张冰、于广超、喻晓雯、豆晓利、郭军峰、刘晓慧、张志娟、杜文娟、李斌、武文超、刘晓、魏征。

升。河南省科技创新能力得到了明显提升，创新发展的基础持续增强，创新环境、营商环境显著优化，服务经济社会发展的水平持续提升，河南城市的创新能力稳步提升。在此背景下，本课题组编写了《河南省城市创新能力评价报告（2020）》。

创新能力显著提升。省政府启动“十百千”转型升级创新专项，超大直径硬岩盾构、燃料电池客车、光互联芯片、高性能铜合金、350 公里高铁轴承等具有创新引领能力的“十”层级项目顺利实施。河南省与华为公司战略合作构建计算产业，建设基于“鲲鹏”处理器的鲲鹏生态创新中心，以及软硬件生产基地和销售中心，基于鲲鹏处理器的黄河牌服务器顺利下线。阿里巴巴、海康威视等企业的区域总部落地郑州，郑东新区龙子湖智慧岛建设顺利推进。2019 年，河南省高新技术企业快速发展，国家科技型中小企业总数达 8474 家，在全国排在第 5 位，全年新增高新技术企业数量超过 1400 家，连续保持 40% 以上的增长速度，提前一年完成高新技术企业数量倍增计划。2019 年，河南省获得 16 项国家科学技术奖，其中国家技术发明奖 3 项，国家科技进步奖 13 项。全年申请专利数量 144010 件，获得专利授权 86247 件，专利授权数增长 4. 8% 。根据中国科技战略发展研究小组发布的《中国区域科技创新评价报告（2019）》当中的评价结果，河南省的科技创新水平在全国各省、市、自治区中排在第 19 位，同比提升 2 个位次。

不断夯实发展基础。创新平台和创新团队不断发展壮大。国家超级计算郑州中心获批建设，成为全国范围内的第 7 家。省部共建的食管癌防治国家重点实验室、作物逆境适应与改良国家重点实验室获批，引进中科院计算技术研究所到河南设立大数据研究院，新成立一批高端技术研发机构。2019 年，河南省拥有的国家级创新平台总计达到 167 家，全年共新建 17 个国家级博士后科研流动站，以及 29 个省级院士工作站，吸引 30 位院士及 190 多名核心团队成员进站工作。2019 年，新引进和培养中原学者 5 人，中原科技创新创业领军人才和中原产业创新领军人才 60 多人，通过招才引智大会等平台，近 4000 名高层次人才在现场直接入职。郑州大学、河南师范大学两所高校入选国家高等学校学科引智计划，2 名外国专家获 2019 年度中国政府友谊奖。郑洛新自主创新示范区建设快速推进，示范、辐射能力增强。截至 2019 年底，郑洛新自主创新示范区内已经集聚创新龙头企业 50 家，占全省的 50%；高新技术企业 2884 家，占全省的 59.9%；国家科技型中小企业 5725 家，占全省的 67.6%。

助力产业转型升级。2019 年，河南省战略性新兴产业增长 13.7%，高技术制造业增长 9.2%，均高于规模以上工业增加值 7.8% 的增速，转型升级成效明显。智能装备等十大新兴产业快速发展，4 个产业集群入选首批国家战略性新兴产业集群发展工程，5G 网络已经率先在超高清视频、"互联网 + 智慧医疗"等领域得以应用，工业机器人、新能源汽车、锂离子电池等新产品产能和市场加快拓展。制造业加快智能、绿色、技术改造，工业技术升级改造投资净增 53%，高端装备制造、电子信息产业的增加值增速分别为 18%、13%。大型盾构机、新能源客车、耐火材料、超硬材料等领域的研发水平和产品市场占有率都处在全国领先水平。重点产业集群的科技创新专项取得突破性进展，中铁盾构自主设计研发并制造了直径 15.8 米的泥水盾构机，成为目前我国最大直径的泥水盾构机，并达到世界掘进机技术的领先水平。洛阳 LYC 轴承完成时速 250km 高铁轴承台架试验，并通过测试评价，在高铁轴承领域实现了国产化的重大突破。

持续深化开放创新。2019 年，河南成功举办第二届中国·河南招才引智创新发展大会、中国·河南开放创新暨跨国技术转移大会，举办 10 个专场活动，签约项目达到 293 个。在大会上，通过开发使用云服务平台，充实和完善技术成果、高层次专家和重大技术需求三大核心创新数据库，极大提升了技术与需求交流对接的效率，建立并巩固了开放创新合作和成果转移转化的长效机制。2019 年，河南省首次面向全球发布重大技术需求，中色科技与 ABB（中国）公司合作承担的"冷轧机电气控制系统"等 23 项重大关键技术研发项目签约。制定了《河南省技术转移体系建设实施方案》，国家技术转移郑州中心的建设和运营工作顺利推进，新培育 41 家省级国际联合实验室，新增 19 家技术转移示范机构，为加快河南技术转移转化工作提供了有力的支撑。

创新环境不断优化。2019 年，河南省出台《河南省技术转移体系建设实施方案》，修订《河南省促进科技成果转化条例》，大大改善了成果转移转化的政策体系，技术市场环境和规模快速发展。2019 年，河南省共签订技术合同 9310 项，同比增长 27.57%，成交额 234.07 亿元，同比增长 56.32%。技术合同成交额首次迈过 200 亿元大关，排名在全国提升到第 17 名，技术合同成交额超过地区生产总值的 4‰，有力地支撑了河南的高质量发展。2019 年，河南省政府出台《河南深化科技奖励制度改革方案》，建立完善以创新能力、创新质量、实际贡献为导向的奖励工作机制。持续实施科技特派员助力脱贫攻坚“十百千”工程，组织开展“千名专家进百县帮万企”科技支撑专家服务行动，通过科技创新积极助力脱贫攻坚和环境污染防治攻坚战。积极推动科技创新与金融的对接融合，有效发挥政府投资基金在科技创新领域的带动作用，着力发展“科技贷”业务，全年放款 12.11 亿元，同比增长 157%，支持企业完成 166.52 亿元销售收入。

二　河南省城市创新能力评价指标体系

（一）评价指标体系设计

课题组在贯彻高质量发展理念的基础上，结合评价全面性、科学性以及数据可得性的基础上，构建了包含 5 个一级指标、35 个二级指标的河南省城市创新能力评价的指标体系（见表 1）。在指标体系中，一级指标包括创新投入指标、创新产出指标、企业创新指标、创新环境指标和创新绩效指标五类。

1. 创新投入指标

创新投入指标包括 8 个二级指标，即研发活动人员数、研发活动人员折合全时当量、研究与试验发展机构数、研究机构从事研发活动人员中硕士以上学历比例、一般公共预算对于科学技术的支出、一般公共预算支出中科学技术支出的比例、研发经费支出、研发经费投入强度。相对于上一年的指标体系，增加了研发经费支出和研发经费投入强度两个指标。

2. 创新产出指标

创新产出指标包括 5 个二级指标，即发明专利申请数、发明专利授权数、每万人有效发明专利数、形成国家或行业标准数和发表科技论文数。

3. 企业创新指标

企业创新指标包括 8 个二级指标，即规模以上工业企业研发人员数、规模以上工业企业研发人员折合全时当量、规模以上工业企业研发经费支出总额、规模以上工业企业研发经费支出与利润总额之比、规模以上工业企业新产品销售收入、规模以上工业企业办科技机构数、规模以上工业企业专利申请数、规模以上工业企业有效发明专利数。

4. 创新环境指标

创新环境指标包括 8 个二级指标，即高等学校数，高等学校教职工数，规模以上信息传输、软件和信息技术服务业企业营业收入，规模以上科学研究和技术服务业企业营业收入，技术市场成交合同数，技术市场成交金额，互联网普及度，金融机构贷款年底余额。相对于上年，在创新环境指标中，将规模以上信息传输、软件和信息技术服务业企业单位数指标替换为规模以上信息传输、软件和信息技术服务业企业营业收入，规模以上科学研究和技术服务业企业单位数替换为规模以上科学研究和技术服务业企业营业收入。

表 1　2020 年河南省城市创新能力评价指标体系

创新投入	研发活动人员数(人)
	研发活动人员折合全时当量(人年)
	研究与试验发展机构数(个)
	研究机构从事研发活动人员中硕士以上学历比例(%)
	一般公共预算对于科学技术的支出(亿元)
	一般公共预算支出中科学技术支出的比例(%)
	研发经费支出(万元)
	研发经费投入强度

续表

创新产出	发明专利申请数(件)
	发明专利授权数(件)
	每万人有效发明专利数(件)
	形成国家或行业标准数(项)
	发表科技论文(篇)
企业创新	规模以上工业企业研发人员数(人)
	规模以上工业企业研发人员折合全时当量(人年)
	规模以上工业企业研发经费支出总额(万元)
	规模以上工业企业研发经费支出与利润总额之比(%)
	规模以上工业企业新产品销售收入(万元)
	规模以上工业企业办科技机构数(个)
	规模以上工业企业专利申请数(项)
	规模以上工业企业有效发明专利数(项)
创新环境	高等学校数(所)
	高等学校教职工数(人)
	规模以上信息传输、软件和信息技术服务业企业营业收入(亿元)
	规模以上科学研究和技术服务业企业营业收入(亿元)
	技术市场成交合同数(个)
	技术市场成交金额(万元)
	互联网普及度(户/人)
	金融机构贷款年底余额(亿元)
创新绩效	地区生产总值(亿元)
	人均生产总值(元)
	第三产业增加值占地区生产总值比重(%)
	居民家庭人均可支配收入(元)
	空气质量优良天数(元)
	单位生产总值用电量(千瓦时/元)

资料来源：《河南统计年鉴 2019》。

5. 创新绩效指标

创新绩效指标包括 6 个二级指标，即地区生产总值、人均生产总值、第三产业增加值占地区生产总值比重、居民家庭人均可支配收入、空气质量优良天数、单位生产总值用电量。相对于上年的指标体系，考虑到数据可得性，删去了每万元地区生产总值废水排放量、每亿元地区生产总值二氧化硫排放量、每亿元地区生产总值氮氧化物排放量三个指标，增加了空气质量优良天数指标。

（二）计算方法和统计数据

本次河南省城市创新能力评价仍然选取专家打分法确定指标权重，将统计数据进行归一化处理之后，利用线性加权法进行综合打分。为了确保评价数据的公正、客观，评价数据主要来自 2019 年河南省统计年鉴，数据截至 2018 年底。评价指标中的一些占比类、人均类指标则是利用统计年鉴数据计算得到的。

三　河南省城市创新能力评价的结果与分析

在构建河南省城市创新能力评价指标体系的基础上，课题组通过收集数据和计算，得到了河南省 18 个省辖市的创新能力评价得分和排名情况。

（一）总评价得分与排名

郑州市以 92. 35 的得分排在河南省城市创新能力评价的第 1 位，洛阳市以 55. 60 的得分排在第 2 位，新乡市以 36. 37 的得分排在第 3 位。其中，郑州市在五项一级指标上都排在第 1 位，二级指标上有 28 项排在第 1 位、30 项排在前 3 位；洛阳市在一级指标上 4 项排在第 2 位、一项排在第 5 位，二级指标上有 4 项排在第 1 位、22 项排在第 2 位、3 项排在第 3 位；新乡市在 4 项一级指标上排在第 3 位、1 项一级指标排在第 17 位，在 13 项二级指标上排在前 3 位，26 项二级指标上排在前 5 位。作为郑洛新国家自主创新示范区覆盖的三个城市，郑州、洛阳和新乡的创新能力在全省处于领先地位。同时可以看出，郑州市相对于洛阳市，以及洛阳市相对于新乡市，仍然具有较大的领先优势。排在第 4 位到第 18 位的依次是许昌市、焦作市、南阳市、平顶山市、济源市、开封市、濮阳市、安阳市、漯河市、三门峡市、商丘市、鹤壁市、信阳市、驻马店市和周口市（见图1）。

与上年相比，除了郑洛新三市，排在第4位至第7位的许昌市、焦作市、南阳市和平顶山市的排名同样没有变化。其中，许昌在一级指标方面，创新绩效排名第2位、创新投入排名第4位、创新产出和企业创新排名第5位、创新环境排名第7位，二级指标方面，许昌有15项排名前5位；焦作在一级指标方面，创新产出和创新环境排名第4位、创新投入排名第5位、企业创新排名第6位、创新绩效排名第15位。从中可以看出，许昌市和焦作市处在前5的位置十分稳固。相对而言，南阳市和平顶山市尽管保持在第6位和第7位，但是从分项指标来看，南阳市和平顶山市在5项一级指标上多处于18个省辖市的中游位置。

从河南省城市创新能力评价排名的地区分布来看，围绕郑州市以及郑洛新三市周围的许昌市、焦作市、平顶山市以及开封市，构成了河南省最具有创新发展能力的区域，在这一区域，无论是创新资源的投入、创新活动的产出，还是创新环境和企业创新水平，都处在河南省创新发展的高地。从地理上看，这些城市都处在郑州市的周围，而且处在河南省地理版图的中间位置。在这一区域之外，只有南阳市的创新能力排名相对较高，处在河南省的前6位，其他区域内无论是东南部的农区市，还是北部的传统能源工业城市，在创新能力方面都相对不足。因此，从布局上可以看出，河南省的创新发展主要是以郑洛新国家自主创新示范区为核心高地，协同周边的许昌、焦作、开封等地区，辐射和带动全省的科技创新发展。

从河南省创新能力评价的排名变化情况来看，前7位的城市排名没有变动。排名变化主要出现在中下游的城市，其中，济源市排名变动较大，从上年的第14位上升到第8位。济源市在5项一级指标中的创新投入、企业创新、创新环境和创新绩效4项上都有排名提升，究其原因，一方面是指标排名变动，纳入指标体系的研发经费投入强度，济源市排在全省第4位，仅次于洛阳市、新乡市和许昌市，而且数值与排在第1位的洛阳市比较接近；另一方面，从评价得分上看，中下游的城市间得分差距很小，济源市在一些指标得分上的提升很容易带动评价排名的整体提升。

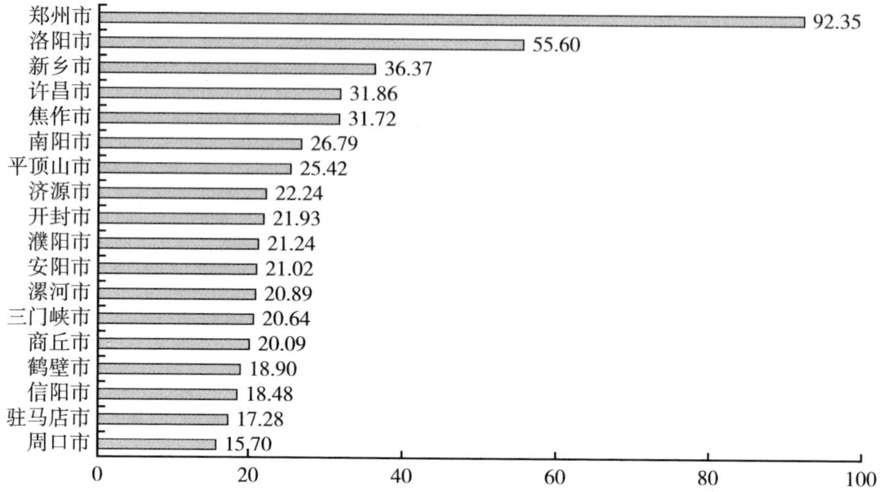

图1　2020 年河南省城市创新能力评价得分和排名

资料来源：《河南统计年鉴 2019》。

（二）分项指标排名情况

创新投入一级指标方面，排在前五位的是郑州市（89.53 分）、洛阳市（71.32 分）、新乡市（51.85 分）、许昌市（45.13 分）和焦作市（41.45 分）。创新投入指标中的 8 项二级指标主要描述了科技创新方面的人员、工时、机构数量，以及资金投入。从指标排名情况来看，郑州、洛阳和新乡三市在创新投入方面都走在了河南省的前面。郑州在一般公共预算支出中科学技术支出的比例、研发经费投入强度两项指标上分别排在第 4 位和第 6 位，其余均为第 1 位；洛阳则是在一般公共预算支出中科学技术支出的比例、研发经费投入强度两项指标上排在第 1 位，其余均为第 2 位，从中可以看出，郑州在创新资源的绝对量上领先，而洛阳则在经费投入比例方面领先，这也与两地政府和企业的资金实力强、重视科技创新有关。新乡则是在一般公共预算对于科学技术的支出和研发经费支出两项上排在第 4 位，其余 6 项排在第 3 位。从一级指标排名与总排名的差异来看，濮阳市、南阳市等市创新投入方面相对低于总评价排名，那么，这些省辖市需要进一步提升科技创新的投入力度；而漯河市、三门峡市等省辖市的创新投入排名相对高于总排名，体现了这些省辖市通过加大创新资源投入来推动高质量发展的决心（见图2）。

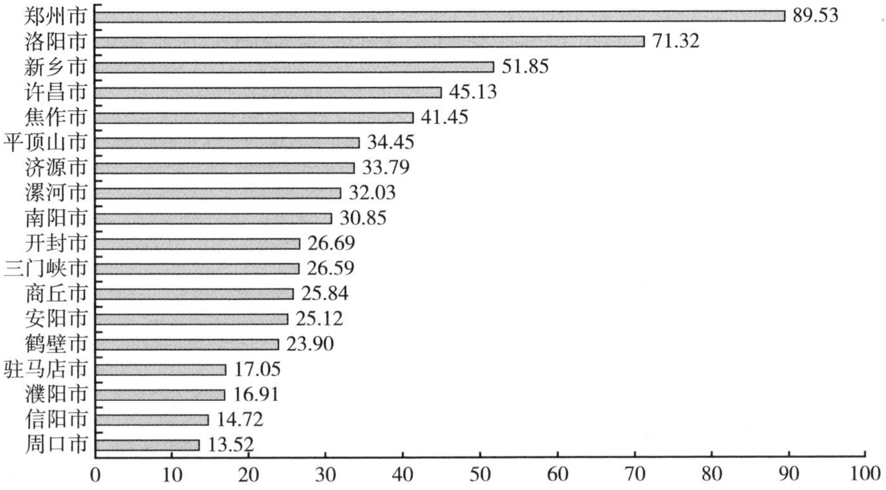

图2　创新投入指标得分和排名

资料来源：《河南统计年鉴2019》。

创新产出一级指标前五位的是郑州市（98.94分）、洛阳市（55.78分）、新乡市（34.96分）、焦作市（28.99分）和许昌市（23.79分）。从二级指标选取上，创新产出指标主要是描述了科技创新在专利申请、授权，人均专利存量，以及论文和行业标准产出的数量。从指标排名情况来看，郑州市、洛阳市和新乡市仍然表现出了明显的领先。其中，郑州市在每万人有效发明专利数方面排名第2位，其余指标均列第1位；洛阳市在每万人有效发明专利数方面排名第1位，发表科技论文数量排名第3位，其余指标排名第2位；新乡市发表科技论文数量排名第2位，发明专利申请和授权数均排名第3位，每万人有效发明专利数、形成国家或行业标准数均排名第4位。从中可以看出，郑州、洛阳和新乡三个省辖市作为河南省科技创新的高地，创新产出能力确实在全省领先。除了郑洛新三市，焦作市在创新产出方面排名也比较靠前，五项一级指标均排在全省前列。从创新产出指标排名与总排名的差异来看，济源市、濮阳市等省辖市创新产出排名相对低于创新能力总排名，这与城市体量有关，济源市和濮阳市在作为人均指标的每万人有效发明专利数上均排在全省中上游。鹤壁市、开封市、安阳市的创新产出排名相对领先于总排名，这些城市需要改善其他方面，来全面提升城市的创新能力（见图3）。

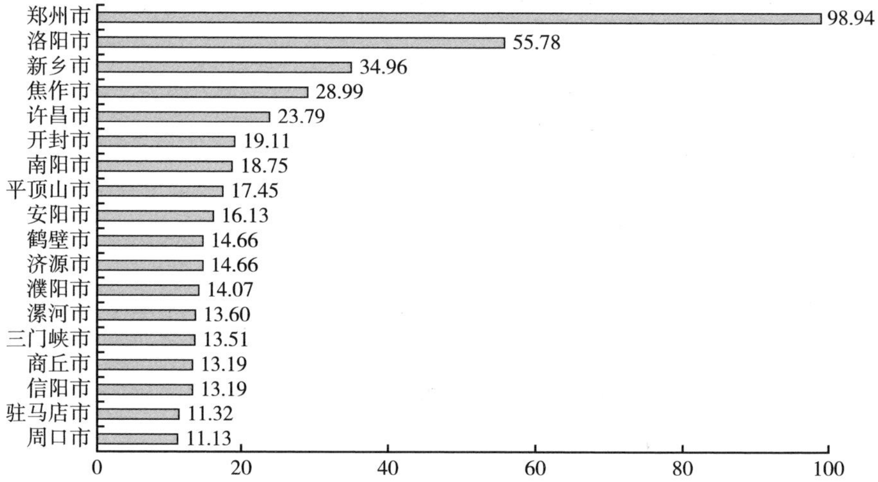

图3　创新产出指标得分和排名

资料来源：《河南统计年鉴 2019》。

企业是创新创业创造活动的重要主体，企业创新水平的提高能有效地推动一个地区的产业转型升级。企业创新一级指标排在前五位的是郑州市（90.07 分）、洛阳市（51.37 分）、新乡市（35.59 分）、南阳市（30.98 分）和许昌市（30.64 分）。企业创新指标主要包括了规模以上工业企业研发的投入、产出，以及新产品销售情况。企业创新一级指标排在前三位的是郑州市、洛阳市和新乡市，二级指标中，郑州市除了规模以上工业企业研发经费支出与利润总额之比指标排名第 7 位，其余各项指标均排名第 1 位；洛阳市的规模以上工业企业研发经费支出与利润总额之比指标排在第 8 位，其余均排在第 2 位；新乡市在 8 项二级指标上也都排在前 5 位。除了郑洛新三市，南阳市、许昌市和焦作市的企业创新指标表现也相对较好，例如南阳市，企业创新的 8 个二级指标均排在全省前 6 位。从企业创新一级指标排名与总排名的差异来看，濮阳市、商丘市、周口市等省辖市的企业创新指标排名相对总排名较高，这些省辖市未来要利用企业创新的相对优势带动地区经济转型升级；济源市、开封市、三门峡市等省辖市的企业创新指标排名相对于总排名较低，需要进一步加强企业在创新创业创造发展中的主体地位，使科技创新活动更好地服务于实体经济的转型升级（见图 4）。

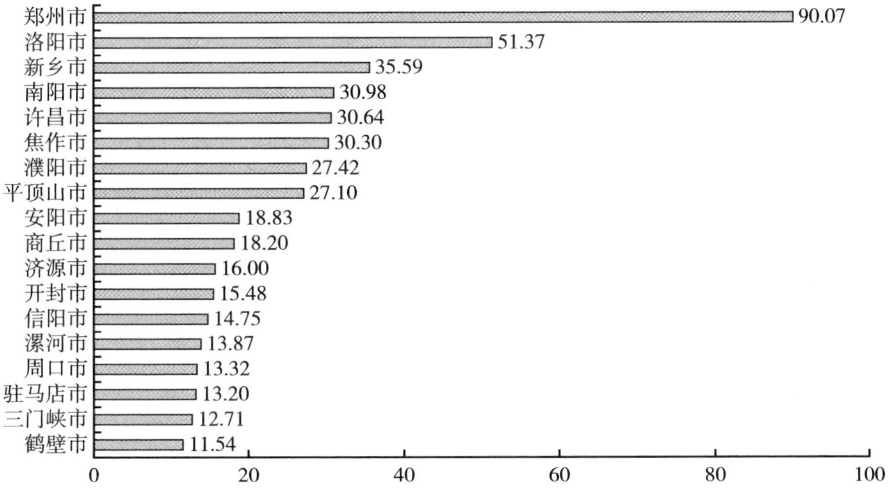

图 4　企业创新指标得分和排名

资料来源：《河南统计年鉴 2019》。

创新环境一级指标位居前五的城市是郑州市（93.13 分）、洛阳市（45.39 分）、新乡市（22.52 分）、焦作市（22.29 分）和安阳市（18.31 分）。创新环境指标涵盖了高等院校情况、技术服务市场、技术市场交易、互联网普及程度，以及金融机构存贷款规模等方面。创新环境指标的排名和得分方面，郑州市、洛阳市的相对优势比较大，其中，郑州市在规模以上信息传输、软件和信息技术服务业企业营业收入指标上排在第 2 位，其余均排在第 1 位；洛阳市在创新环境的 8 项二级指标上有 1 项排第 1 位，4 项排第 2 位，1 项排第 3 位以及 2 项排第 4 位。郑州市和洛阳市之后，新乡市和焦作市排在第 3 位和第 4 位。新乡市在规模以上科学研究和技术服务业企业营业收入指标上排在第 14 位，其余 7 项指标都排在前 6 位，而焦作市高等学校数、技术市场成交合同数和技术市场成交金额、互联网普及度指标排名靠前，而其余指标则排名都在中游。从创新环境一级指标排名与总排名的差异来看，驻马店市、安阳市、商丘市等地创新环境相对于总排名更高，因此这些城市更迫切需要利用较好的创新环境推动创新创业创造活动发展，从而实现创新能力的提升；南阳市、漯河市等省辖市的创新环境排名相对低于总排名，说明这些地市的创新环境是五项一级指标中的短板，未来需要进一步集聚创新资源，加强基础设施建设，提升创新环境水平（见图 5）。

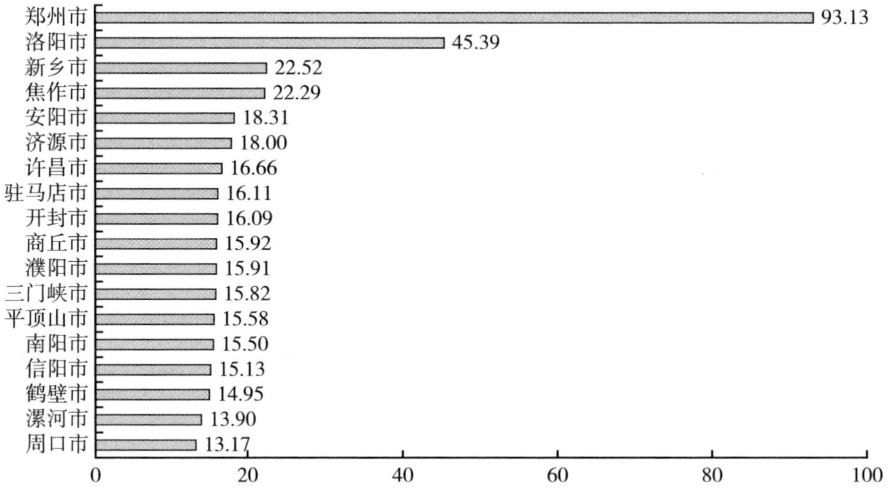

图 5　创新环境指标得分和排名

资料来源：《河南统计年鉴 2019》。

创新绩效一级指标方面，排在前五位的是郑州市（85.62 分）、许昌市（58.98 分）、三门峡市（56.01 分）、信阳市（55.26 分）和洛阳市（54.68 分）。创新绩效指标主要是经济发展、环境类指标，而经济的发展、人民收入的提升、环境的改善是科技创新发展的目的所在。创新绩效一级指标排名方面，郑州市仍然排在第 1 位，而且在 6 项二级指标中的 4 项上排在第 1 位，但是，其后的排名与其他一级指标有所不同，许昌市和三门峡市排在了第 2、3 位。与此同时，从得分和分项指标排名方面，不同排名的城市之间的差距不大，例如，许昌市创新绩效一级指标排在第 2 位，然而许昌市的二级指标仅有单位生产总值用电量排在第 2 位，地区生产总值排在第 4 位，人均生产总值、居民家庭人均可支配收入、空气质量优良天数排在第 6 位，第三产业增加值占地区生产总值比重排在第 15 位，不具备洛阳市在其他指标上的明显领先优势。从创新绩效指标排名与总排名的差异看，三门峡市、信阳市、鹤壁市、许昌市的创新绩效排名与总排名相比较高，可见这些城市的经济社会发展情况较好，而新乡市、焦作市、平顶山市、安阳市的创新绩效排名相对于总排名较低，需要将创新能力的水平进一步转化为经济社会的全面发展（见图 6）。

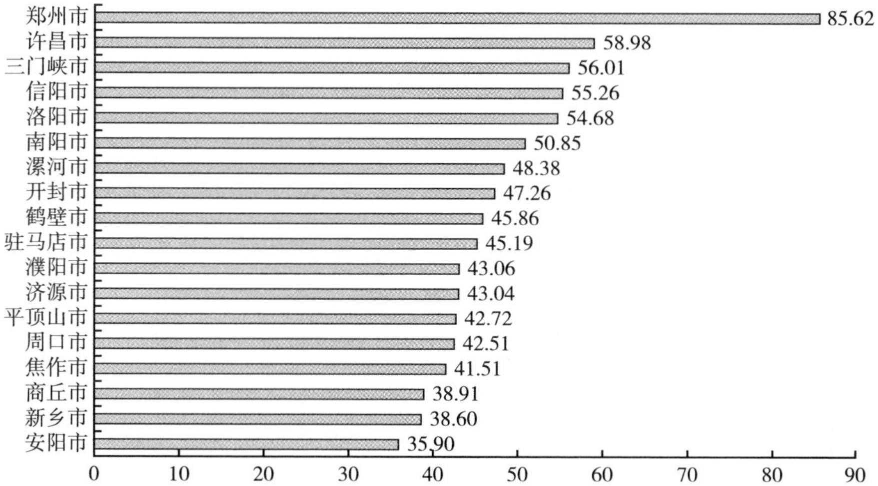

图 6　创新绩效指标得分和排名

资料来源：《河南统计年鉴 2019》。

四　政策建议

一是持续以郑洛新国家自创区为引领带动全省创新发展。持续提升郑洛新国家自主创新示范区的发展水平，主动对标硅谷、纽约－纽瓦克、北京中关村、上海、深圳等国内外创新中心，参考合肥、成都、西安、长沙、武汉等兄弟地区发展经验，找准定位，明确优势和差距，从技术研发、创新体制、人才、金融等多个方面吸收先进经验，与国内外创新中心建立和加强合作，不断缩小与国际先进水平的差距。持续提升郑洛新国家自主创新示范区带动作用，在全省高新区、产业集聚区率先复制和推广自创区在研发、人才、资金等方面的成功经验，与自创区的优势研发机构、研发平台建立长期的合作机制，利用自创区的创新资源提升高新区、产业集聚区的技术水平、创新能力。以先进制造业发展为突出特色，进一步提升洛阳作为河南科技创新副中心的地位和作用。鼓励和支持省辖市积极创建新一批国家创新型城市，根据不同城市的优势和特点，探索具有自身特色和方向的发展路子，并以此为牵引，实现城市创新能力的跨越式提升。

二是不断强化创新发展的基础和人才支撑。人才是科技创新的根本，而基础和平台是吸引人才、发挥人才作用的关键。加快推进河南“一室一中心”建设，参照国家实验室和国家技术创新中心的标准，在农业供给安全、地下工程装备等优势特色领域建设省级实验室和创新中心，并逐步向国家平台进行培育。加快国家超级计算郑州中心建设，并以超算中心为平台，带动河南发展生物医学、农业育种、大数据、人工智能、智慧城市、气象预测等领域的计算应用，以及相关领域软件开发。加快建设一批投资主体多元、运营方式灵活、目标面向市场的新型研发机构，并从人才、资金、税费等方面给予支持。继续做好中原学者、“中原院士基金”等人才支持项目，发挥领军人才作用的同时，注重人才梯队建设。同时，针对重点产业、关键领域、优势学科，以项目、资金和平台为牵引，集聚创新创业领军人才，加快培育形成一个个创新高地。

三是以科技创新为高质量发展提供新的动力。大力发展新技术、新产业、新业态、新模式，从而带动新的经济增长点，助力实体经济实现提质增效。以制造业转型升级为重点和突破口，发挥“十百千”专项的作用，围绕主导产业、特色产业和高技术产业的关键领域，对标技术创新和市场的前沿，持续推进产业智能化、绿色化发展，不断强化创新支撑。围绕新能源汽车、鲲鹏计算产业项目、5G 产业等重大领域和项目，着力提升研发和创新能力，提升产业链，拉长供应链，在更大范围内带动产业转型升级的步伐。加快创新型企业培育的步伐，用足用好各类税费减免、人才支持、金融服务方面的“政策包”，培育一批创新龙头企业，以及一批“瞪羚”企业和“独角兽”企业。发挥科技创新的支撑作用，积极服务黄河流域生态保护和高质量发展、扶贫攻坚、乡村振兴、环境污染防治、县域经济振兴等重大战略和任务，加大对于农业科技创新的支持力度，为高质量发展提供更加有力的技术创新支撑。

四是坚持营造更好更优的创新环境。创新创业创造活动离不开良好的发展环境。要不断破除阻碍创新发展的制度藩篱，营造开放、宽松和包容的创新环境，逐步在全社会培育崇尚创新、鼓励创业、宽容失败的良好氛围。加快科技创新领域的“放管服”改革，简化各类项目申报、评审流程以及项目经费管理程序，破除“唯论文、唯职称、唯学历、唯奖项”等做法，赋予科研人员在项目研发中更大的自由度，以创新为导向改革人才使用和绩效评价机制。鼓励科研人员和企业相结合开展研发和技术攻关，促进科技创新和创业实现融合发展，支持高校、科研院所与企业共同建立创新成果转化的服务平台，促进研发、产业、投资的市场化链条融合发展，放宽高新技术类企业投资和兴办的准入门槛。优化科技创新服务，培育实验、检验检测、数据服务、成果转化和展示、知识产权、财务、税收等环节的中介机构和市场主体。把握新基建的机遇，补齐创新发展的基础设施短板，加快推动大数据、5G 网络、新能源、绿色发展、教育、医疗等领域的重大项目建设。

五是加快扩大开放创新的发展步伐。继续做好中国·河南开放创新暨跨国技术转移大会，将大会做成河南推动开放创新的“品牌项目”，同时保持对大会成果的跟踪问效，优化云服务平台的建设，促进项目、专家和技术需求的高校对接。加快国家技术转移郑州中心建设，通过建设“一院一市场多中心”构建完善的技术市场体系，强化创新型企业在成果转移转化中的主体作用，同时，完善和落实科技成果转化的相关政策、措施，逐步提升河南省技术市场的规模和技术交易水平。利用好郑州建设国际化综合交通枢纽的机遇，推进创新创业领域的国际合作，加快构建全球化的创新创业平台，发挥“一带一路”建设合作以及各类国际会议、国际论坛等平台的作用，推动大学、科研院所、企业与国际创新机构的创新创业合作，利用国有资本和政府性投资基金引导企业“走出去”，通过开设海外研发基地等形式吸收创新资源。完善和实施高层次人才的“引进来”和“走出去”，做好外国人才签证制度和外国人来华工作许可制度的实施工作。

参考文献

中国科技发展战略研究小组、中国科学院大学中国创新创业管理研究中心：《中国区域创新能力评价报告（2019）》，科技文献出版社，2019 年 10 月。

河南省科学技术厅：《河南省科技创新“十三五”规划》，2016 年 10 月。

河南省统计局、国家统计局河南调查总队：《河南统计年鉴 2019》。

国务院：《关于推动创新创业高质量发展打造“双创”升级版的意见》，2018 年 9 月 18 日。

产业发展篇

Industrial Development

B.3

河南省装备制造业高质量发展路径研究

张志娟*

摘　要： 装备制造业高质量发展是河南实现经济高质量发展的重中之重，是加快建设制造强省的重要抓手。近年来，作为河南省支柱产业的装备制造业发展态势良好，然而自主创新能力不强，行业之间发展不均衡，强势龙头企业较少，高端人才队伍供给不足等瓶颈仍制约着河南省装备制造业高质量发展。因此，河南省要推动全省装备制造业高质量发展，建议从加大基础研究的投入力度，合理培育装备制造业产业集群，培育壮大优势产业和龙头企业，加强人才队伍建设等方面着手，以实现由制造大省向制造强省转变。

* 张志娟，黄河科技学院中国（河南）创新发展研究院副教授，研究方向：区域产业发展。

关键词： 装备制造业　高质量发展　智能化　产业集群

习近平总书记多次在地方考察中强调指出："装备制造业是国之重器，是实体经济的重要组成部分。"2018 年的中央经济工作会议上将推动制造业高质量发展确定为 2019 年首要工作任务；2019 年总书记在河南考察时强调，要把制造业高质量发展作为主攻方向。河南作为制造业大省，装备制造业是全省的第一大支柱产业，其产值居全省工业行业之首。装备制造业高质量发展是河南实现经济高质量发展的重中之重，也是加快建设制造强省的重要抓手。因此，河南省应抓住经济高质量发展的战略机遇，聚焦装备制造业发展新形势，瞄准行业发展短板，扎实推进装备制造业高质量发展，助力中部地区崛起。

一　河南省装备制造业发展现状

近年来，河南省委、省政府出台了一系列支持装备制造业发展的政策，先后印发了《中国制造 2025 河南行动纲要》《河南省装备制造业转型升级行动计划（2017—2020 年）》《构建现代产业体系促进先进装备制造业发展实施方案》《河南省智能装备产业发展行动方案》等一系列文件，对全省装备制造业发展进行了全面部署和工作安排。同时，为加快装备制造业高质量发展实施了一系列减税降费、深化改革和扩大开放的措施，全面推进郑洛新自主创新示范区、自贸试验区等国家战略建设。这些政策文件的出台与实施，为河南装备制造业发展创造了巨大的发展潜力和市场空间。

（一）众多国家战略叠加效应持续释放

近年来，河南省相继获批了郑州航空港综试区、郑州跨境电商试验区、郑洛新自创区、河南自贸区、中国制造 2025 郑洛新城市群示范试点等多个国家级战略规划和平台，给予了河南装备制造业更多的政策支持，众多国家战略形成了相辅相成的聚集效力，叠加效应正在持续释放；同时河南随着“一带一路”政策的推进，空中、陆上、网上、海上“四条丝绸之路”的开放联动优势不断彰显，河南正在打造中部崛起的产业新高地，未来河南装备制造业的发展不可小觑。

（二）产业规模逐步壮大

中华人民共和国成立70年来，河南制造业发展成绩斐然，作为制造业大省的河南形成了门类比较齐全的制造业体系；装备制造业已成为河南省万亿级产业，总体规模从全国第7位上升至第5位。按照《国民经济行业(2017)》划分标准，河南装备制造业涵盖了所包括的8个大类，各行业都取得了不错的成绩。如表1所示，2018年，河南省规模以上装备制造业企业数量达5819个，占规模以上工业数量的比重为27.7%，产业发展规模逐步壮大，在全省出现了一批优势产业和骨干型企业。目前，全省重点打造农机装备、矿山装备、盾构装备、电力装备四大领军优势产业，数控机床、机器人、节能环保装备、轨道交通装备四个新兴产业。拥有宇通客车、中信重工、河南中航光电、新航集团、许继集团、一拖集团、中铁盾构、森源电气等众多在国际国内市场具有较强竞争力的行业龙头企业。随着产业转型不断优化升级，新兴技术不断涌现，全省装备制造业整体呈现出高端化、智能化、集约化、绿色化的良好发展态势。

（三）质量效益明显提升

全省装备制造业在国内外需求释放、“一带一路”发展等多重利好机遇的拉动下，质量效益明显提升。根据《河南统计年鉴2019》数据资料显示，2018年，河南省规模以上装备制造业实现主营业务收入14798.04亿元，占全省规模以上工业主营业务收入的比重达到29.5%；实现利润总额1084.63亿元，占全省规模以上工业利润总额的比重达到27%。其中，金属制品业主营业务收入为1378.40亿元，利润总额120.23亿元；通用设备制造业主营业务收入为1949.78亿元，利润总额188.88亿元；专用设备制造业主营业务收入为2017.23亿元，利润总额171.12亿元；汽车制造业主营业务收入为2280.80亿元，利润总额206.34亿元；铁路、船舶、航空航天和其他运输设备制造业主营业务收入为515.68亿元，利润总额49.51亿元；电气机械及器材制造业主营业务收入为2246.45亿元，利润总额164.38亿元；计算机、通信和其他电子设备制造业主营业务收入为4036.10亿元，利润总额139.97亿元；仪器仪表制造业主营业务收入为373.60亿元，利润总额44.20亿元（见表1）。规模以上工业中按主营业务收入排名前十的行业中装备制造业中汽车制造业、电气机械及器材制造业、通用设备制造业位列其中。

表1　2018年河南省规模以上装备制造业产业规模和效益情况

单位：个，亿元

分类	单位数	主营业务收入	利润总额
金属制品业	1122	1378.40	120.23
通用设备制造业	1199	1949.78	188.88
专用设备制造业	1203	2017.23	171.12
汽车制造业	642	2280.80	206.34
铁路、船舶、航空航天和其他运输设备制造业	242	515.68	49.51
电气机械及器材制造业	893	2246.45	164.38
计算机、通信和其他电子设备制造业	312	4036.10	139.97
仪器仪表制造业	206	373.60	44.20
合计	5819	14798.04	1084.63

资料来源：《河南统计年鉴2019》。

（四）技术创新能力不断增强

全省装备制造企业逐步建立了良好的创新意识，高度重视科技创新和产学研合作，在基础研究和前沿技术领域不断实现突破，技术创新能力不断增强。如表2所示，根据《河南统计年鉴2019》的相关数据统计，2018年全省装备制造业新产品产值达51780957万元，实现新产品销售收入52350614万元；专利申请数达16007项，有效发明专利数达13436项；电力装备、盾构装备、农机装备、矿山装备等领域居全国领先地位，神州系列飞船、

C919 大飞机、蛟龙号载人深潜器等一大批国之重器上都有河南装备的身影。比如中信重工与南京理工大学签署校企合作项目协议，联合开展重大科技创新攻关和关键技术产业化的产学研一体化协同创新，凭借矿用磨机的卓越表现，再次荣膺国家“制造业单项冠军示范企业”。

表 2　2018 年河南省规模以上装备制造业研发活动情况

单位：万元，项

分类	新产品产值	新产品销售收入	专利申请数	有效发明专利数
金属制品业	800222	778808	765	636
通用设备制造业	2562382	3234912	2573	2622
专用设备制造业	4183356	3990017	3292	3367
汽车制造业	5193289	4969666	2627	1373
铁路、船舶、航空航天和其他运输设备制造业	715727	668830	955	1226
电气机械及器材制造业	6339293	5953086	3627	2165
计算机、通信和其他电子设备制造业	31483033	32252862	1274	1053
仪器仪表制造业	503655	502433	894	994
合计	51780957	52350614	16007	13436

资料来源：《河南统计年鉴 2019》。

（五）智能化水平有了明显提升

智能时代，随着市场对装备制造业升级需求的进一步提升，河南已着手全面布局智能装备制造业。机器人、无人飞机、智能家居等一系列智能装备制造业产品是河南装备制造业转型升级的重点，正在推动河南由“制造”向“智造”迈进。首家制造业创新中心——河南省智能农机创新中心是国内该领域唯一经认定的创新中心，为河南省农业智能装备技术发展创新提供了机遇。先后多次开展智能制造和工业互联网对接大会、制造业与互联网融合发展论坛和研讨班、中德智能制造合作论坛等各类对接活动，企业的智能化改造积极性有了明显提高，越来越多的企业走上了智能化改造的发展快车。2019 年河南省工信厅认定省级智能车间 111 个和智能工厂 38 个；全省有 7 家企业入选 2019 年国家制造业“双创”平台试点示范项目名单；2019 年河南两化融合发展水平指数达 52.3，较上年提高 1.1 分，位居中部地区首位，企业的智能化水平有了明显提升。

二　河南装备制造业发展的瓶颈

虽然现阶段全省装备制造业发展势头良好，规模发展优势强化，但与高质量发展和制造强省建设目标还存在着一定的差距，制造业大而不强，质量效益亟待提升，与装备制造业尤其是高端装备制造业发达省份之间的差距还比较明显。

（一）自主创新能力不强

装备制造业作为技术性密集型产业，需要提升自主创新能力以促进产业升级。目前，河南省装备制造业企业基础研究能力尚比较薄弱，还未成为技术创新的主体，自主创新能力不够强。装备制造业“重技术引进，轻消化吸收”，导致其生产环节和最终产品缺乏自主产权，成套装备集成创新仍处于初级阶段，在核心技术、关键工艺、高新技术装备依赖进口等方面问题还比较突出，产品多数处于产业分工价值链的中低端，产品结构层次较低，产品技术含量和附加值还不高，这就导致全省的装备制造业在产品和核心技术上缺乏市场竞争优势。

（二）研发经费投入有待提高

近年来，河南省装备制造业开展研发活动的企业数量在逐年增加，在科研经费上的投入也在逐年提高。但从整体上看，河南企业研发投入和政府资金投入仍低于浙江、江苏、上海等地区，研发投入强度还比较低。这些因素就导致了技术创新活动还只能维持在一些低端研发层面，装备制造企业无力开展核心技术和前瞻性技术的研究，制约了科学技术水平的提高和装备制造业的发展质量。近年来河南省计算机、通信和其他电子设备制造业依托富士康智能手机项目不断投产，从而取得了跨越式发展，但更多的是从事低附加值环节，企业缺乏核心技术，关键硬件和核心软件发展滞后，在很大程度上阻碍了装备制造业的发展，从而导致了企业的核心竞争力不强。

（三）行业之间发展不均衡

从新产品产值来看，其中计算机、通信和其他电子设备制造业产值占装备制造业总产值的比重高达60.8%，电气机械及器材制造业占12.2%，汽车制造业达10%，专用设备制造业占8%，通用设备制造业占4.9%，金属制品业占1.5%，铁路、船舶、航空航天和其他运输设备制造业占1.4%，仪器仪表制造业占1.2%。通用设备制造业，金属制品业，铁路、船舶、航空航天和其他运输设备制造业，仪器仪表制造业之和仅接近于名列第三的汽车制造业，行业之间的差距非常明显。从新产品销售收入来看，排名前四的装备制造业分别为计算机、通信和其他电子设备制造业，电气机械及器材制造业，汽车制造业和专用设备制造业；这4个行业的产品销售收入之和占装备制造业总销售收入的比重高达90%，而其他4个行业的销售收入之和仅占10%，行业之间的发展很不均衡（见表2）。

（四）强势龙头企业较少

尽管全省已涌现出诸如宇通集团、中铁盾构、一拖集团、森源集团、许继集团、郑煤机集团等一批优势较强的企业，但与国内其他地区相比仍有较大差距，河南仍缺乏竞争力突出和辐射带动能力较强的装备制造龙头企业。在中国制造业协会发布的《2019年中国装备制造业100强》上榜名单中，河南省只有郑州宇通集团有限公司一家企业跻身100强，且排名第65位，比较靠后，而曾入选《2018年中国装备制造业100强》的天瑞集团股份有限公司和安阳钢铁股份有限公司2家企业均落选；难以起到行业排头兵的作用，对于拉动河南省装备制造业整体快速发展的作用十分有限。

（五）高端人才队伍供给不足

人才是创新的核心要素，创新人才是推动河南装备制造业创新发展的关键，装备制造业的快速发展离不开雄厚的人才后备力量的支撑。但从现实来看，由于河南本省优质的高等院校资源数量偏少，支撑全省装备制造业发展的专业人才培训服务体系发展滞后，使得全省装备制造领域的专业人才供给满足不了产业需求。另外，受河南区位因素的制约，河南智能装备制造领域对于复合型人才的吸引力比不上沿海发达地区和北上广深，需求缺口较大。最后，在引进海外高层次人才的力度和方法上也存在创新度不够，引进政策不够灵活等情况。以上这些因素均严重影响了河南装备制造业的进一步发展和竞争力水平的提高。

三　河南省装备制造业高质量发展提升路径

装备制造业作为河南经济发展的支柱产业，为了顺应第四次工业革命的时代浪潮，加快提升全省装备制造业高质量发展，需要政府、企业和社会多方面的共同努力，以推动装备制造企业发展质量变革，向高端化、智能化、融合化、绿色化方向发展。

（一）加大基础研究的投入力度

当前，河南省装备制造业的研发经费投入中基础研究占比较低，需要政府和企业共同努力加大对基础研究的投入。一是要发挥政府资金的保障作用，政府要合理地配置财政资金，加大企业在基础研究方面的科研经费投入力度，完善相关税收激励政策，对符合条件的企业给予一定的信贷支持，切实提高科研经费的投入比例。相关部门要积极主动地为企业、社会资本和金融机构牵线搭桥，以企业科技成果等作为担保，借助社会资本的投入和获取金融机构的贷款以帮助企业开展创新研发活动，进而提升企业的研发能力。二是引导行业、企业加大对基础研究的投入力度，鼓励高校、科研院所和企业共建高水平专业化研发机构，建立政、产、学、研一体化的社会化多元投入机制，为企业尤其是装备制造业营造一个创新创造创业良好的氛围环境；要积极支持企业建立自有研发机构，特别是推动大中型装备制造企业建设具有一定实力的研发机构，如重点实验室和技术创新研究中心，强化企业由技术创新转化为经济效益的研发能力。三是企业要以技术创新提升自身的自主研发能力，积极主动地与高等院校、科研院所围绕重大关键共性技术实施联合攻关开展产、学、研合作，加深产、学、研的深度和广度，力争促进产业链和创新链的有效对接，以顺利实现创新成果向企业转化的能力。

（二）合理培育装备制造业产业集群

河南省应严格按照装备制造业发展规划提出的目标任务，坚持“一体化布局，差异化发展”的思路，结合自身发展实际，合理培育装备制造业产业集群。一是要充分发挥郑州、许昌、新乡、洛阳等地区产业基础良好的优势，积极培育装备制造产业集群建设，以便吸引国内外知名企业资本和先进技术落户。二是要发挥骨干企业和龙头企业的核心带动作用，搭建产业发展公共服务平台，实现产业链上下游企业进区入园，以龙头企业带动配套中小型企业，提升产业配套能力，延长和完善产业链长度，形成优势突出的装备制造产业集聚区。三是构建企业内部的共享机制，可以将“互联网+”技术应用于信息资源分享平台，提升产业集群内的信息综合服务水平，提高资源分享的质量和效益。四是要突出各区域实际优势，科学谋划装备制造业产业集群的错位竞争，从整体上提升全省装备制造业的发展水平。

（三）培育壮大优势产业和龙头企业

优势产业和龙头企业对装备制造业高质量发展起着十分关键的作用。一是政府可以通过整合引导各种社会资源流向成长性强、带动作用大的优势企业，形成一批能够代表“河南标准”的装备制造企业；通过支持重点项目攻关、完善投融资服务体系、进一步减税降费等一系列优惠政策，优先发展和重点扶植高附加值产业，引导河南省重点装备制造业向服务化、信息化转型，加速实现“两化融合”。二是政府要重视和加强对智能装备制造领域龙头企业的培育，鼓励与支持骨干企业以本地化配套原则按“专精特新”道路进行产业链配套，培育更多细分领域的单项冠军和隐形冠军，以提升和壮大企业竞争力。三是企业自身要掌握装备制造业发展的趋势和前沿，以便聚焦和整合内外部资源进行关键核心技术的突破，促进产业链向高端迈进，壮大自身实力，力争成长为具有强大竞争力的龙头企业。

（四）加快推进智能化和数字化转型

智能化和数字化是“中国制造 2025”的重要内容，尤其是新冠肺炎疫情的暴发将成为制造业智能化和数字化的催化剂，会使现代生产方式发生巨大变革。受新冠肺炎疫情影响制造企业大量劳工无法按期返岗，让更多的企业意识到了“人”的局限性，不得不重新审视行业和企业的发展。河南装备制造业要实现由主要依靠人力到主要依托技术的革命性转变，需要加快推进智能化和数字化转型。装备制造业和信息技术企业要积极寻求合作，选取愿望强烈、自主创新能力强、行业带动作用大的企业开展试点示范，大力促进工业互联网、云计算、大数据、人工智能在产品研发设计、生产制造等方面的综合集成应用，更加务实地重视发展智能化装备产品，提升产业的规模和发展水平；同时，此次疫情让很多员工不得不选择在线办公，这就推动企业要更加主动地拥抱数字化转型，重点培育一批综合性工业互联网平台，实现业态变革和模式创新，提升河南省装备制造业的创新效率。

（五）加大创新开放力度

近年来，河南凭借自身的区位和枢纽优势，紧紧把握对外开放和“一带一路”发展机遇，借助“四条丝路”的联动优势让河南走在了开放的前沿，有力地推动了全省经济转型升级和对外开放水平。河南要加快实现从“制造业大省”向“制造业强省”迈进的步伐，必须进一步加大创新开放力度，努力提高产品质量，全面提升装备制造业产品的科技含金量和附加价值，在积极融入全球价值链的过程中提升自身的地位。一是全省装备制造产业要摆脱产品处于价值链中低端的状况，大力发展资本、知识和技术密集型产业，积极主动融入全球价值链，进而使全省装备制造业能够占据全球价值链高端的有利位置。二是加快完善对知识产权保护和运用制度，鼓励更多的装备制造企业开展技术攻关和创新研发活动，改变过去对知识产权重视程度不够的做法，打击不正当的市场竞争。三是政府要进一步优化外贸环境，助力装备制造业积极开拓海外市场，提高企业在国际市场上的竞争能力。

（六）加强人才队伍建设

装备制造业必须加强人才队伍建设，进一步深化和完善人才发展体制机制，优化人才发展的环境，打造复合型和创新型的人才队伍。一是为适应互联网、人工智能等信息技术与制造业的深度融合需求，应支持河南省现有高校、高职院校针对本区域重点发展领域开展复合型和创新型人才培养行动，着力构建多层次人力资源开发体系，着力培养一支装备制造业领域的“专业技术＋信息化技术＋经营管理”的复合型人才体系，培育一批装备制造业急需的大量基层技术人才、科研人才和科技管理人才。二是政府要充分利用全省现有的教育资源，依托高校相关专业培养一批高层次研发管理人才和技能人才。同时，鼓励和支持河南省内的科研院所、高等院校、企业单位积极引进国内外装备制造领域优秀人才，并安排人才发展专项财政资金，为顺利引进优质人才创造良好的创新环境。三是探索和建立推进河南装备制造业发展的咨询专家库，为加快全省装备制造业高质量发展提供智力支持；引导企业与科研院所、各类智库平台等加强交流合作，聚焦重点领域关键核心技术的联合攻关、行业发展趋势的深度研究等，为提升全省装备制造业核心竞争力提供坚实保障。四是企业要营造有利于科技人员发挥才能的保护制度环境，在激励和分配机制等方面向科技人员倾斜，充分激发科技人员在产品、工艺等创新成果的转化活力，创造出更多高品质和高附加值的新产品。

参考文献

习近平：《在中国共产党第十九次全国代表大会上的报告》，《人民日报》2017 年 10 月 19 日。

中央党校（国家行政学院）调研组：《以创新驱动推动装备制造业高质量发展》，《学习时报》2019 年 12 月 25 日。

赵西三：《以智能制造引领河南制造业高质量发展》，《河南日报》2019 年 11 月 20 日。

河南省统计局、国家统计局河南调查总队：《2019 年河南省国民经济和社会发展统计公报》，《河南日报》2020 年 3 月 10 日。

张延涛、霍力岩：《河南省智能装备制造业发展现状、瓶颈与对策》，《当代经济》2018 年第 11 期。

周旭东：《河南省智能装备制造业发展对策研究》，《中国经贸导刊》2018 年第 6 期。

吕依琳：《河南省装备制造业发展问题及对策研究》，《广西质量监督报》2019 年第 2 期。

本报评论员：《推动制造业高质量发展　加快建设“智造之都”》，《许昌日报》2019 年 7 月 30 日。

黄培：《新冠肺炎将对中国制造业智能化产生深刻影响》，《中国工业报》2020 年 2 月 12 日。

B.4

河南省新型材料产业转型升级促进经济高质量发展研究

刘　晓*

摘　要： 新型材料是战略性新兴产业的基石，发展新型材料产业，加快新型材料产业的转型升级，对全面推动河南工业结构调整，促进经济高质量发展具有十分重要的战略意义。河南拥有发展新型材料产业的独特优势，近几年新型材料产业的发展呈现快速增长态势，但是也面临着许多问题和挑战。本文通过现状分析和问题研究，对加快河南新型材料产业的发展给出相关的对策和建议。

关键词： 新型材料　产业转型升级　经济高质量发展

2015年《中国制造2025》的出台，成为新型材料产业发展的纲领性文件，新型材料产业是我国重点发展的十大领域之一，也是河南省五大主导产业之一和转型发展攻坚的12个重点产业之一。新型材料产业是整个制造业转型升级的产业基础，大力发展新型材料对于振兴实体经济，发展高质量经济起到极大的促进作用，各地纷纷加快布局，河南作为中部大省，抢占新型材料产业发展的制高点势在必行。

---

* 刘晓，黄河科技学院中国（河南）创新发展研究院讲师，研究方向：产业发展、国际贸易。

一 河南省新型材料产业转型升级促进经济高质量发展的重大意义与历史机遇

（一）顺应科技创新趋势，抢占产业竞争制高点的必然选择

随着新一轮科技革命与产业变革步伐加快，新型材料与新一代信息技术、生物、能源等高技术交叉融合创新，新型材料产业已经成为世界产业中关联度高、经济带动力强、发展速度快的一项新兴产业，其发展水平，已成为衡量一个国家或者地区经济发展、科技进步的重要标志之一。越来越多的国家把发展新型材料产业作为国家发展战略，迄今为止，各国共启动了100余项专门计划，国际市场竞争日趋激烈。河南作为中原经济的主体，随着近几年国家战略不断叠加，中部崛起的使命不断增强，顺应产业发展潮流，紧跟科技创新趋势，发展新型材料产业，是河南增强自主创新能力，抢占产业竞争制高点的必然选择。

（二）加快产业转型升级，促进经济高质量发展的主要途径

新型材料产业是战略性、基础性产业，也是工业产品质量升级换代的保证和产业技术创新的前提，在智能装备制造、信息通信、新能源、航空航天等领域发挥战略性辅助作用。在新常态下，随着供给侧结构性改革的深入推进，在建设先进制造业强省和推进转型发展攻坚进程中，发展战略新兴产业离不开新型材料产业的支撑。同时，随着资源枯竭、环境污染矛盾的日益突出，新型材料产业的绿色、可持续发展优势，成为传统制造业转型升级，发展低碳经济的重要方式。河南作为新兴的工业大省，经济的高速发展为河南新兴产业的发展带来了巨大的市场空间，通过新型材料产业来带动河南产业转型升级，也是促进经济高质量发展的主要途径。

二 河南省新型材料产业转型升级发展现状

河南是全国重要的能源和原材料大省，矿业产值连续多年位居全国

前5位，生产要素种类多样，对于发展新型材料产业有着天然优势。随着近几年不断推进产业转型，加快新型材料产业布局，目前已经拥有相对完备的基础设施，发展多个规模以上的产业集群，在多个新型材料的重点领域已经形成明显的比较优势，河南新型材料产业转型升级已经初见成效。

（一）新型材料产业基础雄厚，产业规模不断扩大

改革开放以来，河南工业经济实现跨越式发展，实现了从农业大省到新兴工业大省的历史性转变，现代工业体系逐步形成，为新型材料产业的发展奠定了坚实的基础。2009～2019年，全省全部工业增加值年均增长超过10%。截至2018年底，河南规模以上工业资产总量居全国第5位，规模以上工业主营业务收入居全国第6位、利润总额居全国第7位。工业产业结构持续优化，主导产业对工业经济的支撑作用不断加强，新兴产业不断加快孕育发展。2012～2019年，全省主导产业年均增长约15.0%，高于规模以上工业年均增速约3.4个百分点。除了工业规模强大以外，河南在新型材料相关的传统行业优势明显，在工业转型之前，河南工业结构是以冶金、化学、建材、轻纺、能源等行业为主，随着全省大力发展高技术产业和先进制造业，积极推动战略性新兴产业，出现了一大批传统企业聚焦转型新型材料产业，如河南能源化工集团有限公司、洛阳栾川钼业集团股份有限公司、平煤神马集团、河南黄河旋风股份有限公司、河南豫光金铅集团有限责任公司、济源市万洋冶炼（集团）有限公司、多氟多化工股份有限公司等。目前，这些来自有色金属行业、煤炭行业、非金属矿物制品业、化工行业的企业通过转型升级已经成为国内外知名企业甚至是新型材料产业中的“领头羊”。河南省新型材料产业规模在四年前主营业务收入已经突破5000亿元大关，预计到2020年，新型材料产业主营业务收入突破7000亿元、年均增长10%以上。在原有的相关联产业助推下，产业规模效应显现，河南新型材料产业规模呈不断扩大趋势，市场潜力巨大。

（二）新型材料产业布局未来，集聚态势日益凸显

作为重点培育的战略性新兴产业，河南新型材料产业已经初步具备了资源整合、研发应用以及市场开拓等诸多有利条件，除了原有的转型企业，还吸引一批高素质企业落户、聚集。河南在调整产业布局、培育产业生态等方面持续发力，通过集群 + 园区模式加速推动产业发展，产业集群集聚效应逐步显现，主要形成了五大产业基地。一是以鹤壁、平顶山、濮阳为代表的化工基地，依托平顶山和鹤壁尼龙化工产业基地，尼龙织造和工程塑料产业集群已初具规模，目前各类尼龙产能达 170 万吨，通过建设“中国尼龙城”，打造千亿级的全球一流尼龙新型材料产业基地。依托濮阳新型化工基地，布局千万吨级炼化项目。二是以郑州、许昌、商丘为代表的超硬材料基地，依托郑州超硬材料产业园、长葛等工业园区，目前拥有近 300 家超硬材料及制品生产企业，超硬材料产量占全国市场的 80% 以上。三是以洛阳、巩义、鹤壁、济源为代表的有色金属基地，依托巩义等铝加工产业集聚区，目前规模以上企业 100 多家，拥有 9 个产值超 10 亿元的企业，构建了全国少见的铝精深加工全产业链。依托洛阳、鹤壁等工业园区，在铅、锌、镁、钨、钼、钛产业方面初步形成了具有行业影响力的产业集群。四是以安阳、济源为代表的钢铁基地等，依托安阳相关钢铁龙头企业，由安钢集团牵头，各大本土钢铁公司不断深度融合，布局河南省千亿级精品钢产业基地。五是以郑州、洛阳为代表的耐火材料基地，依托巩义市耐火材料园区，巩义耐火材料产业约占全省四分之一，已经形成了较大的产业规模优势，规模以上企业达 160 多家，目前已建成院士工作站 1 家，省级工程技术研究中心 3 个，形成了具有一定创新能力和竞争优势的耐火材料企业集群，也是国内重要的耐火材料生产基地。河南新型材料产业通过集聚化发展，已经初步形成了产业多元化、错位化发展，产业互相支撑布局未来的发展格局。

（三）新型材料产业特色鲜明，细分领域不断突破

随着河南新型材料产业规模不断扩大，规模效应下形成了一批特色鲜明

的优势领域。目前在产业规划上，构建了“2+3+2”新型材料业创新发展格局，聚焦铝加工、新型钢铁材料、特色有色金属、新型化工材料、新型耐火材料、新型建筑材料、超硬材料7大领域。其中新型化工材料领域中的尼龙新型材料产业尤其突出，尼龙新型材料产业打通了从煤炭到工程塑料、化纤服装的全产业链条，形成技术规模一流的尼龙新型材料产业基地，进入全球尼龙产业第一方阵。其中尼龙66工业丝、帘子布生产规模世界第一，尼龙66盐规模位居亚洲第一。尼龙产业已经明确作为省内的重点优先产业来推进，预计到2035年，中国尼龙城形成全球最完整、最具竞争力的尼龙化工产业链条，年总产值达4000亿元。同时，新型材料产业坚持创新引领，随着技术创新、品牌及管理创新的加快推进，新型材料产业链的细分领域不断突破，相关技术甚至走在世界前沿。通过近20年的河南省新型材料产业的专利并统计数据得出，河南新型材料产业的研究领域相对集中，主要表现在三个领域，分别是超硬材料、有色金属合金、耐火材料。其中以超硬材料为首，专利申请总量近2000件，约占新型材料产业专利申请总量的一半。依托郑州三磨所、黄河旋风等机构和企业，组织创建了超硬材料及制品技术标准创新中心，该中心被列为首批国家标准创新基地技术标准创新中心。此外，河南省还拥有“郑州磨料磨具磨削研究所”“超硬材料磨具国家重点实验室”“国家超硬材料及制品工程技术中心”等一批国家级行业技术机构。在技术领域，河南超硬材料产业打破了多个国外技术垄断，已经在国内和国际均形成了一定竞争优势。同时，省内新型材料产业其他的细分领域也通过不断创新，取得了一大批具有国际前沿技术水平的科研开发及产业化重大成果，拓展了产业发展空间。

（四）新型材料产业多重保障，政策环境持续优化

为加快发展新型材料，推动技术创新，支撑产业升级，近十年来国家出台了多项政策引导新型材料产业发展。2017年工信部、发改委、科技部、财政部四部委联合发布了《新型材料产业发展指南》（以下简称《指南》），该《指南》将新材料产业进行了总体分类，该《指南》也是国内新材料产

业目前最为完善的指导文件。对应着《指南》，各省依据自身实际情况纷纷加快新型材料产业的规划，河南于2017年10月印发了《河南省新型材料业转型升级行动计划（2017—2020年）》（以下简称《行动计划》），提出加快发展新型材料业，是原材料产业延伸链条、精深发展的必由之路，对建设制造强省具有重要战略意义，并明确了相关工作重点和举措。该《行动计划》成为发展新型材料产业的重要指导性文件和引导性政策，为河南新型材料产业的发展提供了更强劲的保障。在省内总体新型材料产业发展规划发布之后，还形成了相关优势细分领域的专项方案，如2019年省工业和信息化厅会同省直有关部门发布的《河南省尼龙新型材料产业发展行动方案》，各地市也在积极筹划本地优势新型材料产业发展规划。此外，河南还做了许多积极的政策引导尝试，2018年省工业和信息化委、财政厅、河南保监局决定建立河南省重点新型材料首批次应用保险补偿机制，并开展了首批次应用保险补偿机制试点工作，探索解决“有材不好用，好材不敢用”的问题。同年，为配合完成应用保险补偿机制试点有关工作，由河南省工业和信息化委牵头，从高校、科研院所、行业协会和重点企业中遴选一批行业专家，引导建立河南省新型材料产业专家库。众多产业规划和政策尝试为河南新型材料产业的发展提供了强有力的支撑引导作用，河南新型材料产业政策环境持续优化。

三　河南省新型材料产业转型升级存在的短板和问题

河南省这些年通过产业政策引导，对新型材料产业进行相关布局，新型材料产业整体规模也发展很快，但是同其他发达省市相比，还是存在一定的差距，在国际竞争上，整体水平还有巨大的提升空间。作为战略性新兴产业，在资源和绩效之间的压力和矛盾日益突出，制约着新型材料产业的发展。当前，河南新型材料产业转型升级存在的短板和问题主要有以下几点。

（一）产品结构不合理，产业链高端产品缺失

通过对河南新型材料产品的研究分析发现，虽然部分产品的销量和市场

规模已经走在全国前列甚至世界前列，但是从整体来看，新型材料产业的产品结构是有待优化的。首先是低端材料产品较多、高端材料少。对于通用型材料，由于市场需求较大，技术门槛较低，通过多年的研究和发展，整体产业呈现出扎堆通用新型材料制造，这样很容易出现供需不平衡，而对于高端材料或者制造设备主要还是通过国外进口来获取。为了保持短期的竞争力和规模优势，这样就造成了新型材料企业严重缺乏核心技术，长期来看，产品的性能或者生产效率受到关键材料和关键技术的限制而无法提高。从新型材料产品的出口来看，河南的新型材料出口主要还是以初级加工的矿产类产品、供应链低端的原料产品为主，产品附加值难以提高，主要是靠规模优势和价格优势来占领国际市场。其次是产业链结构不均衡，价值链构成缺乏竞争力。从新型材料产业专利申请结构来看，产业上下游的专利申请数量存在很大的差距，专利申请主要集中在产业下游应用环节，而产业上游材料研发、制备工艺相关企业和发明专利申请数量占比却很低。同时，河南通过新型材料企业招商引资和本地企业转型升级，在新型材料产业链上下游不断扩充和布局，已经初步形成了一定形态的新型材料产业链。但是产业链的上游多由国企或者国改企业控制，在企业发展的有形或无形的过程中受到政策补偿也是最大的，在一定程度上有垄断的趋势，而围绕着产业链数量众多的民营企业、中小企业，它们往往缺乏自主创新的产品或平台，难以受到资本的青睐，技术支持也不够，由于累积优势不够，很难突破已有的产业链地位，对于整个产业链或者区域的市场化竞争是不利的。

（二）自主创新能力不足，技术转化能力不高

由于产品结构的问题，河南材料产业“大而不强”的问题也愈来愈突出，随着市场需求的高端化、绿色化，很多企业以中低档产品为主，其生产工艺、装备技术均难以满足发展要求，主要原因就在于整体的原始创新能力不足，尤其是中小企业自主创新能力很弱。首先是整体研发不够，新型材料产业是一种在基础研究上需要投入很多的产业，同时要注重与前沿跨界科学结合应用的产业。目前河南省新型材料企业在研发投入上较少，在基础应用

和更大程度的技术再创新上缺乏活力，缺乏核心技术和自主知识产权。政府对于新型材料产业研发投入支持力度不大，虽然开始尝试新型材料产业补偿机制，但是试点范围小，相关标准未完善，还未完全形成一种可以刺激企业加大研发投入的机制。其次是新型材料产业“产学研”衔接不紧密，技术转化能力不高。产业未能较好地利用多方组织，根据市场需求，将企业和学校、研究机构等相结合。通过对河南新型材料产业的专利权人分析，发现几乎是以企业为主导；从新型材料产业专利申请量排名来看，前十的申请人中，企业占 9 个，高校占 1 个，高校排在将近末位。一方面是高校等科研机构对新型材料产业的研究积极性不够，另一方面是研究的领域未能很好地结合产业需求和市场需求，导致技术成果不多且难以转化，“产学研”严重脱节，使河南的新型材料产业的技术创新未能发挥出最大的优势。

（三）宏观统筹协调不够，产业集群缺乏联动

河南新型材料产业虽然逐渐形成各具特色的产业集群或园区，但是产业集群的优势没有很好地体现出来，以物理划分方式来看，聚集度已经达到一定程度，但是未能起到良好的“化学反应”。首先，在产业集群内，企业各自为战，难成规模。尽管拥有个别全国知名的龙头企业，但是集群内并没有很好互动，龙头企业也难以带动整个产业集群的发展，而新型材料产业的特性决定了这是一个需要融合创新发展才能实现竞争力的产业，依靠单打独斗难以保证该产业的产业化进程。在河南五大主导产业里面，新型材料产品产值占比其实不高，如果不发挥集群式力量，难以支点式地推动全省的工业经济的发展，整个推动作用是比较有限的。其次是产业集群所处环境对新型材料产业支持力度不足。相关管理部门服务意识不强，对于区域内集群的管理和扶持力度不够，社会行业协会等组织作用对于产业集群的发挥也不充分，产融结合也不够，地方银行、担保机构以及中介服务机构数量和质量原因，对于产业集群的发展未能很好地发挥联动作用。同时，新型材料产业集群未能根据政府扶持政策进一步细化，以园区或其他主体身份来引导集群内的产业融合发展，缺少联系与协作机制，企业之间在业务上的关联度低，尤其是

配套中小企业，由于专业化生产优势较弱，难以形成本地根植性强的产业集聚效应。

（四）体制机制不太健全，新型材料人才匮乏

虽然新型材料产业是河南省的战略性新兴产业之一，但与其他重要产业相比，其投入产出比不高，政府对于新型材料产业的认识度还需提高，相关配套政策与扶持措施落地和实施效果有限。一是政策体系不完善，虽然目前已经制定了 2017 ~2020 年新型材料产业发展阶段性规划，但是下一个阶段的规划如何以及上一个阶段的完成度如何验收都是问题，河南新型材料产业总体缺乏政策的顶层设计，新型材料产业政策的体系化和可操作性有待完善。二是整体营商环境也亟需改善，一个新兴产业要发展，除了引导本地企业转型以外，吸引外部企业入驻也非常重要。除了资金和土地一些显性的支持以外，一些隐性的服务对企业入驻意愿影响非常大，决定着企业是否能长期地顺利发展。而河南的营商环境的重要在此时就显得极为重要，政府的服务范围、服务效率、服务的变通性跟许多发达城市相比还有很大的差距，这也严重地制约了新型材料产业的发展。三是产业人才的缺失。河南这一内陆省份，无论是从市场环境还是人文环境，对于现代化国际化创新型人才吸引力较低。而且相对于周边的其他省份来说，高等院校和研究院所都是比较匮乏的，在新型材料研发人员的培养机制方面也是很欠缺的。而高新技术的竞争力很大程度上取决于人才的数量和素质，而产业高层次人才无法满足本地市场需求，这就给产业的发展带来了很大的挑战，极大地阻碍了河南省新型材料产业的升级换代。

四 河南省新型材料产业转型升级促进经济高质量发展对策建议

为了更好地发挥战略性新兴产业在工业经济中的主导和带动作用，针对上文所述河南新型材料产业发展遇到的制约因素，可以采取如下措施来推动

河南新型材料产业的转型升级，不断加强新型材料产业发展的支撑基础，补足新型材料产业发展的短板，全力发挥主导产业作用，推进河南甚至中原区域的经济高质量发展。

（一）以政策为引领，完善新型材料产业顶层制度设计

及时跟踪、掌握国内外新型材料研发和产业化发展动态，针对河南省内的新型材料产业展开深入调研，要做到既能适度超前进行布局和规划，同时又能结合省内新型材料产业发展的实际情况，明确新型材料产业要发展的重点细分领域、发展目标。建立新型材料领导小组，充分发挥新型材料专家库的作用，坚持需求牵引和问题与目标导向，围绕着省会、地级市、县级市的新型材料产业布局，进一步完善顶层设计和支持政策，强化统筹协调。发挥政府和行业协会等力量，组织编制各区域新型材料产业发展情况，围绕“重点产品、重点企业、重点集聚区”，按照增品种、上批次、成产业的工作思路，及时地总结和规划下一阶段的发展目标和实施路径。这样才能及时调整和聚焦新型材料产业发展的重点，强化对新型材料产业的阶段性的动态引导和掌控。

（二）以市场为主导，优化新型材料产业发展支撑环境

新型材料产业相关政策的出台，对于新型材料产业带来众多利好，但在政策实际落地过程中，还需要紧贴市场，不断完善市场机制，优化新型材料产业发展支撑环境。一是加强技术支撑体系建设。建设材料设计及性能预测研发平台，建设新型材料设计、制造、评价共享数据库平台，积极参与相关新型材料标准体系建设。同时，该类应用示范平台等基础建设也是国家目前正在积极推动的项目，河南应抓住机遇，抢占中部区域的新型材料产业发展制高点。二是建立多元化的融资体系。除了利用好国家、省、市政府提供的资金支持以外，还应综合运用股权投资、贷款贴息、直接补助等方式，建立健全无偿与有偿并行、事前与事后结合的多元化扶持方式。着力激活市场主体活力，积极引导金融资金和民间资本投向产业，逐步形成多元化、多渠道的投入体系。

（三）以人才为核心，提升新型材料产业融合发展动力

新型材料产业具有跨学科、跨领域的不断融合的发展特征，对于人才的要求也更加侧重复合、高端化，重视人才队伍建设才能保持新型材料产业旺盛的生命力。一是重视人才本地化培育，加大对郑州大学、河南大学、河南理工大学等省内高校和社会科研院所人才培育的支持力度，支持高等院校和企业科研载体建设，要适当引导高校高层次人才走向企业以及企业高层次人才回高校再深造。二是加大人才引进力度，积极利用线上线下途径，多方位多渠道地做好人才引进的宣传工作，扩大人才引进的范围，提高人才引进的各方面待遇。对于新型材料产业的重点核心人才或研发团队，应用一事一议策略，协调各方资源保障人才引进。三是健全人才体系及其评价机制，继续完善新型材料产业专家库、高层次人才信息库。形成核心领军人才、研究开发人才、工程技术人才和技能人才组成的人才体系及其评价机制，通过标准体系的建立，组建完善的人才梯队，及时掌握梯队情况，为后续有针对性的扩充提供依据，更好地量化人才队伍以满足新型材料产业发展的需求。

（四）坚持创新驱动，增强新型材料产业自主创新能力

创新是产业持续发展的第一动力，坚持创新驱动，增强新型材料产业自主创新能力，培育发展一批集基础研究、应用研究和产业化于一体的企业，才能在产业竞争中占据制高点，调整河南新型材料产品结构，加大产业链高端化产品占比。一是加大新型材料领域基础研究力度。针对新型材料产业的构建与发展方面，要着力加大资金及技术投入，从基础性的新型材料领域入手，结合河南自身的工业经济结构，针对制约新型材料研究与制造领域的短板进行集中突破。强化首批次应用保险补偿机制，扩大试点范围和加大投入力度，为新型材料重点研发领域保驾护航。二是完善企业创新激励制度。要鼓励企业的创新投入、研发投入，采用多种方式来调动研发人员的积极性，如技术产权入股、期权激励等，对于研发人员要给予足够生活保障。政府加

大对知识产权的体系建设，保障企业或个人的研发成果、知识产权不被侵犯。三是推进新型材料建设绿色、低成本化发展。在技术的创新过程中，一定要坚持“绿色环保”的理念，注重经济效益的同时兼顾生态环境的保护，才能保证产业的长足发展。

（五）坚持生态发展，构建新型材料产业多元合作平台

新兴产业的构建和发展离不开多方的合作和支撑，良好的生态能更大程度地促进产业自发式的发展和完善，通过良好的环境＋机制，最大限度地激发企业主体的积极性，通过构建“上下联动”“左右互动”开放协同的工作体系，才能更全面地促进新型材料产业的转型升级。一是打造产业融合与技术合作新模式。通过政府引导，力图使科研院所、龙头企业、金融机构等构建区域性产业创新联盟，打造开放型的公共产业服务平台，通过产业、联盟、平台有机的融合发展，定期的交流和信息流通，加快产业发展路径的创新。二是深化产研结合。加大校企融合力度，将企业需求与高校研究打通，积极打造新型材料重点项目、新型材料技术研究中心及重点项目实验室，加强技术成果转化。同时进行点对点的多元化人才培养，根据新型材料企业的需求，对高校的专业培养方案进一步优化和完善，加强高校人才实践能力培养，为新型材料产业注入新动能，推动新型材料产业能够始终保持市场核心竞争优势。

五　结语

新型材料作为战略性新兴产业的影响力在不断加强，它的发展必将为市场带来颠覆性的改变，许多国家或地区也逐渐意识到这一点，并且提高对其的重视程度。新型材料产业的市场发展潜力巨大，是我国社会及经济不可或缺的重要支撑，河南很好地抓住了这一机遇，基于本身的原材料基础优势，通过不断的融合和实践，取得了一定的可借鉴的经验，但是还有很大的提升空间。激发新型材料产业市场开发与应用的潜力，打造特色化的产业结构和

良好生态，是实现河南新型材料产业转型升级促进经济高质量发展的重要途径，最终构建一体化的新型材料产业发展格局，对于整个中原城市群的经济发展都具有辐射带动作用。

参考文献

《河南省人民政府办公厅关于印发河南省新型材料业转型升级行动计划（2017—2020年）的通知》，河南省人民政府网站，https：//www. henan. gov. cn/2017/10 - 21/249237. html。

《河南工业70年：工业经济跨越发展新兴工业大省崛起》，河南省工业和信息化厅官网，http：//www. iitha. gov. cn/newsview. aspx？ id = 14812。

黄静：《广东新型材料发展与对策探讨》，《现代商贸工业》2019年8月。

刘云飞：《基于专利数据分析的河南省新材料产业现状分析》，《河南科技》2018年10月。

《尼龙新材料产业发展上升为省级战略》，《平顶山日报》，http：//epaper. pdsxww. com/pdsrb/html/2019 - 01/02/content_ 204296. htm。

余伟业：《广州市新材料产业现状及发展对策分析》，《新材料产业》2019年12月。

张丽、李岩：《“十三五”时期我国化工新材料产业发展重点》，《化学工业》2017年11月。

韩秀栋、聂铭歧、秀俊娜、刁建超：《天津市新材料产业发展现状及存在问题》，《天津科技》2019年8月。

夏飞龙、张小筠：《制造业转型升级的经验、方向及对策——以深圳市为例》，《企业经济》2018年9月。

B.5
智能制造引领河南制造业高质量发展的难题及出路

刘晓慧*

摘　要： 作为新一代技术与制造业深度融合的新型生产方式，智能制造既是一种技术变革的世界潮流，也是产业升级的必然趋势。智能制造正在深刻改变世界制造业格局。2015 年以来，我国各省市加快智能制造谋划和布局。智能制造是河南构建新型制造体系，推动河南制造业由大变强的根本路径。在政府和企业的共同努力下，河南省制定出台了推进智能制造的一系列行动计划和具体配套政策，实现了智能制造的良好开局。但不可忽略的是，思想认知参差不齐、整体水平有待提高、核心技术“卡脖子”、新型基础设施落后、区域发展不平衡等问题的存在。在智能引领未来的潮流下，河南要围绕现代产业新体系构建的新要求，把握智能制造发展的脉络，扎实推进智能制造和工业互联网三年行动计划落地见效，争取早日实现建成智能制造高地的总目标。具体而言，可以从破除思想认识禁锢、分类分层分段稳步推进、继续加大政策支持力度、千方百计化解资金难题和构建产业生态体系入手，以智能制造发展引领河南制造业高质量发展。

关键词： 智能制造　制造业　高质量发展

* 刘晓慧，硕士，黄河科技学院中国（河南）创新发展研究院副教授，研究方向：产业创新。

习近平总书记在2019年考察调研河南时强调，制造业是实体经济的基础。在2019年中央经济工作会议中，“推动制造业高质量发展”被放在了重点工作任务的第一位。随着人口红利的消失、知识红利的凸显，智能制造已经成为制造业发展的必然趋势和区域战略优势的重要支撑。对于正在建设“先进制造业强省”的河南来说，推动智能制造落地、生根、开花、结果显得尤为迫切。加快发展智能制造，是河南省实现先进制造业强省目标的根本路径。近年来，河南省实施以智能制造为引领的“三大改造”战略部署，努力建设全国智能制造先行区，持续推动“河南制造”向“河南智造”转变。当前，智能制造正在为河南省制造业高质量发展增添新动能、新活力，为河南省经济高质量赶超提供难得机遇。

一　河南智能制造发展的做法及成效

河南大力实施智能化、绿色化和企业技术三大改造，将发展智能制造作为优先战略选择、升级主攻方向，推进智能制造由试点示范向多点突破、点面联动转变，形成了智能化竞相发展的热潮。2019年上半年，河南省以智能制造为重点的工业技改投资增长73.1%，成为全省工业投资止跌回升、规模以上工业增加值增速居全国第6位的主要支撑。截至2019年8月，河南省投资超过3000万元的智能制造项目1056个，计划总投资达到2500多亿元。从2019年上半年河南省智能制造观摩的72个智能化改造项目改造成效来看，多数企业的生产效率提高两成，经营成本下降一成，能源消耗和产品不良率明显下降。

（一）精心培育政策环境

面对新一轮产业变革，河南省先后出台了制造业与互联网融合发展、工业智能化改造、智能制造和工业互联网行动计划等一系列配套支持政策，有效激发了企业的转型动力和创新活力。比如，《河南省智能制造和工业互联网发展三年行动计划（2018—2020年）》《河南省智能装备产业发展行动方案》《河南省大数据产业发展三年行动计划（2018—2020 年）》《河南省 5G 产业发展行动方案》《河南省新一代人工智能产业发展行动方案》《深化制造业与互联网融合发展实施方案》等。河南省工业和信息化厅与河南省智能制造推进联盟共同搭建了河南省智能制造服务平台，建立了省、市、县三级智能化改造项目库，涵盖关键车间、工厂、岗位、生产线等不同层面。河南省很多部门、地市都深入落实了智能制造和工业互联网发展三年行动计划及若干政策，充分发挥财政资金引导和扶持智能制造发展的作用。近两年，河南省累计发放智能制造奖补资金 11.1 亿元，有效激发了企业转型动力和创新活力。2018 年，许昌市、开封市、商丘市、周口市、济源市的智能制造领域奖励资金分别达到 1100 万元、925 万元、400 万元、310 万元、420 万元。

（二）试点示范扩面提速

近几年，河南省从关键设备、生产线、车间、工厂、平台、园区等层面开展各类智能制造试点示范，形成一批具有示范效应的解决方案，积极探索各具特色的智能制造落地路径，涌现出一批智能化改造标杆，为全省制造企业转型升级提供了学习样板。2018 年，河南省麦斯克电子大规模集成电路硅基底智能制造等 3 个项目入选国家智能制造试点示范，中铁装备先进轨道交通盾构机智能工厂等 11 个项目入选国家智能制造综合标准化与新模式应用项目。如表 1 所示，9 个河南企业项目入选 2019 年国家制造业与互联网融合发展试点示范项目。卫华集团的“面向物流装备行业的大数据管理系统研发与产业化”、南阳市一通防爆电气有限公司的“基于大数据的防爆行业协同共享生产示范工程”等 6 个项目入选 2020 年国家大数据产业发展试点示范项目。

截至 2019 年底，河南省分三批累计遴选确定省级智能工厂（智能车间）共 422 个，其中智能工厂 191 个、智能车间 231 个。2019 年 5 月，河南省发改委和财政厅联合认定郑州航空港产业集聚区等 10 个河南省首批智能化示范园区建设试点，优先纳入相关专项资金支持范围。2019 年 7 月，河南省工信厅分行业遴选了20家河南省首批智能制造标杆企业，郑州宇通客车、郑州日产、郑州思念、洛阳中信重工、漯河双汇、焦作多氟多和许昌森源电气等五大制造业主导产业和部分战略性新兴产业领军企业入选。截至2019年底，认定了两批河南省智能制造系统解决方案供应商，共认定郑州机械研究所有限公司、中机智云有限公司等30家；两批河南省优秀智能化改造项目企业36家。除了加快国家级和省级智能制造示范试点建设之外，各省辖市开展市级智能制造示范。截至2019年6月底，河南省累计认定市级智能制造示范企业779家。

表1　河南入选2019年国家制造业与互联网融合发展试点示范项目情况

序号	入选类别	入选企业	数量
1	两化融合管理体系贯标	河南省矿山起重机有限公司、河南心连心化学工业集团股份有限公司、河南羚锐制药股份有限公司	3个
2	重点行业工业互联网平台试点示范	焦作科瑞森重装股份有限公司、河南驼人医疗器械集团有限公司、郑州金惠计算机系统工程有限公司	3个
3	工业互联网大数据应用服务试点示范	河南森源电气股份有限公司、中钢集团洛阳耐火材料研究院有限公司	2个
4	中德智能制造合作试点示范	郑州大学中德智能制造合作学院	1个

资料来源：根据国家相关部门公开发布的试点示范名单整理。

（三）智能装备制造量质齐升

目前，河南省装备业总体规模已跃居全国第五位、全省工业各个分类行业第一位，其中河南省的客车和盾构两个产业规模居国内同行业第一位，农机装备和矿山装备居国内同行业第二位。友嘉精密机械、格力智能装备、新松机器人等国内外著名智能装备企业落户河南，郑煤机、中铁装备、中信重工、宇通集团、平高集团、卫华集团等一批优势企业不断发展壮大，涌现出一批在全国同行业中具有明显区域优势的产业和产品。尤其是中铁装备的全断面隧道掘进机、中国一拖的大型拖拉机、中信重工的矿物磨机、中内配的气缸套、卫华集团的桥式起重机、威猛振动的振动筛、西排公司的排气歧管、恒星科技的钢绞线都是国内同行业“单项冠军”企业和“单项冠军”产品。2018 年，河南省遴选确定 11 个装备制造业转型发展示范园区、6 个智能装备产业园区、10 个行业标志性高端智能装备产品、100 家首批智能装备培育企业、103 个省首台（套）重大技术装备，旨在培育一批具有国内外先进水平的智能装备产品、企业和园区。2019 年，河南还评选了 8 名“2019 年河南省装备制造行业大工匠”、25 名“2019 年河南省装备制造行业技术能手”，以弘扬工匠精神促进装备制造业提质增效。2019 年，河南省工业机器人产量增长 56.9%。

（四）“机器换人”行动加紧实施

“机器换人”是提升制造业生产水平的重要手段，是产业优化升级和经济持续增长的新动力源。随着机器代替人工劳动优势凸显，河南不少企业将“机器换人”作为技术升级改造的必然之选，积极开启“机器换人”行动。4 年多来，河南省在机械、汽车、电子等 10 个重点行业围绕焊接、上下料、码垛、巡检、消防、防爆巡检和包装等重点领域推进“机器换人”示范应用。2016 年是河南省机器人产业示范应用“十百千”倍增工程实施的元年，全年累计超过 120 家企业示范应用了 1100 多台机器人。① 2017 年示范应用 50 多个“机器换人”项目，应用 2820 台工业机器人和 2744 台数控机床。2018 年分两批认定 93 个“机器换人”示范应用项目，应用 1810 台工业机器人和 3865 台数控机床。2019 年，认定第一批机器人“十百千”示范应用倍增工程示范项目 65 个。“机器换人”对河南制造企业提高劳动生产率，降低生产成本具有持续的带动作用。

（五）系列活动陆续开展

2018 年以来，举办了河南省智能制造和工业互联网对接大会、中德智

① 机器人“十百千”示范应用倍增工程：在 10 个重点行业、100 余家重点企业示范应用 1000 余台机器人。

能制造合作论坛、中国（郑州）制造业与互联网融合创新高峰论坛、海峡两岸智能装备制造郑州论坛、中国服务型制造大会、制造业与互联网融合发展“深度行”等大型活动，参加了豫沪、豫闽、京津冀、“一带一路”、中德经贸对话等产业转移系列对接活动。同时，对德合作步入崭新阶段。中德（许昌）中小企业合作区获批，许昌承办2018中德智能制造合作主题论坛。郑州大学建设中德智能制造合作学院，并入选2019年国家制造业与互联网融合发展试点示范项目。依托智能制造综合解决方案提供商，开展了企业智能化改造现场诊断活动。通过企业智能化改造现场诊断活动，河南企业家的理念得到更新，河南制造企业落地智能化改造的决心和热情进一步提高。

二　河南智能制造发展面临的突出难题

智能制造是先进制造和新技术应用结合的产物。近年来，河南省强力推进“三大改造”，从装备、产品和服务层面持续加快智能化步伐。但囿于思想认识水平、技术支撑能力、专业人才集聚等因素的影响，河南智能制造总体上处于探索起步阶段。尤其是企业智能化改造的主动性和积极性有待进一步提高，智能制造对高质量发展的整体带动效应仍然不够突出。总体来看，河南省智能制造的推进力度、落地情况和发展成效等，与先进地区相比尚有一定差距。

（一）思想认知差距较大

第一，由于对智能制造发展的重要性和紧迫性认识不到位，部分企业顾虑较多、决心不够，仍然处于实施智能化改造的观望和等待阶段，不适应当前信息化架构加速向云端迁徙的新趋势。第二，由于对智能制造的内涵和特征了解不深、把握不准，有些企业急于求成，希望短期内就能获得较好的经济效益；有些企业完全神化智能化，希望智能化能解决生产经营的所有问题。智能制造是一项系统工程，需要打通从ERP（企业资源计划）管理层到车间执行层再到设备层的垂直集成，还有设备间的互联、消费者的个性化需求、云平台的协同等多个场景。深入把握智能制造的发展规律，适应工业 4.0 发展的重要趋势，是下一步河南省智能制造加快发展的重要前提。

（二）整体水平有待提高

很多大型企业有着“智能化”的方向共识，普遍重视智能制造投入。2018 年，河南规模以上工业企业的数字化研发设计工具普及率、关键工序数控化率、数控设备联网率分别为 71.1%、45.6%、35.7%，分别同比提高 6.1 个、1.4 个、2.2 个百分点。近几年来，河南省智能化建设取得了明显成效。但目前河南省制造企业 12% 处于数字化阶段，2% 处于网络化阶段，八成以上企业的信息化仍处于低级阶段，仅仅做到了起步建设和单项覆盖。尤其是现在大量的中小企业智能制造整体水平不高，还处于普及自动化、加速信息化阶段，对智能制造的认知和行动都滞后于时代潮流，更明显落后于大型企业。

2018 智能制造企业 100 强名单中，河南仅有黄河旋风、宇通客车、中信重工 3 家企业入围，分别排在第 35 位、第 86 位、第 97 位。如图 1 所示，根据《中国智能化发展指数报告（2018 年）》，河南智能制造指数为 31.64 分，排在全国第 17 位、第二梯队的末尾，落后于湖北的 36.67 分、安徽的 35.95 分、湖南的 31.71 分。河南在“全国智能化发展水平排名”中位列第 15 位，在“全国智能化基础环境发展指数排名”中位列第 9 位，在“全国各省市传统制造业发展水平指数排名”中位列第 10 位，在“全国各省市创新引领能力指数排名”中位列第 17 位，在“全国智能化发展智能制造指数排名”中位列第 19 位，在“全国产业融合智能化发展指数排名”中位列第 10 位，在“全国智能社会智能化发展指数排名”中位列第 15 位。无论是从整体排名还是从分项排名来看，河南省智能化水平基本处于全国中下游水平。

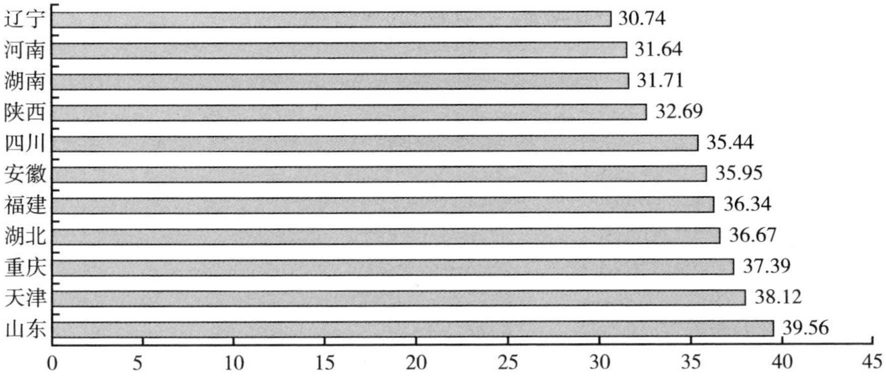

图 1　2017 年我国第二梯队各省市智能制造指数排名

资料来源：中国电子信息产业发展研究院发布的《中国智能化发展指数报告（2018年）》。

（三）技术基础较为薄弱

在每年的世界人工智能大会、中国国际智能产业博览会等行业盛会上，都鲜见河南企业的身影。位于郑州的解放军信息工程大学发布的全球首款商品级超宽带可见光通信专用芯片组的研发制造合作方，并不是河南企业，而是来自广东省东莞市、天津市和重庆市的科研院所和高新技术企业。河南的工业机器人、服务机器人、高端数控机床等智能装备尚未形成较大市场规模，信息化软件企业、技术解决方案服务商仍然处于散而小的状态，很多智能制造关键核心技术来自省外甚至国外。2018 年，河南每万人口发明专利仅为 3.72 件，明显低于全国平均水平的 11.5 件。如图 2 所示，在中部六省中，2018 年河南省授权发明专利 8339 件，明显低于安徽的 14846 件、湖北的 11393 件；河南省技术市场成交额 149.28 亿元，与湖北的 1204.09 亿元、安徽的 321.31 亿元、湖南的 281.61 亿元相差甚远，甚至低于山西的 150.76 亿元。

（四）新型基础设施落后

首先，工业互联网发展水平有待提升。2018 年，中信重工矿山装备、

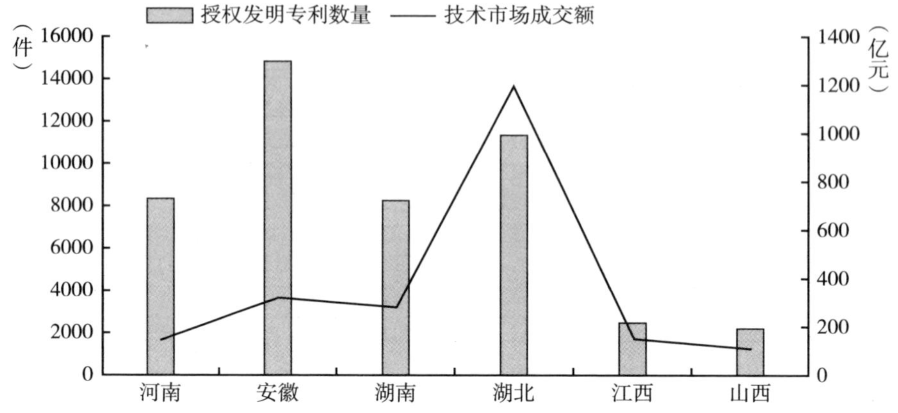

图 2　2018 年中部六省授权发明专利数量和技术市场成交额

资料来源：《中国统计年鉴 2019》。

卫华起重机、一拖智能农机 3 家河南企业入选国家工业互联网试点示范名单。2019 年，仅有郑州宇通客车的新能源动力电池 LCC 方案入选国家工业互联网试点示范项目。其次，大数据发展停留在政用主导和全国中游水平。近三年的中国 31 个省份“大数据发展指数”得分与排名显示，河南的大数据发展整体指数基本分布于 10～15 位的区域，大致处于全国 31 个省份的中游水平。从类型来看，河南大数据发展仍然属于政用主导型的。最后，“企业上云”水平有待提高。尽管河南各级政府先后出台多项政策利好，但河南“企业上云”工作仍处于起步阶段，“企业上云”工作仍然存在一些待解问题。

（五）区域发展不平衡明显

从各地市情况来看，郑州、洛阳、许昌等地抓住了智能制造发展的先机，有些地市则推进比较缓慢，存在智能制造发展不平衡现象。2018 年，郑州编制和出台了智能制造和工业互联网发展三年行动计划、工业智能化改造方案等，引进了华为、浪潮等一批引领型智能制造和工业互联网项目，谋划了河南省超级计算中心等几十个重点项目，拥有郑州宇通集团、郑州科慧科技公司、四方达公司等示范带动企业。截至2018年底，郑州市入选国家级智能制造试点示范专项行动项目5个，获评国家级制造业与互联网融合发展示范企业3家，均占全省的一半左右；获得国家智能制造综合标准化与新模式应用专项资金支持项目5个，占全省的二成左右。河南省2018年首批机器人“十百千”示范应用倍增工程项目共42个，郑州11个项目入选，洛阳9个项目入选。河南省2018年第二批机器人“十百千”示范应用倍增工程项目共51个。其中，洛阳11个项目榜上有名，数量位居第一；郑州7个项目，位居第二。

三　智能制造引领河南制造业高质量发展的有效出路

在新一轮科技革命日益深化的背景下，智能制造日益成为我国制造业高质量发展的主攻方向。智能制造的时代潮流，为河南建设制造业强省提供了后发赶超的广阔空间和历史机遇。河南智能制造发展仍然有较大提升空间，但不能忽略思想观念跟不上、行业之间有差距、地区之间不平衡等突出短板，必须对标先进地区、检视发展差距、顺应发展趋势，明确推进智能制造的努力方向和改进措施，深化智能制造在制造业企业运营管理中的渗透应用。

（一）尽早破除思想认识禁锢，增强制造业高质量发展的内在动力

智能制造贯穿于制造活动的各个环节，渗透到设计、生产、管理和服务中，具有自我调适、自我学习等功能，决定了未来制造业的竞争格局。智能制造不仅能够降低生产成本、提高生产效率和产品质量，而且能够带来管理模式和组织结构的创新，快速响应客户的多元化、个性化需求。企业是推进智能制造的主体。目前，河南许多企业对智能制造的认识陷入误区，对智能制造的路径选择、重点方向等方面存在许多困惑之处，对智能制造的实施策略还缺乏深度思考。为了扭转现存的落后思想和错误认知，可以通过组织专门的主题论坛、培训研修班、集中观摩、实地考察和现场交流会等智能制造活动，让企业深刻认识到智能化改造关乎未来的生死存亡，看得见、真切感

受到智能制造带来的良好效益，真正理解智能制造的内涵和特点，激发企业智能化改造提升的积极性。只有企业家和员工的思想观念更新了，变“要我干”为“我要干”，智能制造才能加快推进。

（二）分类分层分段稳步推进，扩大制造业高质量发展的覆盖面

要遵循智能制造发展的科学规律，分类别、分行业、分阶段推进智能制造，切忌一哄而上、拔苗助长，避免走弯路、走错路。第一，不同行业的企业具有不同的特点，其智能化发展的切入点和路径也是有差异的。根据河南五大主导产业的发展情况，寻找各自行业的最佳切入路径，研究制定五大主导产业的智能化改造推进指南，通过遴选重点行业的智能制造标杆企业，带动相关行业和产业链上下游企业智能化升级，发挥“N 个标杆”引领一个行业的效应。河南省各地市可以根据区域产业优势，进一步细分产业推进类型，选准智能制造的突破口和切入点，有针对性地提出更具体的智能制造支持方案。第二，不同规模的企业智能化改造需求差异较大。目前，很多中小企业在智能制造方面做得还远远不够，而中小企业在经济发展中有着非常重要的地位。要兼顾好政策的普惠性和企业需求的多样性，照顾到“大中小微初”企业的硬件智能化升级和软件提升，形成智能化改造遍地开花的良好局面。

（三）继续加大综合扶持力度，优化制造业高质量发展的外部环境

结合河南省实际，加大投融资、税收、人才引进、土地使用等方面的政策扶持力度，为智能制造落地生根培育肥沃的土壤。积极争取国家专项资金和利用省级、地市级有关专项资金，充分运用现有各类财政资金和产业基金，健全金融支持智能制造产业发展的体制机制，壮大云计算、大数据、物联网和人工智能等产业，培育更多本土智能化改造方案提供商，推进企业智能化改造与产业高端化升级。落实好研发费用加计扣除比例提高到 75% 并扩大到所有企业，降低制造业企业落地智能制造的成本负担，使企业真正享受到智能制造带来的红利。目前，河南智能制造发展对资金的需求更加迫

切，工业技术改造投资的资金缺口不容忽视。今后，要拓宽社会融资渠道，将社会各类资金引入智能制造领域，解决智能制造发展的资金和设备难题，加快河南从“农业大省”向“制造强省”转变。尤其要降低政府引导基金扶持门槛，引导金融机构降低对智能制造企业的融资门槛，简化社会融资的条件和手续，推进社会资本投入智能制造的便利化，将更多的金融“活水”引入智能制造领域。

（四）加快构建产业生态体系，夯实制造业高质量发展的关键基础

新型基础设施是指以5G、人工智能、工业互联网、物联网、数据中心为代表的新一代信息数字化基础设施，不同于“铁公机”等传统基础设施。发展智能制造离不开大数据、物联网、云计算等关联产业的支撑。深入推进智能制造，必须在抓好产业生态体系建设上下功夫。河南要打造中西部“智造”新高地，就必须构建以工业互联网平台和云服务为核心的智能制造生态圈，构建市场需求拉动的智能制造产业链和创新链，形成智能制造产业链良性生态循环。一是加快提升省级智能制造公共服务平台的功能。搭建政府部门、产业主体、专家学者交流平台，借鉴沿海地区运行成熟的工业互联网平台和智能化改造服务解决方案，做好智能制造诊断和评价服务工作，降低企业智能化改造综合成本，激发企业智能化发展的积极性。二是提高河南本地企业上云认识。围绕制造业重点行业，提供研发设计、供应链管理、产品全生命周期管理等为“企业上云”提供支撑，加快推进“企业上云”步伐，引导企业借助网络将基础系统、管理流程、业务部署、设备产品、制造能力等迁移到云端。

参考文献

王磊彬：《推动制造业高质量发展　河南智造硬核升级》，《大河报》2019年10月10日。

陈辉：《抢占“智”高点　实现高“智”量》，《河南日报》2019 年 7 月 22 日。

李晓利：《河南两化深度融合将聚焦五大发力点》，《中国工业报》2019 年 1 月 16 日。

陈述明：《河南推动万户工业企业技术改造升级》，《中国工业报》2018 年 8 月 20 日。

河南省工业和信息化委员会：《2017 河南省智能制造白皮书》，2018 年 5 月。

徐华亮：《加快智能制造发展推进现代产业体系建设》，《经济日报》2018 年 9 月 6 日。

陈丽娟：《我国智能制造产业发展模式探究——基于工业 4.0 时代》，《技术经济与管理研究》2018 年第 3 期。

杨梦洁：《以智能制造引领河南实体经济高质量发展对策研究》，《全国流通经济》2019 年第 25 期。

赵西三：《以智能制造引领河南制造业高质量发展》，《河南日报》2019 年 11 月 20 日。

河南省人民政府：《河南省智能制造和工业互联网发展三年行动计划（2018—2020 年）》（豫政〔2018〕14 号），2018 年 4 月 18 日。

陈辉：《河南智能制造“加速度”各地真金白银支持发展》，《河南日报》2019 年 3 月 19 日。

杨庆许、屈国强：《河南智能制造发展的关键影响因素探讨》，《科技经济市场》2017 年第 10 期。

B.6 高质量发展背景下河南省现代物流运行体系优化研究

宋　瑜*

摘　要： 河南省具备天然的物流区位优势，物流行业正日益成为河南的重要发展领域。高质量发展背景下，优化河南省现代物流体系的必要性凸显。面对河南省现代物流存在的信息化程度低、标准不统一等问题，本文提出应用区块链、大数据技术优化河南省现代物流体系的观点；给出对应的方法建议，分析了预期产生的经济社会效益。

关键词： 高质量　物流　区块链　大数据

一　高质量发展背景下优化河南省现代物流体系的意义

高质量发展是能够很好满足人民日益增长的美好生活需要的发展，是体现新发展理念的发展，是创新成为第一动力、协调成为内生特点、绿色成为普遍形态、开放成为必由之路、共享成为根本目的的发展。高质量发展要求河南省物流体系必须走向创新创造的新道路。

河南省作为我国最中心的省份，铁路、公路四通八达，有着天然的地理区位优势。古代丝绸之路的起点在河南，历史上河南就是物流发展的沃土。

* 宋瑜，黄河科技学院中国（河南）创新发展研究院讲师，研究方向：区域经济。

如今的郑州航空港和郑欧班列，更是河南现代物流发展水平的标志。物流也成了河南省未来重点发展的行业之一。河南处于“一带一路”中承前启后的重要位置。习近平总书记要求河南“建成连通境内外、辐射东中西的物流通道枢纽，为丝绸之路经济带建设多做贡献”。这也使得河南省发展高质量现代物流成为必然的趋势。

2017 年 10 月 13 日，国务院办公厅发布了《国务院办公厅关于积极推进供应链创新与应用的指导意见》（国办发〔2017〕84 号），首次将促进供应链的创新发展上升为国家战略。2018 年 5 月 24 日，商务部办公厅、财政部办公厅联合发布《关于开展供应链体系建设工作的通知》，通知提出建设和完善各类供应链平台，提高供应链协同效率，以平台为核心完善供应链体系，增强供应链协同和整合能力，创新流通组织方式，提高流通集约化水平。现代物流体系作为供应链中的重要组成部分，作为经济社会发展中的重要一环，也应该不断优化，坚持创新创造，降本增效。

2019 年 9 月，国家发展改革委、交通运输部联合印发《关于做好 2019 年国家物流枢纽建设工作的通知》，郑州作为国家物流枢纽榜上有名，河南作为我国重要的物流节点，优化现代物流体系，已成为全省经济高质量发展的题中之义。

2019 年 10 月 5 日，河南省发展改革委、交通运输厅联合下发《河南省现代物流运行体系布局和建设实施方案》，着力打造“通道 + 枢纽 + 网络”的现代物流体系，为河南省物流现代化提供了指导思路。

现代物流在河南省经济发展中已经占有至关重要的地位，它将生产领域、制造领域、消费领域、城市和乡村有机地结合在一起，是经济快速发展的基石，也是经济发展的新动力之一。在全面推进高质量发展的背景下，应将高新技术快速应用到现代化物流体系的建设中，降低物流运行中所产生的人员、时间、经济成本，使整个物流体系更加高效地运作。打造高质量的物流体系，推动物流业的降本增效，将对河南省经济的持续健康有序发展，人民生活水平的不断提升产生积极的推动作用。

河南的现代物流体系已经初步建立，但是目前的整体发展水平和发展模式仍然相对落后。高质量发展要求河南的现代物流体系必须进一步优化，提高信息化水平、统一行业标准，降本增效。

二 河南省现代物流体系问题分析

高质量发展背景下，河南省物流行业有着巨大的机遇，正在快速发展，但是，也存在着诸多问题。

（一）物流企业信息化水平较低

现代物流业对于物流操作过程中的信息化水平要求较高，虽然河南省物流企业已经基本普及计算机网络办公和管理，但是大部分缺乏信息化体系的建设。计算机和网络在物流操作中只被用作基础的信息传输工具，缺乏相应的信息系统作为支撑，不能有效地实现对收发货人、承运人及第三方企业的全程链接和对货物的全程监管。省内网络信息建设滞后，难以互通互联，实现信息共享。

（二）物流行业标准化水平较低

物流行业作为一个承载着万物互通的基础行业，通常是跨行业、跨地区运作的，而不同行业和地区对于物流要求的标准不同，甚至在物流行业内的操作中，公路运输、铁路运输、海运、空运相互流转时也存在着较大的标准差异，如物流器具标准不配套、货物性质认定不同等现象较普遍。国内、省内也缺乏相关的标准和规章制度，而如果是进出口运输，又会存在着各地海关监管的不同，这些标准的差异化使得河南省物流企业运营效率偏低。

（三）物流企业经营成本偏高

河南省物流运转的各个阶段中信息系统联系不畅、缺乏统一的接口标准、生产企业内部系统和第三方服务供应商之间缺乏有效的衔接是造成物流成本居高不下的几大因素。信息的不畅、标准的不统一都会增加货物流转的时间成本，降低空间利用率和物流器具利用率，进而造成对货物的追溯困难、对商品生产运输的监管困难、物流运输企业的资金困难等相关问题。

（四）物流企业规模化程度低、服务水平低

省内大部分物流企业还只是传统的仓储物流、个体户物流、私营车队，规模不大、分散化经营，效率较低。具有较高品牌知名度、完善的物流网络、高效的管理体系、高素质人才队伍的龙头企业很少。

物流企业分散化的经营使得服务水平也难以得到质的提升。目前河南省大部分的物流企业、仓储企业、运输公司的整体服务水平较低。员工职业能力参差不齐，服务意识较差，服务内容单一，智能化水平低，缺乏统一的服务标准，等等。这已经成为制约河南省物流行业发展的重要因素。

（五）物流专业人才缺失

目前，河南省物流从业人员大多还是初级的文件操作、驾驶、装卸等岗位的一般操作类人员，而真正的物流相关专业培训出来的中高级人才较为缺失。大数据和区块链等新兴技术领域的人才更是捉襟见肘，尤其是能将技术转化为实践的中高端应用型人才严重匮乏。随着5G技术不断发展，通信技术、物联网技术、大数据技术、区块链技术和传统物流行业将进行深度融合，更是需要大量的专业人员。

三　优化河南省现代物流体系的方法建议

基于上述分析，河南省现代物流体系面临的诸多问题，归根结底还是对技术的应用不够充分。把区块链、大数据等先进技术充分应用到河南省现代物流的发展中，才能从根本上优化物流体系，推进河南省现代物流的长足进步。因此，本部分主要对区块链和大数据技术在河南省现代物流体系优化过程中的应用进行介绍。

（一）技术先行推动河南现代物流体系的优化

以大数据技术、区块链技术为核心，河南省交通厅、科技厅、商务厅等政府部门为纽带，联合阿里巴巴、华为、腾讯、百度等高科技企业，开发建设具有河南本土特色的物流供应链交易服务平台系统。以郑州航空港为依托，重点建设物流园区、引进大型物流企业，吸收先进发展经验。运用大数据技术和区块链技术将河南省各个生产企业、销售企业、第三方服务企业进行数据联通，科学有效地提高物流体系整体服务水平。科技赋能河南省物流运行体系，建立科学有效的运行机制，使河南省物流体系实现可溯源化、信息安全化、信息透明化，从而达到降低成本、提高安全性和运作有效率的目标。

（二）建立河南物流运输大数据交易系统

建立以“物流供应链交易平台”为基础核心功能板块的物流运输大数据交易系统。通过区块链技术的分布式账本存储、去中心化、可追溯性、可拓展性、信息加密和不可篡改性以及大数据技术的信息采集能力、信息可视化和分析管理能力、大数据检索和预处理能力实现高质量信息系统建设。这将是河南物流体系建设发展过程中有战略意义的一步，成为河南省推动实现进出口平衡的重要突破和推动“网上丝绸之路”和“空中丝绸之路”的重要抓手。

通过“河南物流运输大数据交易系统”，打造河南省一站式物流服务，从原产地货物信息上传，货物揽收装运，到国内报关、仓库入库、国际国内运输、境内外报关、终端派送，提供每一个环节的流程服务和物流跟踪，融合揽货平台、跨境大宗贸易和跨境电商贸易综合平台、仓储系统、干线运输、供应链金融、商品溯源、物流撮合交易平台等大型平台和商业系统，打造一站式智能多式联运物流平台。填补市场上物流供应链交易平台领域的空白，为客户提供内外贸综合服务，将服务流程搬上互联网，用自主研发的报关、外汇、物流、退税、融资等一系列信息化系统制定河南省统一的服务流程，将海关、商检、物流等所有通关流程固化，再模块化，进而标准化，最后完全信息化，从根本上提高效率。

（三）将区块链技术融入现代物流体系建设

1. 区块链技术的特点

区块链技术最大的特点就是运用分布式账本技术使得数据传输和存储实现去中心化，而每个信息节点都将成为记载信息的账本。通过开源的协议使得参与系统的每一方都可以建立自己的记录，共同参与维护整体系统的良好运转，使得在网络中的信息可以真实有效地进行传播。

区块链技术系统的加密算法可产生相应的公钥和私钥密钥，以此密钥对数据进行加密和解密，使得物流系统运行的安全性大大提高，物流数据的可视性得以实现。区块链还通过时间戳证明、首尾相连记账规则、共识机制等技术和机制设计，来实现数据的不可篡改性。

区块链具有可拓展性强的特点，整体物流系统建设完毕后，物流企业、政府部门、生产企业、销售企业等参与方都可通过已达成的共识合约开发自有的应用端口，针对各种不同的应用场景，构建相应的应用程序，如电子商务企业、外贸进出口企业、第三方物流企业、航空公司等都可按照自身需求进行开发，而区块链所设定的共识合约可以智能化判断各个节点应用场景运行的条件和义务，保证相应合约的有效进行。

2. 区块链技术在河南现代物流体系中的应用

如何从源头对货物进行把控，对物流各个环节进行精细化管理，是物流运行体系优化的重中之重。而区块链技术可以通过其共识合约，在每个操作节点形成时间标识，分布式存储和各种加密使得这种时间标识获得了不可更改性，保证了相应数据的真实性和有效性。在物流运输的各个环节都可通过对整个运输链条的信息对比，对货物进行溯源追查，商品到达最终消费者手中后就可以得到完整的产地信息、生产信息、产品信息、运输方式、包装信息、完税情况、关检检疫情况等独一无二的身份信息，使得整个物流体系更加高效完整。

从物流企业的角度来看，发货方提供的商品来源的可靠性，客户的资信情况，如收货人可能在收货后付款不及时甚至赖账。这些都会给物流企业带来不可估量的风险。针对这一点物流服务平台可以和签约银行合作对客户信用、资产、交易记录等进行前期审核并建立信用档案及风险防范机制。而通过区块链技术，以上所述风险都可以得到有效控制。

从终端客户的角度看，在河南接受实名物流服务或者产生消费信息时，区块链信息系统就可以对客户进行独立的身份标识并建立独立信息账本，客户每个交易环节都会记录在该账本中，交易和服务所涉及的人员、物料信息也将一并录入，并延伸形成完整的数据链条。客户在对所接受服务或者产品有任何异议的时候，都可通过相应系统对该服务或者产品进行溯源来保证自身的利益。客户还可以利用该身份标识便捷地认证，快速登机、乘车、行李托运和确认物流信息。这将大大提高整个物流系统的运行效率。

3. 区块链技术在物流企业结算过程中的应用

目前大部分的中小物流企业由于自身实力弱，面临没有健全的信用体系、融资渠道匮乏、结算账期较长等问题，金融机构对物流企业的跨境金融结算等业务服务相对落后。通过开发利用区块链技术，将通过区块链所产生的各个物流节点参与和使用方形成的交易信息与金融服务企业数据库相链接，形成多方信任、透明、高效的应用交易场景，通过该场景所有利益相关企业可以共享相应数据，使得合作水平得到提升，减少审查和检验环节，降低时间和人力成本，降低金融融资风险，加快交易流程。

（四）利用大数据技术提升河南省现代物流体系运行水平

在物流运行的各个环节中全面运用大数据技术进行分析，可以使河南省物流企业更好地掌控物流运作的整体情况。根据海量数据中得到的真实市场反应，对下一步物流运行方案进行改进。大数据技术可以帮助物流企业完成数据的实时采集、整理和分析，从而帮助企业决策者对物流行业的各个环节和阶段做出准确的判断，更好地进行库存管理，改进运输策略和销售策略。

大数据技术为政府和企业提供制定政策和经营策略的导向，河南省自身的区位条件、物流企业信息、物流通道信息、仓储信息、物流需求信息都可以通过大数据来进行监测和管理。例如，在实际物流操作过程中，通过实时的交通大数据信息状况，分析出最佳物流路线，并对所选道路可能遇到的风险提出预警，在物流活动完成后，还可以对整个物流进程总结分析，使得整个物流供应链环节更加智能化，提高物流企业的信息化水平、操作水平和危机处理能力。

（五）统一省内物流体系的运行标准

省内物流行业标准不统一，大大降低了行业的运行效率，如目前省内大部分物流企业所应用的条码技术、近程传感技术、无线射频技术等数据通信技术都存在多接口、多标准、技术复杂、通用性低等问题。对于这类问题，可以使用区块链技术来解决，使不同企业的端口对接区块链系统，实现不同企业间的互通互联。政府要在其中发挥带动作用，引导企业实施统一的包装标准，统一相关器械的使用标准、鼓励成立与物流相关的标准化组织等。

（六）科技助力河南现代物流体系降本增效

通过大数据技术中所涉及的大数据存储、大数据管理、数据检索应用、数据深度挖掘、数据智能分析技术，参与其中的政府部门、生产企业、物流企业、销售企业甚至个人用户，都可以制定出更加合理、更加高效的物流运营方案，选择性价比更高的物流工具，最具时效性的运输路线，并对整个的物流流程进行实时监控，最大程度上实现物流配送经济成本、时间成本的降低，极大地提高物流配送的效率，使得客户得到更加便捷和高效的服务，实现政府、生产企业、销售企业、第三方服务企业、最终消费者的多方共赢。使得整个物流行业从恶性的价格竞争转化为更加科学有效的价值竞争，提高物流企业的服务质量、服务收益，提高社会物流资源的使用效益。

（七）建设多式联运体系

政府主导，企业先行，运用大数据技术，建设省内大物流和多式联运体系。提高物流基础设施的衔接能力；培育高效率的大物流主体，加快公路、铁路、水路联运统一标准的制定。形成海、陆、空、铁、快递、邮政等不同运输方式的有机结合，更加高效和合理地利用社会资源。完成到 2025 年全省多式联运比重提高 10 个百分点的建设目标。

（八）提高省内物流企业的服务水平

在河南省现有的物流企业中，服务水平普遍不高，制约着省内物流企业乃至整个物流产业的发展。应在行业内加强树立服务观念，不断提高服务人员职业素质，努力实现物流服务一体化，增加服务内容，开发差别化服务，选择多物流服务组合，加强服务信息化建设，制定实施科学的服务标准，加强现代化建设和科学管理。

（九）加强专业物流人才的培养

政府部门制定和完善相关政策，提高物流从业人员的薪酬待遇，提供条件加强专业技能的培训；制定相应的物流高层次人才和重点领域的引进标准。加强各大中专院校、技术培训机构、物流行业龙头企业在人才培养建设上的政策扶持；提高河南省自身人才的造血能力。

（十）对河南省具体物流业务的优化建议

从具体业务上来讲，河南省物流体系的优化，应细化到实际业务的各个模块和环节。围绕河南省物流的境内运输和进出口空运、海运业务的具体业务模块进行优化和升级。

1. 基础服务

主要功能包括在线客服、智能报价、在线下单、货物跟踪等。在线客服业务是指跨境客户在任何业务环节在线联系客服，咨询业务问题；对在线客服进行人员培训、技术升级，提高其解决问题的能力。智能报价是平台对底层报价数据进行过滤，得出报价方案供跨境客户查询以及选择性开展业务；优化智能报价功能，将极大地提高跨境业务的运行效率。在线下单是跨境客户结合业务需要自行选择业务渠道、报价并在线完成业务确认工作；利用科技优化在线下单系统，可以大大降低河南省的物流行业的运行成本。货物跟踪是货物状态按节点实时更新供跨境客户及时查看业务状态；货物跟踪功能的实现和优化，可以为物流各参与方提供极大的便利。

2. 物流服务、物流管理

运用区块链、大数据技术优化升级河南省物流行业进出口空运、海运业务及境内陆运业务的物流服务。实行行业会员制，将物流企业纳入其中，建立会员中心，对会员进行统一管理，海运空运订舱、订车、舱位确认等基础业务都可以通过会员中心进行快速办理，会员可以通过区块链系统对订单进行查询、修改等操作。客户管理、渠道管理、报价管理、货物轨迹等物流管理的主要功能，也可以通过智能系统和会员中心进行实现，业务操作员通过系统对渠道、报价、运单池、货物轨迹进行综合管理，仓库操作员将站点操作的状态一级信息在系统里进行统一反馈。

3. 通关服务和管理

物流业务中报关服务和报检服务，应简化非必要的环节，提高服务效率，及时将清关业务状态节点反馈给跨境客户，供客户参考作为下一步业务的指导。在通关业务的管理上，相关业务操作员可将跨境客户货物清关信息进行统一管理，提高管理水平。

4. 仓储服务和仓库管理

在仓储服务上，河南省相关政府部门及物流企业应合力拓宽服务类型。提供保税仓、一般仓、海外仓等多种类型的仓库，供跨境客户选择操作站点。在仓库管理上，包括入库管理、出库管理、库内管理、库存管理等，也应有完备的管理章程和规范，并利用区块链系统平台进行统一管理。

5. 物流业务中的财务结算

整个物流业务包含多个环节，涉及多方当事人，财务结算的类型相对比较复杂，包括物流结算、通关结算、仓储结算、其他结算等。在结算过程中，不同企业间应统一标准，减少流程，开发统一的结算系统，提高结算效率。

6. 邮政、国际快件系统开发

邮政大包、小包业务系统开发，境外邮政企业等渠道系统对接，国内外关务系统对接，国际快件系统开发，UPS、DHL、FEDEX 等渠道做系统对接。每个模块之间所需的接口需要符合统一的接口标准，实现模块之间的信息互动。

四　河南省现代物流系统优化后预期产生的效益分析

（一）“河南物流运输大数据交易系统”的未来效益

“河南省物流供应链交易服务平台系统”从货物揽收开始，到国内报关、仓库入库、国际运输、境外报关和终端派送，提供每一个环节的流程服务和物流跟踪，融合了揽货平台、贸易综合平台、仓储系统、干线运输、供应链金融、商品溯源、物流撮合交易平台等大型平台和商业系统，逐步实现从商品生产源头、采购、销售、物流、仓配到终端消费者的全球一站到家的国际物流平台。将从各个环节降低国际物流的综合成本，提升国际物流综合效率。

（二）有效解决出口环节中的外汇回流问题

出口环节一大“痛点”即外汇回流问题。造成此问题的主要原因就是在出口环节的税、票问题造成的无法正常报关，标准不统一，就无法实现外汇的阳光回流和结汇。事实上，很多跨境电商出口时，采取通过灰色渠道或第三方境内外支付企业实现非贸易项下的外汇回流（例如个人结汇）。可以采用包机运输有效转化该环节中票据无法统一导致关务处理困难的问题，或通过在海外构建满足进口集货及备货的海外仓，也可以在一定程度上减少汇差对于贸易主体本身造成的影响。

（三）提高省内物流运输时效

时效一直是物流运输市场主要竞争指标之一。由于贸易存在地域、时差等客观因素，造成运输时间长、运输成本高等。充分利用区块链技术，建立高效统一的标准，可以从根本上提高物流服务的水平，将运输时效提升至更加合理的水平。

（四）促进河南产业升级，成为河南经济新引擎

物流行业已经在河南经济中占有不可忽视的地位，河南省物流行业体系的优化，可以促进河南整体产业的转型升级，实现全国重要的综合交通枢纽、通信枢纽和物流中心的定位，真正成为中国东部产业转移、西部资源输出、南北经贸交流的桥梁和纽带。

跨境电商等新业态发展迅速，河南跨境电子商务等新业态虽然占比总体上偏低，但保持了较快增长，在全国处于领先水平。发展跨境电商等新业态将成为河南现代物流体系优化升级的新引擎，带动河南物流行业整体水平的提升，为河南经济高质量发展奠定坚实基础。

参考文献

杨建国：《我国物流企业信息化现状、问题及发展策略研究》，《物流管理》2008 年第 23 期。

刘明菲、李雷宇：《面向供应链的界面管理问题研究》，《科技进步与对策》2005 年第 3 期。

孟烈钢：《我国物流企业信息化问题研究》，《赤峰学院学报》（科学教育版）2011 年第 8 期。

邵晴：《基于大数据的企业物流管理体系优化浅析》，《知识经济》2020 年第 1 期。

韦小蕾：《“互联网 + 流通”背景下广西跨境电商物流体系构建及优化》，《经济论坛》2019 年第 11 期。

董必峰：《基于大数据的企业物流管理体系优化研究》，《中国市场》2019 年第 17 期。

马丽亚：《浅析大数据时代物流管理企业面临的机遇与挑战》，《中国市场》2017 年第 22 期。

黄日波：《港口整车物流供应链全面质量管理体系优化研究》，《物流工程与管理》2019 年第 4 期。

王玮：《跨境电商视角下河南省农产品物流体系优化分析》，《商场现代化》2019 年第 5 期。

杨士锦、汪铭、杨木侠：《“一带一路”战略背景下跨境电子商务物流发展的研究》，《中国商论》2016 年第 9 期。

沈丹阳、黄金利、何仕奇：《我国跨境电商物流模式研究》，《价格月刊》2015 年第 8 期。

B.7
数字普惠金融创新促进河南经济高质量发展*

张　冰**

摘　要： 数字普惠金融创新对促进河南经济高质量发展具有重要意义。数字普惠金融创新优化金融资源配置，提高了金融服务覆盖率和金融服务可得性。数字普惠金融创新促进产业结构升级，缓解中小微企业融资难、融资贵问题，激励中小企业创新，服务“三农”推动乡村振兴战略和促进家庭消费支出，为河南经济高质量发展提供优质的金融资源。河南数字普惠金融创新的政策建议为：健全数字普惠金融生态系统；平衡好数字普惠金融发展中的创新与风险；增加数字普惠金融产品和服务的透明度；确保网络安全、数据安全和个人隐私保护；完善金融科技基础设施建设；监测数字普惠金融创新进展。

关键词： 数字普惠金融　高质量发展　河南

数字普惠金融利用新技术、新手段来创新金融产品和服务，允许市场主体充分发挥主观能动性，提高金融效率，降低业务成本，最大化地发挥金融服务的支撑作用，促使普惠金融机构更好地为中小微企业等低群体提供金融

---

* 本文为黄河科技学院博士科研启动项目“普惠金融的创新模式及绩效评估”（项目号：02032030）。

** 〔英〕张冰，博士，黄河科技学院中国（河南）创新发展研究院研究员，研究方向：金融学、数字经济。

服务。2016 年杭州 G20 峰会发布的《G20 数字普惠金融高级原则》，为数字普惠金融的发展指明了方向。数字普惠金融是运用金融科技对金融产品和金融服务进行创新，因此金融科技是数字普惠金融创新的核心基础。中国人民银行2019 年 8 月印发的《金融科技（FinTech）发展规划（2019—2021年)》指出，金融科技成为促进普惠金融发展的新机遇；加强科技金融的投入，鼓励金融创新，从而改善金融市场；加强金融稳定性；推动金融服务的普惠化；促进金融包容性和保护消费者。

一　数字普惠金融创新支持经济高质量发展的原理和模式

（一）数字普惠金融及其作用机制

普惠金融（Financial Inclusion）由联合国在 2005 年首次提出，是指为被排斥或服务不足社会各阶层和群体提供便捷、有效、全方位服务的金融服务体系。近年来，新一代信息技术如大数据、云计算、区块链、人工智能为代表的迅速发展，推动金融行业提升效率，降低成本，不断创新，普惠金融的发展数字化程度大大提高。2016 年 G20 峰会上首次提出数字普惠金融（Digital Financial Inclusion）的概念。数字普惠金融是在成本可控、模式可持续的前提下，通过数字金融服务促进普惠金融。数字普惠金融服务的覆盖面包括传统金融体系覆盖不足的小微企业、城镇低收入人群、农村人口、偏远地区人口等群体。

数字普惠金融在促进经济发展、减少贫困，解决小微企业融资难、融资贵问题，解决普惠金融“最后一公里”与商业可持续问题等多个方面上都有重要意义。数字普惠金融促进经济发展。根据美国咨询公司麦肯锡（2016）预测，到 2025 年，数字普惠金融的广泛使用能够使新型经济体的年国内生产总值增加 3.7 万亿美元，同时创造出 9500 万个新的就业机会（中国信息通信研究院，2019）。数字普惠金融提高金融服务覆盖率。数字普惠金融依托于大数据、云计算、区块链、人工智能等金融科技底层技术，大大减少传统金融服务对物理营业性网点和分支机构的依赖性，突破金融机构布局的地域限制，从而更大程度上为农村人口、偏远地区人口提供跨空间、无差别的金融产品与服务，拓展了金融服务广度。数字普惠金融提高金融服务可得性。数字普惠金融利用信息技术，改善了金融基础设施，改变金融模式，降低了获取用户的成本、风险甄别的成本、信息处理成本、经营成本，提高效率，提升风控能力和促进竞争，扩大了数字普惠金融服务覆盖面，拓展了金融服务的深度。

（二）数字普惠金融创新支持经济高质量发展的原理和模式

数字普惠金融创新允许市场主体充分发挥主观能动性，合理利用新技术、新手段来提高金融效率、降低业务成本，切实推动行业发展。数字普惠金融创新促进产业结构升级，缓解中小微企业融资难、融资贵问题，激励中小企业创新，服务“三农”推动乡村振兴战略和促进家庭消费支出，进而促进经济高质量发展。

1. 数字普惠金融创新促进产业结构升级

推进河南产业结构优化升级，着力打造一批具有影响力和竞争力的主导产业，是河南经济高质量发展的重要环节。数字普惠金融创新对产业结构升级具有促进作用。唐文进等（2019）利用 2011 ~ 2015 年的数据，对全国 283 个地级及以上城市进行了实证分析。结果表明，数字普惠金融使用深度促进产业结构升级的作用表现为由显著到不显著的非线性变化，而数字普惠金融数字化程度促进产业结构升级的作用表现为由不显著到显著的非线性变化。数字普惠金融发展及其各维度发展对产业结构升级具有更强的促进作用，数字普惠金融发展对产业结构升级的正效应从东部到中西部逐级增强。唐文进等（2019）实证分析的政策启示是：中西部地区具有后发优势，发展数字普惠金融可以加快促进中西部地区的产业结构升级，增加或提升数字普惠金融服务供给和数字化程度，是促进中西部地区产业结构升级的强有力手段。

2. 数字普惠金融创新支持小微企业的发展

改进小微企业金融服务，积极推动大众创业万众创新，是河南经济高质量发展重要措施之一。数字普惠金融创新拓展小微企业融资渠道，降低小微企业融资成本，提高融资效率。传统的商业银行体系对企业财务数据和固定资产要求较高，而科技企业和小微企业拥有的专利技术、知识产权等无形资产价值较高，无形资产的认定和估值难度较大，无法获得融资。数字普惠金融创新利用科技金融的底层技术，利用大数据分析使得信息采集数据，利用人工智能提高了处理大数据的能力，通过云计算提高了大数据和人工智能的效率，使风险识别和风险定价更加科学化。数字普惠金融创新依赖平台累计的业务数据，通过系统调阅电子化交易、社交媒体等数字足迹，利用机器学习和大数据分析的方法做信用评估，完成信贷调查、用户信用评级、风险定价、审批决策及放款审查等一系列信贷流程，从而大幅度地降低中小微企业的融资成本。

数字普惠金融创新对中小企业技术创新具有激励效应，尤其是中西部城市和传统金融覆盖不足的城市、民营和规模较小的中小企业（梁榜和张建华，2019）。数字普惠金融的信贷和保险功能，为创业者获得资金、降低创业风险，享受到现代金融体系的服务，进而促进创业创新行为。数字普惠金融提高创新融资的可得性，缓解创新融资。数字普惠金融有助于缓解信息不对称问题，提高中小企业的创新融资效率，进而促进企业的创新产出。

3. 数字普惠金融创新服务“三农”推动乡村振兴战略

河南农村地区是中低收入人口的集中地，传统农村金融产业化程度低、缺少抵押物、风险高，存在信任机制严重缺失的问题。数字普惠金融创新借助数字化技术扩大金融服务覆盖面，提高农村地区金融服务可得性，推动乡村振兴，是实现河南经济高质量发展的重中之重。银行业金融机构多借助多种互联网技术、电子终端等模式积极搭建面向“三农”的数字普惠金融综合平台，延伸服务半径，拓宽服务渠道，提升农村地区数字普惠金融的可得性。为满足农村群体的不同需求而发展和衍生出多层次、多形态的网络借贷产品，精准满足了农业生产经营需求，扶持了“三农”群体，实现乡村振兴。京东的数字农贷是以农业生产过程的数据化模型和农民的历史生产数据为基础，通过数字模型预测和生产过程的监管，以资金管理和风险管理辅助农业生产管理。在项目运行2年内，在山东、河北、河南等地与当地多家合作社合作，累计放款约10亿元，逾期率和坏账率均为0（中国信息通信研究院，2019）。

4. 数字普惠金融创新提升家庭收入和促进消费支出

河南省各地市经济发展水平存在一定的差距，不同群体的收入水平和消费水平也存在差异，缩小经济增长差距和促进消费，拉动内需，是实现经济高质量增长的必然环节。易行健和周利（2018）研究发现，数字普惠金融创新提升了家庭收入，特别是农村低收入群体，家庭收入提高更加明显。与东部沿海地区相比，数字普惠金融对农村地区、中西部地区以及中低收入阶层家庭消费也起到了促进作用。这说明数字普惠金融的发展能够帮助中低收入家庭更方便地获得信贷支持，降低其流动性约束，最终表现为消费支出的增加。

二　河南数字普惠金融创新发展现状

2019年，河南省金融业认真贯彻落实稳健中性的货币政策，实现货币信贷和社会融资规模适度增长，积极疏通利率传导机制，加大对民营小微企业的支持，为供给侧结构性改革营造适宜的货币金融环境。金融创新成效显著，扶贫再贷款机制不断优化。河南改善金融生态环境，金融服务水平持续提升。河南推动银行机构积极参与省大数据管理局的省金融服务共享平台建设，目前已有15家省内金融机构进驻，124款信贷产品上线，向8712家企业放款12073笔，总额308.6亿元。2019年5月，人民银行郑州中心支行印发了《关于普惠金融助力乡村振兴的指导意见》，引导河南省金融机构强化普惠金融与乡村振兴政策的深度融合，将更多金融资源配置到农村经济社会发展的重点领域和薄弱环节，切实提高农村地区金融服务的可得性、获得感和满意度。

（一）河南数字普惠金融发展的测度

测度我国的数字普惠金融服务水平，需要能体现金融服务的多个维度综合性指标。黄益平（2016）等学者首次编制了北京大学数字普惠金融指数（2011～2015），包含省级、城市和县域三个层级，反映了我国数字普惠金融发展现状和演变趋势。郭峰等（2019）对北京大学数字普惠金融指数进行了更新，从数字金融覆盖广度、数字金融使用深度和普惠金融数字化程度三个方面，共计33个具体指标的基础上构建了我国2011～2018年的数字普惠金融指数，空间跨度包含全国31个省份和337个地级以上城市（2011～2018），以及约2800个县（2014～2018）。如图1所示，2018年上海市的数字普惠金融指数为377.73，居全国首位；青海省的数字普惠金融指数是263.12，为全国最低。河南省2018年数字普惠金融指数295.76，排全国第15位。综合来看，数字普惠金融地域发展不平衡，数字普惠金融指数与当地经济发展水平密切相关，上海市、北京市、浙江省、福建省经济发展水平较高，数字普惠金融的程度也较高。

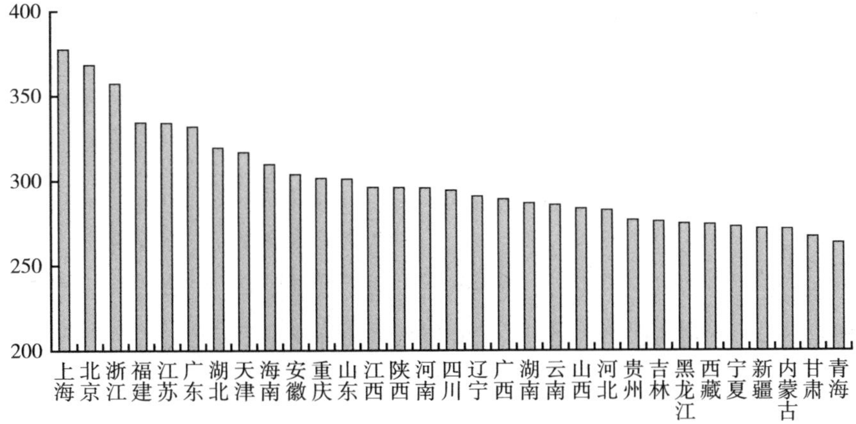

图1　2018年各省份数字普惠金融指数分布（郭峰，2019）

资料来源：北京大学数字金融研究中心（2019）。

根据郭峰（2019）构建的北京大学数字普惠金融指数，观察跨年度的数据，2011～2018年中国31个省份的数字普惠金融指数发展趋势如表1所示。2011年各省份数字普惠金融指数的中位值为33.58，均值为40.00，到2018年各省份中位值和均值分别为294.30和300.21，数字普惠金融指数平均每年增长36.4%，这说明我国各省份数字普惠金融应用快速增长。从图2可以看出，河南省从2011年到2018年数字普惠金融增长较快。2011年河南省数字普惠金融指数为28.40，低于省份中位值33.58和省份均值40。2018年河南省数字普惠金融指数为295.76，大于省份中位值294.30，略低于省份均值300.21。这些数字说明近年来河南省持续改善数字普惠金融环境，深化金融改革，大力推动了当地数字普惠金融的发展。

表1　2011～2018年省级数字普惠金融指数的中位值和均值

年份	2011	2012	2013	2014	2015	2016	2017	2018
省级中位值	33.58	93.71	147.71	173.82	214.55	225.41	266.92	294.30
省级均值	40.00	99.69	155.35	179.75	220.01	230.41	271.98	300.21
河南省	28.40	83.68	142.08	166.65	205.34	223.12	266.92	295.76

资料来源：北京大学数字金融研究中心（2019）。

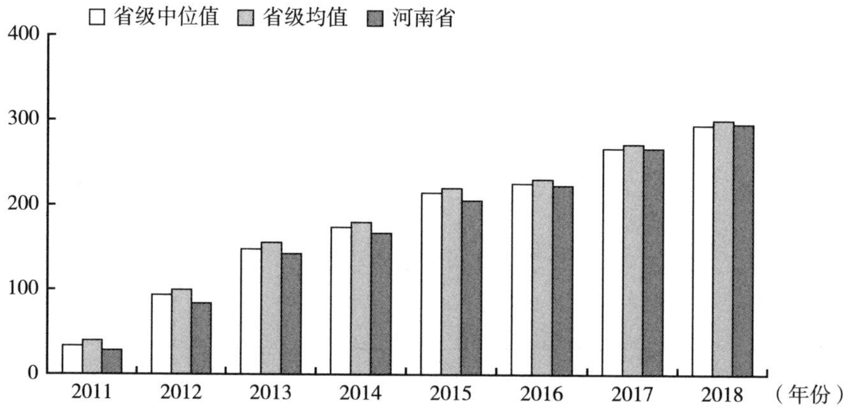

图2　2011～2018年省级数字普惠金融指数的中位值和均值

资料来源：北京大学数字金融研究中心（2019）。

（二）河南兰考数字普惠金融创新的做法与成效

作为全国第一个也是目前唯一一个国家级普惠金融改革试验区，河南兰考普惠金融改革试验区的主要宗旨是“普惠、扶贫、县域”。兰考的普惠创新模式为“一平台四体系”，借助于一个数字普惠金融平台，和普惠授信、信用信息、金融服务、风险防控四个体系，找到了破解普惠金融“最后一公里”的有效办法，金融服务可得性显著提升。主要做法：第一，完善数字普惠金融服务平台，让金融服务“触手可及”。兰考普惠金融改革试验区制定了《加快推进兰考县数字普惠金融发展专项行动方案》，以建设数字普惠金融综合性服务平台——普惠通 App 为核心，推动金融机构与 App 对接，着力打造“一站式”线上“金融超市”，提供人人均享的金融服务，提高金融服务覆盖率。第二，健全金融服务体系，疏通普惠金融在农村地区的“最后一公里”。第三，健全普惠授信产品体系，着力破解农民贷款难、贵、慢的问题，减少交易环节和成本，加快办理速度。第四，健全信用信息体系，促进信用信贷互促相长。第五，健全风险防控体系，权、责、利对等分散分担风险。

兰考数字普惠金融创新取得了显著的成效。“普惠通 App”为核心的数字普惠金融取得突破，金融服务可得性显著提升。着眼于户户均享普惠信贷权利的理念，创新推出“普惠授信”。2018 年兰考已完成 10 万余户基础授信，基本实现“户户全覆盖”，银行已与 9226 名启信农户签订贷款合同 3.88 亿元，带动发放农户小额贷款 2.38 万笔、23.89 亿元。兰考普惠金融各项指标大幅改善，助力稳定脱贫奔小康和乡村振兴成效明显。截至 2018 年末，兰考县普惠金融指数由 2015 年底的 0.26 上升到 0.43，在全省 105 个县排名中从第 22 位跃至第 1 位。兰考县主要经济金融指标增速优于全省平均水平，主导产业加快发展，乡村面貌明显改观，社会创业活力不断迸发，农民收入明显提高（河南省金融运行报告，2019）。

三　河南数字普惠金融创新的政策建议

河南数字普惠金融创新已经形成了一定规模，但还远未成熟。数字普惠金融的服务能力、服务水平以及相关体制机制的完善度、灵活性、协同性、创新性上仍有改进的空间。目前不少数字普惠金融创新业务还处于发展的初级阶段，业务模式不够成熟，监管上应从严把握，框架需逐步完善，甄别出这些金融产品和服务是否符合用户的需求。数字普惠金融带来了信息安全风险，数据利用需平衡客户信息安全与风险防控。科技金融底层技术的广泛应用，一些网络银行以机器学习和大数据分析的方法做风控，这些技术的有效性和可靠性尚待实践检验。适合数字普惠金融的监管体系还没有形成，国内没有可借鉴的监管先例与经验，各项市场准入和监管制度、新技术应用标准、行业自律规则都还不够完善。数字普惠金融的混业经营创新趋势增强，模糊了监管的边界，这需要数字普惠金融主体机构与监管部门等跨部门合作。同时需要实时监测数字普惠金融创新进展，完善数字普惠金融指标体系。

（一）健全数字普惠金融生态系统

数字普惠金融改变了金融消费者与传统金融机构的双边关系，形成了银行和非银行金融机构、科技公司、政府监管部门等的多边机构服务生态。在倡导利用数字技术促进包容增长的普惠金融理念下，需要加强跨部门合作，注重市场参与方多元化发展，构建一个市场化可持续发展的数字普惠金融生态系统，促进数字普惠金融服务能力提升。银行和非银行金融机构、科技公司要利用其广大的顾客群体和风险评估等优势，确保提供给消费者安全可持续发展的创新产品，政府和监管部门应密切合作，协同完成全流程服务，通过尽早提出方案解决问题加速创新和商业化。

（二）平衡好数字普惠金融发展中的创新与风险

数字普惠金融利用新技术、新手段来创新金融产品和服务，允许市场主体充分发挥主观能动性，提高金融效率，降低业务成本，最大化地发挥金融服务的支撑作用。同时也要考虑到保护金融稳健发展。尽管与更广泛的金融服务行业相比，数字普惠金融行业仍然相对较小，但银行、非银行金融机构和科技公司应认识到金融技术可能对金融稳定构成的潜在风险。尽管未经测试的新创新可能会提高效率并带来经济利益，但如果缺乏了解和主动管理其风险，则可能会给现有的金融基础架构带来风险，并且有损于金融稳定。因此，对于提供数字普惠金融的银行和公司而言，与政策制定者和监管机构合作以识别和减轻金融稳定的潜在风险仍然至关重要。完善合作监管机制，统筹推进数字普惠金融的发展，创新监管理念，利用监管科技实时监测风险因素进行流程优化，提高监管效率和能力。

（三）增加数字普惠金融产品和服务的透明度

数字普惠金融的目标用户为小微企业和其他低收入群体，这些群体的共性是数字金融知识相对缺乏，对数字技能掌握不足，因此提供透明的数字普惠金融产品和服务非常重要。银行保险等金融机构、金融科技企业等数字普惠金融服务主体应利用金融科技，以用户为中心，设计简便、清晰、透明、安全的金融产品和服务。增加数字普惠金融产品和服务的透明度也有利于监管部门监管，有利于其充分理解创新金融产品的结构及其应用后果。政府和主管部门的目标是扩大普惠金融的覆盖广度并保护该系统不被滥用，增加透明度是平衡这两个目标的核心。因此监管部门应和数字普惠金融服务主体密切合作，增加数字普惠金融产品和服务的透明度，提高金融体系的效率和安全度。

（四）确保网络安全、数据安全和个人隐私保护

数字普惠金融利用数字技术和网络提供金融产品和服务，同时利用大数据等金融科技底层技术分析支持金融决策，因此数字普惠金融对网络和信息依赖性强，信息数据的真实性、可靠性，信息数据获取和处理的效率与质量以及信息数据的加密与储存都是数字普惠金融发展的关键。不同的金融科技企业对信息安全管理能力不同，安全措施不到位有可能造成用户信息数据泄露、篡改、丢失，数据产权纠纷等。企业与机构合作搭建数字应用平台，提供数字普惠金融服务，这些平台很容易成为黑客们的攻击目标。因此要完善各机构数据共享协同机制，保护个人隐私，加大对滥用信息的司法惩处力度。建立数字普惠金融风险预警机制，提高对数字普惠金融机构进行企业信息跟踪、风险捕捉和预警的能力。

（五）完善金融科技基础设施建设

良好的数字金融基础设施支持是数字普惠金融发展的必要条件，数字普惠金融发展需要的生物识别信息系统建设、信用数据共享与权益保护等为数字普惠金融发展提供基础支撑。数字普惠金融产品和服务的创新非常重要，金融基础设施的建设和基础设施的创新对于数字普惠金融的发展同样至关重要，金融基础设施的建设和基础设施的创新减少金融服务的经营成本，对金融服务业产生积极影响。探索利用人工智能、区块链等技术，提升金融基础设施的运行效率和安全性。

（六）监测数字普惠金融创新进展

随着金融科技的不断发展与进步，数字普惠金融创新的广度、深度不断向更高的层次演绎。因此，对于数字普惠金融创新，必须进行持续、开放的跟踪研究，优化和完善对数字普惠金融的公共政策引导和支持。根据实践检验动态调整优化普惠金融创新指数体系。目前北京大学数字金融研究中心构建的普惠金融指数体系，专注于从创新性数字金融的角度衡量数字普惠金融的发展，主要包括覆盖广度、使用深度、数字化程度三个方面。普惠金融创新指数体系还应该反映出数字普惠金融的服务质量，比如数字普惠金融产品和服务的透明度、投诉率、服务纠纷等指标，评估和引导河南省数字普惠金融发展。

参考文献

黄卓、沈艳：《数字金融创新促进高质量经济增长》，《新金融论》2019 年第 4 期。

CF40 数字普惠金融研究课题组、纪志宏：《数字金融的普惠机制及可持续发展》，《新金融评论》2019 年第 1 期。

梁榜、张建华：《数字普惠金融发展能激励创新吗？——来自中国城市和中小企业的证据》，《当代经济科学》2019 年第 5 期。

唐文进、李爽、陶云清：《数字普惠金融发展与产业结构升级——来自 283 个城市的经验证据》，《广东财经大学学报》2019 年第 6 期。

中国人民银行郑州中心支行货币政策分析小组：《河南省金融运行报告》，2019。

郭峰、王靖一、王芳等：《测度中国数字普惠金融发展：指数编制与空间特征》，北京大学数字金融研究中心，2019。

中国信息通信研究院云计算与大数据研究所：《数字普惠金融发展白皮书》，2019。

B.8
融合视角下河南文旅产业高质量发展问题研究

李　斌*

摘　要： 融合发展已成为文化旅游产业高质量发展的重要途径。推动文旅产业融合发展，是河南培育经济新增长点的现实需要，彰显文化软实力的有力抓手，助力乡村振兴的有效途径。通过对河南文旅产业发展现状进行分析，研究发现，受理念、规划、平台、人才等因素制约，河南文旅产业面临着文旅资源整合开发不够、产业链条延伸拓展不足、龙头企业引领带动不强等突出问题，在此基础上，从融合理念、顶层设计、创新引领、资源整合、平台建设等角度，提出了推动河南文旅产业高质量发展的对策建议。

关键词： 文旅融合　旅游产业　文化产业　高质量发展

党的十八大以来，习近平总书记就旅游发展和旅游工作做出一系列指示，指出旅游业是发展经济、增加就业的有效手段，也是提高人民生活水平的重要产业，为发展文化旅游业提供了根本遵循。近年来，文化与旅游融合发展已经成为新趋势新热点。文化旅游产业作为绿色产业、朝阳产业、富民产业、幸福产业，其跨界、渗透、整合等功能正在加快释放，在区域经济社

* 李斌，博士，河南省社会科学院副研究员，研究方向：区域经济、创新创业。

会发展中的地位和作用日益彰显。河南是文化大省，也是旅游大省，在文化和旅游不断深度融合的今天，迫切需要对文化旅游业发展再审视、再谋划，加快开创河南文化旅游大发展大繁荣的新局面。

一　推动文旅产业融合发展的重要意义

（一）培育经济新增长点的现实需要

进入新时代，河南经济由高速增长阶段转向高质量发展阶段，要推动经济发展实现质量变革、效率变革、动力变革，培育新的经济增长点势在必行。当前，随着河南居民收入的不断提高，人民对美好生活的向往更加迫切，居民文化消费、旅游消费支出日益增长，旅游业为拉动经济增长提供了巨大的空间。据测算，2018 年全国旅游业对 GDP 的综合贡献为 9.94 万亿元，占 GDP 总量的 11.04%。就河南而言，2013～2018 年，全省接待海内外游客年均增速达到 13.77%，旅游总收入年均复合增长率达 15.94%，展现了强劲的发展势头，文化旅游业在顺应消费升级，不断满足人们精神文化需求的同时，也为全省经济稳定增长提供了重要动力，逐步成为河南经济新的增长点。

（二）彰显文化软实力的有力抓手

文化是一个国家或地区形象的灵魂和标志，也是其软实力的重要体现。文旅产业是传播文化价值的最佳载体。河南历史文化悠久，是世界华人宗祖之根、华夏历史文明之源，河南丰富的自然景观和文化旅游资源，为传播中原文化，彰显河南文化软实力奠定了良好的基础。因此，必须牢牢抓住文旅融合的战略机遇，把更多中原文化因素注入旅游业，推动河南自身文化品牌和地区形象的再塑造，推动文化与旅游的共生发展、相互促进，实现由文旅资源沃土向文旅经济高地的转变，推动“软实力”和“硬实力”同步提升，全面增强河南综合实力和竞争力。

（三）助力河南乡村振兴的有效途径

党的十九大做出了实施乡村振兴战略的重大决策，乡村的经济价值、生态价值、社会价值、文化价值不断被挖掘，文化旅游业以其强大的市场优势、新兴的产业活力表现出强劲的造血功能和巨大的带动作用，成为脱贫攻坚、实现乡村振兴的生力军。2018 年河南省乡村旅游游客接待总量达到 1.45 亿人次，同比增长 23.8%，乡村旅游收入达到 752.3 亿元，同比增长 26.8%，在带动农村发展、农业增效、农民致富的同时，有力推动了城乡生态环境共治、基础设施相通、公共服务共享。因此，要加快推动现代农业和文化旅游“联姻”发展，为河南乡村振兴、脱贫攻坚打造新引擎，提供新动能。

二　河南文旅产业融合发展的主要成效

（一）产业规模不断扩大

近年来，全省文化旅游产业顺应融合化的趋势，加快推动从封闭的旅游自循环向开放的“旅游+”融合发展方式转变，农旅、文旅、村旅、研学旅游、工业旅游、生态旅游、中医药健康旅游、田园综合体、特色小镇等文旅业态不断涌现。依托丰富的山水旅游资源，河南近年来在提升传统景区旅游的基础上，着力拓展文旅产业链条。截至 2019 年底，全省 AAAA 级以上景区 178 处，星级酒店 432 家，旅行社 1137 家，温泉度假区 41 家，主题游乐园共 30 家。在文旅产业链的推动下，全省文旅产业蓬勃发展，旅游人数不断增长，2018 年全省接待海内外游客 7.86 亿人次，同比增长 18.2%，2013 年以来年均复合增长率达 13.8%。其中，入境游客 321.73 万人次，增长 4.7%；旅游总收入为 8120.21 亿元，同比增长 20.3%；2019 年旅游总收入增长 18.5%，达到 9622.45 亿元，2013 年以来年均复合增长率达 15.9%。

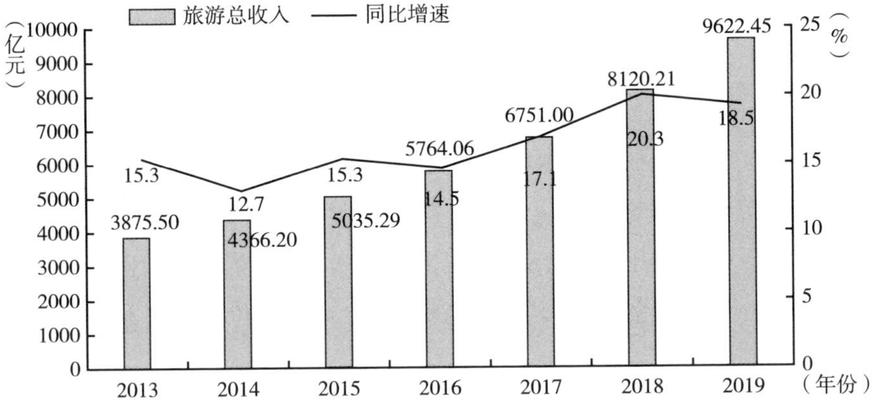

图　2013 年以来河南省旅游总收入变动情况

资料来源：河南省统计局。

（二）产业布局逐步集聚

近年来，河南省文化旅游产业在城市和县域均呈现出显著的集聚发展态势。截至 2019 年底，全省共有国家级文化产业示范园区 1 个、国家级文化产业示范基地 12 个、省级文化产业示范园区 12 个、省级文化产业示范基地 133 个，已建成和在建的文化产业园区 53 个，在集聚高端文旅要素资源，推动文旅产业高质量发展方面发挥了显著作用。在城市层面，近年来，以建业电影小镇、“只有河南”等文旅项目为支撑的郑州国际文化创意产业园，和以洛邑古城为代表的洛阳文旅产业聚集带均为郑州大都市区及洛阳副中心城市建设聚焦了高端文旅要素支撑；在县域层面，河南以全域旅游为导向，推动文旅融合集聚发展，相继探索形成了焦作现象、栾川模式、西峡经验等在全国具有较大影响力的独具河南特色的文旅融合模式和路径。

（三）文旅品牌日益响亮

近年来，河南充分发挥在历史文化、根亲文化、功夫文化、戏曲文化、汉字文化等领域的文旅资源优势，以提升河南文旅品牌形象，扩大河南文旅产业影响力为导向，充分利用河南打造内陆开放高地的历史机遇，依托“空、陆、网、海”四条“丝绸之路”，积极融入“一带一路”，搭建起河南文旅品牌向全球传播的桥梁，推动河南文旅产业不断对外开放，形成了文旅产业全方位、高水平、广领域、强深度的对外开放格局，通过中国（郑州）国际旅游城市市长论坛、云台山国际旅游节、洛阳牡丹文化节、南阳世界月季大会等对外开放平台载体，“老家河南”“中华源·河南”“中国历史开始的地方”等河南文旅形象品牌在全球的知名度和影响力不断增强。

（四）发展动能持续增强

近年来，河南在旅游投资及智慧旅游等领域亮点频现，呈现出旅游设施智慧化、旅游投资多元化的态势，文旅产业发展动能持续增强。在旅游投资方面，旅游资源资本化、金融化、证券化不断加强，投融资主体日趋多元，投融资模式不断创新，形成了以“民营企业 + 国有企业”双轮驱动的文旅产业投资格局。截至 2018 年底，河南省文旅产业在建项目达到 540 多个，总投资额完成 806 亿元，同比增长 28.3%。在文旅产业数字化、智慧化领域，近年来河南深入推动与高德地图、腾讯地图、中国联通等数字化龙头企业合作，以构建全省智慧旅游基础设施网络为目标，以不断提升游客体验度为导向，全力推动智慧旅游产业发展。截至 2019 年底，河南已有 400 多个 A 级景区入驻全域旅游信息服务平台，全省文旅产业数字化水平不断提升，以智慧旅游为特征的文旅产业新动能不断聚焦。

三 河南文旅产业融合发展的问题分析

（一）资源优势尚未转化为产业优势

河南是旅游资源大省，目前全省拥有 AAAAA 级景区数量居全国第二位，在人文旅游资源领域优势明显，但由于传统中原文化挖掘转化不够，旅游资源整合提升能力有限，高端化旅游有效供给不足，2018 年河南省旅游收入仅排全国第十名。由此可见，河南旅游资源尚未充分盘活，资源优势尚未转化为产业优势。一是在推动传统中原文化产业化方面，文化资源转化率不高。河南拥有“古都、姓氏、黄河、武术、诗词”等丰富多彩的传统中原文化，但从文旅融合视角看，只有将多彩的文化元素融入旅游产品，才能充分满足游客的文化体验，激活文旅产业发展动能。目前河南文旅产业无论是产品形态还是业态均在传统文化元素深度挖掘融合方面存在欠缺，制约文旅产业高质量发展。二是文旅产品形态和业态单一化严重，文旅资源融合提升不足。从文旅产品形态演化趋势看，其形态遵循观光、休闲、度假、体验等逐步高端化的演进轨迹。目前，河南文旅产品在形态上仍以休闲观光为主，比如龙门石窟、云台山等优势景点，休闲观光仍为其主打业态，尽管近年来形成了东京梦华、禅宗音乐大典等以体验为主的新业态，但整体上河南高端文旅融合业态较为匮乏，产品结构比较单一，多业态的文旅产品供给不足，制约着文旅产业的发展。三是文旅产品营销传播渠道不畅，制约文旅产业进一步提质发展。近年来，成都、西安等网红城市旅游知名度和传播力迅速爆升的实践表明，以抖音、快手等短视频平台为代表的新互联网传播媒介，在推动文旅品牌传播方面的作用日益凸显。当前，在“流量为王”的新传媒时代，河南文旅品牌扩张和形象传播仍较多依赖传统媒介，新型传媒利用不足，影响品牌传播和推广，制约着河南文旅融合的发展。

（二）文旅产业链延伸不够附加值低

从文旅产业融合视角看，立足文旅资源要素优势，依托文旅产品创新，遵循产业链上下游延伸规律，是不断拓展文旅产业链深度和广度，整体上提升产业附加值的重要途径。当前，河南文旅产业在产业链培育和延伸方面，存在着产业链不长、创新力不足等问题，导致河南文旅产业附加值不高。一是文旅要素配置不均衡，导致产业链不长。依托旅游业“吃、住、行、游、购、娱”等各环节，进行“强链、补链、延链”是文旅产业链不断拓展的关键。当前，河南文旅产业在资源要素配置方面，仍过度依赖“门票经济”模式，注重游客“走进来”，但支撑游客“留下来”的设施和要素配置不足，导致“一日游”现象普遍，对观光、休闲、度假、体验等文旅全产业链而言，游客停留时间较短，制约着产业动能培育和高质量发展。二是文旅产业创新链薄弱，导致产业创新力不足。依托创新创意能力，结合文旅资源特征，构建文旅产品创新链，不断开发新的文旅主导产品和周边产品，形成丰富的产品链是文旅融合的关键。当前河南文旅产业在创意产品研发、文旅周边产品供给等领域存在创新人才匮乏、文旅产品创意滞后等问题，制约着文旅产业创新能力的提升。三是高端文旅产品供给不足，导致产业附加值不高。当前，河南文旅产业链条仍处于初级旅游产品供给阶段，跨产业链、高体验度、高附加值的文旅产品有效供给不足，无法满足游客对文旅产业“高品质、创意好、特色强”的消费需求，在消费升级大背景下，高端文旅产品供给不足，严重制约了游客的消费潜力，导致游客人均消费水平较低，造成文旅产业整体附加值不高。

（三）文旅龙头企业引领带动力不足

当前，从河南文旅融合的头部企业带动力来看，龙头企业辐射力不强，重点景区带动力较弱是制约河南文旅全产业链高质量发展的瓶颈之一。一是河南文旅产业龙头企业数量不足，辐射带动能力弱。从区域文旅产业企业竞争力分布情况看，根据“2018 年中国旅游集团 20 强”名单，我国文旅龙头企业主要分布在北京、四川、浙江等省市，河南文旅企业无一上榜；从文旅龙头企业上市情况看，目前河南尚未实现零的突破。河南文旅产业企业规模较小，实力基础较弱，核心竞争力不强，辐射带动力不足，一直是制约文旅融合的短板。二是重点核心景区辐射力有限，全国影响力不足。据《2018 年旅游业发展报告》显示，无论是自然景区还是人文景区，河南均无旅游景区进入全国 2018 年热门景区十强榜单。由此可见，河南无论是龙门石窟还是嵩山、云台山等主流景区，在全国旅游产业中的辐射力、影响力仍有巨大提升空间，其对省内其他文旅资源的拉动辐射作用有待深入挖掘和提升。

（四）旅游目的地区域竞争力不强

在当前国内外文旅产业发展布局中，河南文旅资源虽丰富，但由于缺乏世界级影响力的精品旅游线路，在旅游目的地激烈的市场竞争中仅作为国内精品旅游线路的支线，存在被边缘化的风险；同时由于河南旅游目的地竞争力弱，导致“老家河南”品牌形象在国内外市场带动力、影响力有限。一是旅游目的地城市竞争力弱。洛阳、开封、郑州等省辖市作为河南文旅产业的先发地区，撑起了河南文旅产业的半壁江山，但是与北京、西安、杭州等国内著名旅游目的地城市相比，其品牌形象、竞争能力、影响范围等仍偏弱。二是县域旅游竞争力有待提升。县域是河南文旅融合发展的重点，经过多年培育目前已初具规模，据“2018 中国县域旅游竞争力百强县市”榜单，登封、济源、栾川 3 个县市上榜，河南省上榜县市数量在全国并列第 13 位，但是从县域旅游影响力及知名度来看，河南与浙江、江苏、四川等省份存在较大差距。由此可见，未来提升县域文旅产业竞争力，是推动河南文旅融合发展的重要环节。

四　河南文旅产业高质量发展对策建议

当前，导致河南文旅产业发展质量不高的深层次原因是多方面的，一方面是体制机制原因，造成文旅深度融合不足，例如由于河南文化旅游业在统筹考虑、科学规划、高端策划方面还存在欠缺，导致文旅产业缺乏统筹规划。另一方面是由于资源要素配置不合理，导致文旅产业发展活力动力不强，例如河南文旅产业呈现出明显的结构性失衡，究其根本还是在于对外开放合作发展滞后，平台支撑乏力，高端人才匮乏。针对上述深层次原因，需要以“三个突出”为抓手，推动文旅产业高质量发展。

（一）突出深度融合，践行文化旅游发展新理念

消费结构升级必然迫使河南文化旅游产业转变发展理念，将新发展理念落实到旅游产品和旅游服务中，从而提升旅游发展总体质量。一是践行融合发展理念。坚持宜融则融、能融尽融，以文促旅、以旅彰文，围绕文旅融合进行产品设计，通过创新打造价值链增值。二是践行智慧发展理念。借助新

技术提升文旅产品的内涵和外延，增强游客的体验感和互动性。三是践行跨界发展理念。围绕文旅的上下游产业进行探索，以“旅游＋其他产业”作为文旅产业跨界发展的新模式，让“吃、住、行、游、购、娱”和“商、养、学、闲、情、奇”在场景新组合中得以立体化呈现，重置文旅消费新场景，培育文旅新业态新模式。

（二）突出全域统筹，重塑全省文旅发展新格局

整体谋划全省文旅资源的开发利用，以全域旅游为目标，突出全域统筹，科学规划全省文旅空间布局。谋划好“一带一核三山五区”文化旅游发展布局，重点打造主题鲜明的太行山、伏牛山、大别山自然生态和红色旅游景区，依托太行山独特的地质地貌，开发徒步、攀岩、滑翔等现代旅游产品，打造国际化户外运动探险旅游区。依托伏牛山良好的生态系统，做优中医养生、温泉疗养等康养品牌，打造国民休闲旅游度假地。依托大别山红色文化和绿色生态资源，做强红色研学、茶食品鉴等产品，建设全国知名的红色生态旅游目的地。另外谋划建设以中原优秀传统文化为纽带，地理空间相互衔接、资源优势融合互补的五大特色文化旅游区。以嵩山历史建筑群、黄帝故里、二里头夏都遗址、双槐树遗址、龙门石窟、龙马负图寺、洛阳大谷关等为依托，建设以寻根拜祖为主题的天地之中河洛文化旅游区。以殷墟、中国文字博物馆、仓颉陵、濮阳“中华第一龙”、鹤壁辛村遗址等为依托，建设以甲骨文为主要内容的展示中华民族精神图腾的上古殷商文化旅游区。以太昊陵、老子故里、庄子故里等为依托，建设对话先贤圣哲、体现中华民族精神品格的老庄元典文化旅游区。以仰韶文化遗址群、函谷关、三门峡大坝、愚公故里等为依托，建设追寻先民奋斗精神，连陕通晋、承东启西的黄河金三角文化旅游区。以南阳武侯祠、渠首丹江口、花洲书院等为依托，建设体验家国情怀、体现汉风楚韵的丹江卧龙文化旅游区。

（三）突出资源重塑，培育文旅产业竞争新优势

利用新理念、新技术重塑传统优质资源，加大资源高效整合和综合开发

力度，培育一批优势景区和旅游产品，延伸拓展产业链，努力把河南得天独厚的文化旅游资源优势转化为具有竞争力的产业优势。一是实施文化遗产保护利用专项计划。因地制宜、分类施策，为文化遗产量身定做符合城市特点和自身实际的保护利用策略，依托二里头文化、仰韶文化、西水坡龙文化以及红色文化等建成一批文物保护展示利用示范项目。持续实施传统工艺振兴计划，支持传统工艺与新技术有机结合，创新非物质遗产传承人激励机制，开展省优秀非遗旅游商品评选活动，培育省级优秀非遗旅游产品。二是实施中原历史名人传承创新专项计划。深入挖掘中原历史名人的思想文化资源和时代价值，创建（扩建）一批纪念馆、传习基地、研究中心，打造一批历史名人研学旅游精品线路。三是实施“中原味道”培育提升专项计划。深入挖掘中原饮食文化和各地特色小吃资源优势，创建省级特色美食街，在长三角、珠三角、京津冀等重点游客来源地举办“中原味道”旅游美食展示推广活动。四是实施文艺精品创演专项计划。创新人才培养选拔和优秀作品扶持机制，在优长门类推出一批有全国影响的精品力作，搭建优秀作品传播展演平台，打造全国有广泛影响力的文艺创作高地。

参考文献

谭志喜、孙根年：《旅游业高质量发展基础：旅游资源福音论探析》，《社会科学家》2019 年第 5 期。

陈慰、巫志南：《文旅融合背景下深化公共文化服务的“融合改革”分析》，《图书与情报》2019 年第 4 期。

邱继贤、王贺港：《以文兴业：文旅融合时代下旅游特色小镇建设路径探究》，《商业经济》2019 年第 6 期。

丁春文：《文旅融合背景下地方旅游文化的挖掘——以浙江省为例》，《西安电子科技大学学报》（社会科学版）2019 年第 1 期。

B.9
河南健康养老产业融合发展问题研究

杜文娟*

摘　要： 加快推进健康养老产业发展是河南实现工业化城镇化快速发展的必然要求。推动健康养老产业融合发展有利于推动供给侧结构性改革和培育新的经济增长点，对河南经济社会可持续健康发展具有重大意义。本文研究了河南健康养老产业融合发展的必然性，提出健康养老产业与医疗保健、体育健身、文化旅游、房地产业、工业农业融合发展的五种模式，分析了河南健康养老产业融合发展面临的供给不足、基础薄弱、人才短缺、资金不足等困境，从“加强政府引导，完善产业融合体制机制；深化管理改革，激发产业发展活力；加强专业化培养，提高专业化水平；加大资金投入，鼓励社会力量参与”方面提出了对策建议。

关键词： 健康养老　产业融合　养老服务　河南

当前，人口老龄化成为中国面临的基本国情和重要挑战。《河南省统计年鉴（2019）》数据显示，2018 年底全省总人口为 10906 万人，常住人口 9605 万人。从年龄结构来看，2018 年河南常住人口中 65 岁及以上老年人口达 1156 万人，占总人口比重的 10.6%，超过了国际通行标准 3.6 个百分点，河南面临的健康养老消费需求日益增长。作为中部经济大省，加快推进健康

* 杜文娟，黄河科技学院中国（河南）创新发展研究院讲师，研究方向：马克思主义中国化、区域经济。

养老产业发展是适应工业化城镇化快速发展的现实需要，推动健康养老产业与其他产业融合发展既有利于拉动内需，推动健康产业供给侧结构性改革和培育新的经济增长点，还可以满足河南人民健康养老的多样化需求，对河南经济社会可持续健康发展具有重大意义。

一 河南健康养老产业融合发展的必然性

（一）产业融合是现代产业发展的必然趋势

伴随着经济全球化和信息化的发展，特别是高新技术的发展，产业间打破相互独立的状态，相互渗透、相互融合的现象日益增多，产业间的关联互动成为经济增长的新动力，产业融合发展成为现代产业发展的重要特征。健康养老产业是一项综合性强、涉及面广的产业，既是能满足老年人衣食住行、医疗保健等基本需求的产业，也是能辐射带动老年人休闲、娱乐、旅游、文化、体育等多种需求的产业，健康养老产业与相关产业融合发展成为一种现实需要和必然趋势。

（二）消费需求是健康养老产业融合发展的首要基础

作为人口大省，河南老年人口基数大，增速快，呈现寿龄高、空巢、失能、留守老人比例高的特点，广大老年人的健康养老需求逐渐增多，已成为社会高度关注的问题之一。随着社会的发展和人们生活水平的不断提高，老年人的养老观念也发生了变化，传统的“养儿防老”观念逐渐弱化，消费需求逐渐多样化，“社会养老”“互助养老”等新的养老模式应运而生。为满足多样化的养老消费需求，培育多元化的养老服务模式，健康养老产业要与其他产业实现融合发展。

（三）科技创新是健康养老产业融合发展的内驱动力

科学技术的创新打破了产业间的壁垒。随着信息技术的迅速发展，互联网、人工智能、大数据、云计算等高新技术逐步与传统的健康养老产业相融合，养老市场涌现出了许多新产品和新服务，如智慧养老、智能养老、科技助老等，这些产品和服务更加贴合老年人的需求，不仅能满足老年人的日常生活需要，还可以有效提升老年人的生活质量。科学技术的创新发展使得产业间的资源实现了共享，也推动了产业融合的速度。

（四）政策支持是健康养老产业融合发展的重要保障

河南作为老年人口大省，省委省政府高度重视健康养老产业发展。近年来，河南省不断完善健康养老产业发展政策体系，围绕“加快发展养老服务业”“促进健康服务业发展”“健康养老产业转型发展”等内容先后出台系列政策文件，初步形成了促进河南健康养老产业发展的政策支撑体系。2017 年，河南省政府出台《“健康中原 2030”规划纲要》，强调健康在经济社会发展中的战略地位，要求将健康思维融入所有政策中，提出要加强重点人群健康服务，完善健康养老服务模式。同年，河南省人民政府办公厅印发《河南省推进健康养老产业转型发展方案》《河南省支持健康养老产业转型发展若干政策》《河南省健康养老产业布局规划》明确提出，要把发展健康养老产业作为全省转型发展攻坚的重要载体，专门成立了河南省健康养老产业转型发展小组，对健康养老产业服务体系建设、推动健康养老产业创新发展的布局规划和发展方案，在重点项目的审批、用地、税收和建设运营补贴等方面给予明确的政策扶持，构建形成了以健康养老产业转型发展为主线的政策框架体系。2018 年，河南省发改委印发《2018 年推进健康养老产业转型发展的专项方案》，坚持健康养老事业和产业并举，推动健康养老领域政府职能转变和供给侧结构性改革，实施健康养老“十百千”示范项目等加快推进全省健康养老产业转型发展。政府的高度重视和良好的政策环境为全省应对人口老龄化挑战、推动健康养老产业融合发展提供了重要保障。

此外，河南省具有交通区位、资源、旅游、文化等天然的优势。河南是全国承东启西、连南贯北的重要运输枢纽，拥有铁路、公路、航空、水运、管道等相结合的综合交通运输体系。河南地处中原，具有丰富的粮食、药材、旅游等资源，中原文化源远流长、内涵丰富，特别是中医药文化、传统体育文化、医疗旅游文化以及丰富的劳动力资源等都可以为健康养老产业的融合发展提供条件，为河南经济高质量发展提供契机。

二　河南健康养老产业融合发展的主要模式

（一）"健康养老 + 医疗保健"融合

健康养老产业与医疗保健产业融合模式是把健康养老与医疗服务结合起来，如与医疗机构合作开发老年人就医、康复训练、身体护理、药物调理等医疗服务，开发老年保健产品以及建设老年康养、康复中心，解决老年人的就医、诊治、保健问题，为老年人提供一体化的养老式医疗服务。健康养老与医疗保健相结合的重点在于养老机构与医疗机构开展合作，在满足基本养老服务需求外，实现老年人快捷高效的医疗诊治。

（二）"健康养老 + 体育健身"融合

健康养老产业与体育健身产业融合模式是把健康养老与体育健身结合起来，为老年人提供体能、运动、休闲相关的产品，提供健身运动的场地和设施，开发适宜老年人的运动项目，如太极拳、保龄球、羽毛球、健身操等，把体育锻炼与疾病预防和康复相结合，实现由以治病为中心向以健康为中心的观念转变，满足老年人健身、健康、养生的需求，最终实现健康老龄化。

（三）"健康养老 + 文化旅游"融合

健康养老产业与文化旅游产业融合模式是把健康养老与文化、旅游结合起来，针对老年人的文化旅游需求开发相应的产品，如登封天地之中休闲游、新郑寻根问祖文化游、巩义长寿山民俗体验游、惠济黄河生态观光游、中牟雁鸣湖绿色采摘游、上街运动康养休闲游、登封豫西抗日红色游等，让老年人在丰富的文化氛围下，放松心情，在体验秀丽的风景中陶冶情操，保持活力。

（四）“健康养老 + 房地产业”融合

健康养老产业与房地产业融合的模式是把健康养老与房地产开发结合起来，围绕老年群体需求打造老年公寓、养老社区、康养小镇以及配套的康复室、健身室等，特别是近年来“候鸟老人”越来越多，很多老年人在不同季节到不同的地方享受舒适的生活，甚至在一些气候宜人的旅游休闲区域周边买房安家。

（五）“健康养老 + 工业农业”融合

健康养老产业与工业、农业融合的模式是把健康养老与现代农业和新型工业结合起来优化养老服务。如发展生态农业和观光农业，打造田园景观，为老年人提供新鲜的绿色无公害蔬菜水果，既保障老年人的饮食健康，还能提供种植、采摘的休闲娱乐。健康养老与新型工业的融合主要表现在利用先进的工业技术研发高科技的智能产品，发展老年人用品产业，如智能电动轮椅、智能手环、呼叫报警器、智能拐杖等满足老年人日常生活需求，提升老年人生活品质。

三　河南健康养老产业融合发展中面临的问题

（一）产品供给不足，服务功能层次较低

健康养老产业关注的是老年人群，目前河南的养老机构以养老院、日间照料中心、农村敬老院为主，符合大部分老年人养老需求的大中型养老机构

不足，以提供传统生活基本保障服务为主，缺乏心理、康复、临终关怀等专业化和个性化服务，高端的大型健康养老基地和社区建设相对滞后。产业融合不足，养老服务模式、功能比较单一，产品无法满足不同层次老年群体的需求，服务水平不高。

（二）产业基础薄弱，城乡发展不平衡

河南健康养老产业目前主要以政府投入为主，养老领域集中在基础养老服务，与相关产业融合不足，产业发展缺乏主打品牌，知名品牌型企业较少。河南各地区经济发展差异大，城乡间分布不平衡，供需不匹配，结构性矛盾突出。经济发展好的城市养老资源相对充足，养老产业发展具有一定的基础，农村养老服务起步晚，养老设施基础薄弱，高端健康养老设施严重缺乏，管理不够规范。大城市养老资源优于中小城市，中小城市优于广大乡村，城乡差别突出，区域发展不平衡明显。

（三）专业人才短缺，专业化水平不高

专业人才短缺是制约健康养老产业发展的瓶颈。健康养老产业需要专业知识和技术能力强的综合型人才，当前河南健康养老产业没有明确的从业标准，从业人员水平参差不齐，大部分是进城务工人员，文化水平较低，缺乏系统的学习和专业技能培训，有的甚至不具备应有的专业技能，高端专业人才更为缺乏。此外，收入待遇低、劳动强度高、人员流动性大也是养老产业面临的现实困境。由于专业人才短缺、专业化水平不高造成供给和需求之间的结构性失衡是制约河南健康养老产业发展的重大问题。

（四）资金投入不足，社会力量参与度低

健康养老产业融合发展需要持续、稳定的资金投入，而现阶段河南养老产业的发展主要是靠政府投入，社会力量参与度低，投入少，特别是民办养老机构自负盈亏，资金压力大，积极性不高。此外，社会力量进入养老产业市场受到行政门槛限制也导致社会资本融入有限和供给效率受限等问题的产生。

四　推动河南省健康养老产业融合发展的对策建议

（一）加强政府引导，完善产业融合体制机制

一是充分发挥政府在健康养老产业中的主导作用。健康养老是民生保障的重要组成部分，属于社会公共服务的范畴，要突出政府规划、政策激励和组织协调作用，政府应当在政策法规、管理体制、发展模式等方面发挥积极作用，为产业融合提供强有力的政策引导。

二是完善健康养老产业服务体系。在保障基本养老服务的基础上，积极探索中高端健康养老服务模式，加快构建与老年人年龄、收入、健康状况相匹配的健康养老服务体系。加快发展智慧养老，鼓励和支持养老机构创新使用智慧养老平台，整合各类资源为老年人提供专业化、个性化的服务。

三是加强社区养老服务设施建设。推动符合标准的老年人日间照料中心、老年人活动中心等社区养老服务设施覆盖所有城市社区，加快推进城乡养老设施建设，支持社会力量建设高端健康养老基地和高档社区，满足不同群体的需求。

（二）深化管理改革，激发产业发展活力

一是推进健康养老产业领域“放管服”改革。转变政府职能，加大“放管服”的力度，优化审批流程，精简办事环节，缩短审批时限，提高行政审批服务效能。营造良好的营商环境，降低社会力量进入健康养老产业的门槛，简化审批手续。

二是着力打造健康养老产业品牌。坚持把品牌培育作为健康养老产业融合发展的重要抓手，推动公办养老机构建设和县乡级敬老院、福利中心提质改造，建设环境优美、配套设施完善的公办养老机构，提高服务效率和服务水平，发挥示范作用，引领带动全省其他养老机构健康快速发展。着力培育老年用品龙头企业，坚持本地企业培育与大型养老企业集团引进并举，积极引进国内外知名养老企业投资建设健康养老用品生产基地、养老用品企业，加强

适老科技研发和成果转化应用，促进老年用品制造企业延长产业链，形成一批龙头产业基地、老年产业集群，推动全省健康养老产业扩规模、上水平。

三是加大对农村养老保障的投入。通过政府购买服务、福利补贴等方式支持社会组织参与农村养老服务，对农村养老设施不完善的乡镇给予补贴，拓宽农村养老产业融资渠道，积极招商投资，缓解养老服务资金紧张状况，促进农村养老服务业发展，缩小城乡差距。

（三）加强专业化培养，提高专业化水平

一是加强专业化、复合型人才培养。建立健康养老产业人才职业教育制度，增加教育培训投入，加大对养老产业从业人员的培养，整合高等院校和中等职业学校的教育培训资源，以职业教育为核心，开设健康养老相关课程，重点培养医疗保健、老年医学、康复护理、营养调配、心理咨询等专业技能型人才，为养老产业提供丰富的人才储备。

二是加强养老管理人才队伍建设。加强对养老机构、养老企业等负责人的培训，主要包括对养老行业法律法规、养老机构管理模式、养老运营业务流程等内容熟知，定期组织开展养老服务、安全管理等方面的培训，打造一支高素质、懂养老、善运营的养老管理人才队伍。

三是提高从业人员待遇。建立养老服务人员补贴制度，按从业年限给予养老从业人员一定的岗位补贴，完善职业技能等级与薪酬待遇挂钩机制，形成相对合理的薪酬体系。发挥舆论宣传的导向作用，提高职业社会认同度，提高养老服务人员的社会地位。

（四）加大资金投入力度，鼓励社会力量参与

一是加大对养老产业的资金投入力度。按照政府主导的原则，加大对健康养老产业的财政资金投入，力争将公办养老机构做大做优，发挥政府投入资金的引导作用，加大彩票公益金支持养老的力度，将政府用于社会福利事业的彩票公益金60%以上用于养老服务业发展。加大对健康养老企业的扶持，对符合建设标准和资质条件的民办非营利性养老机构进行运营补贴和建

设奖励补贴，以及实施税费优惠政策，加快推进养老产业发展。

二是鼓励社会力量参与。政府要为社会力量进入创造公平、高效的市场环境，放宽养老市场准入，降低社会力量进入养老产业市场的门槛，在土地划拨、税收、床位补贴、职业培训等方面给予政策扶持，制定详细的行业服务标准和机构分类管理办法，激发民间资本的投入积极性和经营能动性。

三是发挥金融保险的资金支持作用。创新融资方式，推动银行等金融机构对民办养老机构实行利率优惠和降低信贷条件，探索设立养老产业引导基金，允许营利性养老机构通过财产抵押形式进行融资，鼓励企业、慈善组织及个人设立养老领域的慈善信托，开展养老服务慈善项目。

加快推进健康养老产业发展是河南省委省政府打好转型发展攻坚战的重要抓手，也是促进城乡统筹、改善民生、决胜全面建成小康社会的重要任务。健康养老产业作为社会新兴行业，在产业融合背景下，呈现出全新发展形态。加强健康养老产业与其他产业有效融合，有利于吸引人才、技术、资本等要素集聚，形成产业新优势，满足消费内需，实现养老产业创新发展。因此，要着力推进健康养老产业融合创新发展，促进健康养老产业与医疗卫生、体育健身、文化旅游、现代农业和新型工业的深度融合，探索形成可推广可复制的商业模式，进一步推动全省经济转型升级，推动全省经济高质量发展。

参考文献

胡美林：《加快推动健康养老产业转型发展》，《河南日报》2017 年 8 月 18 日。

柴海瑞：《河南省健康产业发展现状浅析》，《全国流通经济》2018 年第 26 期。

苏昌贵、魏晓、刘雨婧、段宜嘉、吴卫：《产业融合视域下健康养老产业发展研究——以郴州市为例》，《经济地理》2018 年第 1 期。

秦长江：《新时代河南健康养老产业创新发展研究》，《创新科技》2018 年第 12 期。

李小卷：《产业融合视域下健康养老产业发展研究》，《知识经济》2018 年第 17 期。

曹涌：《产业融合视域下河南省健康养老产业发展研究》，《商业经济》2019 年第 10 期。

杨帅华：《新时代农村养老服务体系建设的目标模式与主要对策——以河南省为例》，《改革与战略》2019 年第 7 期。

B.10
“三创”融合推动河南省食品加工业转型发展研究

崔明娟*

摘　要： 当今时代，伴随着互联网、大数据、人工智能等信息技术的飞速发展，人们的生活方式和消费理念也发生了巨大的变化，特别是对健康化、绿色化、个性化的消费需求在不断升级，这为河南省食品加工业的转型发展创造了巨大的空间，同时也带来了前所未有的机遇和挑战。新形势下，河南省作为农业大省和食品加工大省，必须顺应时代潮流，大力促进食品加工业向高端化、绿色化、智能化、融合化转型升级，助力河南经济实现高质量发展，从而实现农业大省向农业强省的伟大跨越。本文首先阐述了“三创”融合对河南省食品加工业转型发展的重大意义，接着对新形势下河南省食品加工业的发展现状、存在问题进行了分析，最后从“三创”融合的视角提出了相关建议，以促进河南省食品加工业转型发展。

关键词： 创新创业创造　“三创”融合　食品加工业

2019年3月10日，习近平总书记在出席十三届全国人大二次会议福建

* 崔明娟，黄河科技学院中国（河南）创新发展研究院讲师，研究方向：创新创业、产业规划、企业管理。

代表团审议时强调，“要营造有利于创新创业创造的良好发展环境”，“最大限度释放全社会创新创业创造动能”。河南省作为食品工业大省，在努力探索从“中国粮仓”到“国人厨房”再到“世界餐桌”的提质增效之路上取得了不菲的成绩，经过多年发展已经成为推动河南经济高质量发展的支柱性产业。进入新时代，河南省食品加工业要继续保持蓬勃发展态势，必须顺应时代潮流，走“三创”融合之路，以市场需求为导向，通过转型升级提升产业优势，从而实现高质量发展。

一 “三创”融合推动食品加工业转型发展的重大意义

（一）打造健康中国、满足人民对美好生活新期待的必然选择

当今时代，中国人对餐桌食品的消费需求已经发生了巨大的转变，从吃得饱到吃得美味，再到吃得新鲜、吃得安全、吃得健康，这些变化趋势不仅反映了人民群众物质生活条件的大幅提高，也进一步展现了人民对未来美好生活的新期待。在新的时代背景下，食品加工业的发展关系着国家安危、人民幸福，是深入贯彻健康中国战略的必然要求，更是增强人民群众满意度和获得感的重要途径。因此，河南省食品加工业未来的转型发展，必然要与“打造健康中国”和“满足人民对美好生活新期待”的方向一致，这就需要将“三创”的理念与食品产业转型相融合，不断开展食物营养功能评价研究，鼓励食品企业进行模式创新，增加中高端产品供给，建立健全食品质量安全标准，逐渐满足人民群众对食品健康化、多样化、便捷化、个性化、高端化的新消费需求，引领人们朝着健康、美好、幸福生活的大方向不断奋进。

（二）助力乡村振兴、决胜全面建成小康社会的重要途径

2020 年，是我国全面建成小康社会的决战之年，必须要妥善解决好当前我国依旧存在的发展不平衡不充分的问题，而这些问题突出表现在农村。

就当前看，农业现代化的发展水平不高，农村存在着基础设施不足、公共服务落后等诸多问题，农民依然是急需脱贫摘帽的主体。河南是传统的农业大省，农村居住人口超过5000万，农业经济在国民经济中占比更是举足轻重，脱贫攻坚的任务依然还很繁重，必须切实做好"三农"工作，尽快补齐"三农"短板，才能助力河南实现乡村全面振兴，早日打赢脱贫攻坚战。因此，河南作为全国第一粮食大省，必须紧紧抓住粮食这个核心优势，通过"三创"融合推进食品加工业转型发展，提高农业质量效益，繁荣农村经济，促进农民持续增收，助推河南向农业强、农村美、农民富的出彩中原奋力迈进。

（三）促进农村三产融合、实现经济高质量发展的战略举措

推动农村三产融合发展，是党中央、国务院针对新时代"三农"问题做出的重大决断。食品加工业作为与农业相关联的第二产业，是连接一产和三产的重要纽带和桥梁，被称为是突破农村发展的黄金产业行业，其覆盖面宽、产业关联度高、辐射带动能力强，能有力引导农业与其他产业的深入融合发展。河南地处中原，文化历史源远流长，自古就孕育着创新创业创造的基因，通过"三创"融合推动食品加工业转型发展，是新形势下促进农村三产融合、实现我国经济高质量发展的重大选择。

（四）深化农业供给侧改革、实现河南由农业大省向农业强省转变的有力抓手

自新中国成立以来，作为大国粮仓的河南一直紧紧抓住粮食这个核心竞争力，从"丰粮仓"到"稳粮仓"，再到"优粮仓"，河南食品加工业发展一直保持稳中有增，已经成为万亿元支柱产业，在推动经济社会发展和支撑着河南向农业强省迈进上起到了至关重要的作用。新时代下，河南食品加工业已经处在了亟待转型的关键时刻，当务之急就是要着力打造"优质粮仓"，大力推进食品加工业转型发展。坚持"三创"融合，做好农产品精深

加工，不断增加新产品供给，打造特色产业集群，加速优势产业向绿色化、智能化、高端化发展，成为当前深化农业供给侧改革、助推河南由农业大省走向农业强省的重要任务。

二　新形势下河南省食品加工业发展现状分析

近年来，在全球经济状况不佳、国内经济进入新常态的大环境下，河南省充分利用自身资源优势和产业基础，以实施“乡村振兴战略”为抓手，坚持“农头工尾、粮头食尾”的指示精神，食品加工业实现了平稳快速增长，已成为支撑本省经济的支柱型产业，为河南成为大粮仓、大厨房、大餐桌发挥着关键作用。

（一）总量效益平稳增长

2018 年底，河南省农副食品加工业、食品制造业等规模以上食品加工企业的主营业务收入累计为6384.24 亿元，利润总额为556.95 亿元，如表1 所示。① 截至2019 年12 月，全省规模以上食品制造业单位数达到3274 个，增加值在规模以上工业中占比13%，主营业务收入超万亿元，现已发展成为河南五大主导产业之一。② 仅拿河南漯河来说，2018 年全年的食品产业增加值在规模以上工业增加值中的占比将近50%，总销售收入占整个河南省的1/6，每年生产的肉制品将近680 万吨，每日生产的休闲食品就达到3500 吨，麻辣面制品、火腿肠、冷鲜肉单品产量等在全国排名第一，是名副其实的“中国食品名城”。③

① 《河南统计年鉴2019》，河南省统计局官网，http://www.ha.stats.gov.cn/hntj/lib/tjnj/2019/indexch.htm。

② 《国家统计局：2019 年12 月规模以上工业增加值增6.9%》，新华网，http://www.xinhuanet.com/2020-01/17/c_1125473379.htm，2020 年1 月17 日。

③ 王中山、黄卫民：《让世界享受“漯河味道”》，《决策探索》2018 年第13 期，第30～39 页。

表1 2018年河南省规模以上食品加工业主要指标

单位：亿元，个

类别	主营业务收入	利润总额	单位个数
农副食品加工业	3736.77	318.44	1740
食品制造业	1830.64	168.51	807
酒、饮料和精制茶制造业	816.83	70	459
合计	6384.24	556.95	3006

资料来源：《河南统计年鉴2019》。

（二）品牌影响力日益提升

据统计，作为食品加工大省，河南省承担着全国50%的火腿肠、25%的馒头、60%的汤圆、70%的水饺的生产重任。在2019年中国品牌价值评价信息发布暨中国品牌建设高峰论坛上，河南省一共有四家食品加工企业成功入围，分别是世界上最大的猪肉加工企业双汇、中国民族食品加工企业白象集团以及被誉为中国速冻食品"双子星座"的三全食品和思念食品，而这四家极具影响力和竞争力的食品品牌都来自河南漯河。据统计，整个漯河市大大小小的食品企业将近7000多家，不仅包括双汇、白象、三全、思念、南街村集团、卫龙食品、平平食品等众多知名的本土企业，还有众多类似于盼盼食品、可口可乐、联泰集团等外来企业，这些食品企业界"巨头"都成为河南"农"字号的靓丽名片，着实为提升河南省食品加工业的品牌影响力和美誉度添了浓墨重彩的一笔。

（三）集群效应逐渐凸显

近些年，河南省一直在着力打造极具竞争力的食品产业集群，省内漯河、安阳、驻马店等多个地市都立足本地特色，坚持走集群化道路，通过创建特色食品产业园等产业集群来实现协同发展。截至2018年底，河南省一共培育了542家农业产业化集群，其中省级农业产业化集群一共254个，[①]

① 《河南农业产业化集群达542个，其中省级254个年销售超万亿》，人民网，http://henan.people.com.cn/GB/n2/2019/0614/c351638-33039127.html，2019年6月14日。

基本覆盖全省各大地区、各优势产业领域，具体分布情况如表2所示，其中有8个省级产业化集群销售收入超过百亿元。另外，临颍县、襄城县、固始县、舞钢市等30个产业化集聚区被评为“河南省产业集聚区商标品牌培育基地”，在大力探索“产业集群”向“商标品牌集群”转型升级的过程中切实提升了企业的品牌建设水平，集聚效应逐渐凸显。

表2　河南省18地市省级农业产业化集群分布情况

单位：个

地区	数量
郑州市	20
开封市	10
洛阳市	8
平顶山市	11
安阳市	13
鹤壁市	11
新乡市	16
焦作市	14
濮阳市	10
许昌市	10
漯河市	13
三门峡市	10
南阳市	16
商丘市	20
信阳市	25
周口市	18
驻马店市	24
济源市	5

资料来源：https：//k. sina. cn/article_ 1068891872_ 3fb5fee00190031vj. html？http = fromhttp&subch = onews，2018年2月13日。

（四）绿色发展成效明显

自2017年以来，河南各地市以“四优四化”为重点，把“三品一标”纳入菜篮子工程考核，着力打造完善丰满的绿色食品产业生态，大力推行标准化生产，切实保障“舌尖”上的安全。近三年来，河南省绿色食品每年的平均增长率超过25%，建立了一大批绿色标准化生产基地，其中对于农产品“三品一标”的认证数量和全国排名如表3所示。2019年，河南省的优质专用小麦总面积达到1349.7万亩，居全国首位，以面、肉、油、乳、果蔬五大产业为重点的绿色食品加工业也一直保持快速增长，符合消费者健康化、绿色化、高端化的优质农产品供给显著增加，整体产业绿色发展水平持续提升。①

表3　河南省农产品“三品一标”认证数量和全国排名

地区	全国排名	数量
总量	12	4679
无公害农产品	11	3505
绿色食品	15	1019
有机农产品	22	36
农产品地理标志	5	119

资料来源：见叶新太、管立等《浅谈河南农业品牌发展》，《农村·农业·农民》2020年2月20日。

三　河南省食品加工业转型发展中面临的主要问题

近年来，依托“天下粮仓”“中国厨房”的食品产业基因、丰富的原材料资源以及数亿级的绝对市场优势，河南虽然在食品加工业的发展上取得了很多成绩，但与发达国家和地区相比，“大而不强”“多而不优”一直是困扰河南众多食品加工业发展的重要问题。除此之外，面临国内外宏观经济形势的不断变化，省内也有一部分企业因产品落后、科技含量低、品牌竞争力弱、创新水平不高等多种因素，在转型发展的道路上没有跟上步伐。下面将

① 《河南小麦冬前苗情长势良好》，https：//www.nyzy.com/shouye/10555.html，2020年1月7日。

从五个方面来分析当前河南省食品加工业在转型发展过程中面临的主要问题。

（一）中高端食品有效供给不足，产业链条相对较短

随着人民生活水平的日益提高，我国消费者的需求发生了深刻变化，已经踏入“新消费时代”，人们对饮食的需求不再仅仅只是生理意义上的吃饱，开始逐渐向更好层面的吃好转变，更加健康、更加高端、更加个性的食品消费终将要取代以往传统、低端、无趣的食品消费。因此，在新消费时代席卷而来之际，精深加工的高品质食品将成为人们餐桌上更受青睐的选择。河南虽然是食品大省，但是在规模以上食品企业中将近一半的企业都在从事初级加工，粗加工和一般加工总量占比将近九成，而食品的精深加工占比仅为五分之一。大多数食品企业都呈现出“大群体、小规模”特征，产品结构较为单一，缺乏高品质食品的有效供给，难以顺应当前的消费升级大趋势，从而满足各类消费群体对高品位食品的需求。

（二）信息化建设薄弱，供应链管理水平不足

近些年，伴随着移动互联网、电子商务等新信息技术的不断升级，传统的食品加工业供应链已经不能满足当今时代的新需求，亟待重构和变革。河南食品加工业与农业息息相关，其信息化建设基础更为薄弱，供应链运作也存在较多问题，比如企业与用户需求信息沟通不畅，冷链物流发展水平低，供应链管理存在不足，配套服务和设施状况不佳等。虽然省内一些知名食品企业也有 B2B 或 B2C 等模式的农产品电商服务平台，但在信息化管理和供应链优化方面有待进一步提升，相关基础配套和第三方服务水平仍需提高。要切实提高食品加工企业的核心竞争力，就必须加强信息化建设，提升供应链管理的水平，从原材料的供应到采购，从产品加工到产品配送，最后到销售环节，形成一个良性循环的共生网络。

（三）创新研发能力薄弱，智能化绿色化制造有待提升

当今时代，互联网＋、人工智能、大数据等高新技术已经被应用到食品产业链领域，消费成为拉动经济增长的关键“引擎”。要实现食品加工业的转型发展，就必须坚持科技创新，加快食品企业“智能化绿色化”融合的发展进程。目前，河南虽然部分龙头食品企业也在不断探索产品供给、营销模式、质量安全标准等领域的创新，但总体来说科研基础仍然较弱，2018年全省规模以上食品工业的 R&D 经费内部支出为 485 万元，仅占企业主营业务收入的 0.75%。[①] 根据河南漯河市对全市 137 家规模以上食品企业进行调查的结果，有研发机构的仅 37 家，食品企业新技术、新产品开发能力较低。另外，虽然已经有一部分龙头食品企业开启了“绿色化智能化”的改造活动，但是大多数企业在“两化”融合发展的过程中依然存在许多问题，绿色化智能化改造的水平也较为一般。

（四）缺乏文化引领，整体品牌竞争力不强

河南省位于黄河中下游，被誉为“华夏文明的摇篮”，不仅历史文化悠久，更是中国饮食文化的重要起源地之一。相比于其他省份，河南省食品企业的发展拥有着无可比拟的文化优势，如果可以把中原文化、黄河文化、炎黄文化等优秀的基因融入食品加工业的发展中去，不仅能弘扬和传承中华民族的传统历史文化，更能提升消费者对食品品牌的文化感知度，从而打造优秀食品企业核心竞争力。目前，河南省大多数食品企业在产品设计、品牌包装、营销宣传等方面与传统文化的结合度不够，即使是一些中原土特产食品企业也存在着产品同质性强、品牌意识不足、地域文化表现力不足等诸多问题，不仅不符合现代人们日益增长的审美需求，也不能将特色产品本身带着的优秀文化内涵体现出来。以河南省各地市旅游景区售卖的牡丹饼、花生酥等甜

---

① 《河南统计年鉴 2019》，河南省统计局官网，http：//www. ha. stats. gov. cn/hntj/lib/tjnj/2019/indexch. htm。

点类特产为例，虽然各种产品来自不同厂家，但无论从包装、形状、图案，还是背景、颜色、字体，基本都大同小异，完全看不出区别。因此，对于新时代的河南食品加工业来说，要想真正实现跨越式发展，必须要把优秀的文化融进去，通过地方特色和文化品位来满足消费者的食品需求，打造真正有品质、有特色、有文化魅力的特色产品，从而提升食品行业的品牌竞争力。

（五）行业标准不健全，质量安全体系不完善

近些年，河南省虽然多数食品加工企业都在致力于提升食品安全水平，但依然有些中小规模企业存在着生产环境卫生条件差、生产过程管理混乱、标签标识及商标包装不规范等问题，尤其是一些类似于辣条这种类型的低端不健康食品，由于进入门槛低、监管不规范，导致食品安全问题堪忧。除此之外，食品安全问题无法得到根本保证，还跟食品加工业与优质原料基地连接不紧密有关系，食品的冷链物流体系业不够健全。因此，要做到守护“舌尖”上的安全，让老百姓吃得放心，河南食品加工业一方面要建立健全质量标准、安全检测、产品溯源等相关体系，大力监管食品质量安全，在食品安全违法问题上绝不姑息；另一方面还要积极建立企业原料供应基地，借鉴先进国家和地区的经验，在食品安全质量标准和评价体系的制定上下功夫。

四　“三创”融合推动食品加工业转型发展的对策建议

伴随着消费结构不断升级带来的巨大发展空间和高新技术不断变革注入的不竭发展动力，河南省食品加工业迎来了前所未有的机遇和挑战。在新形势下，河南省要结合自身实际情况，通过“创新创业创造”，充分发挥资源禀赋，推动优势产业向高端化发展，从而满足市场多样化、便捷化、个性化的消费需求，实现产业转型升级。

（一）以市场需求为导向，不断强化创新引领

要不断提升河南省食品加工业的整体实力，必须紧紧围绕“创新”这

个关键词，从产品创新、模式创新和理念创新三个方面发力，推动河南省食品加工业从“高产”走向“优质”。

1. 加快产品创新

坚持以市场消费需求为导向，重点围绕“面制品、乳制品、肉制品、油脂制品和果蔬制品”等产业，引领食品加工业从传统向现代转型；加强食品科研创新基础设施建设，支持建设国家级粮食作物协同创新中心和重点学科实验室；提升技术创新能力，在产品类别、口味、配料、工艺流程、包装设计等方面实现创新；凝心聚力发展食品精深加工，优化产品供给结构，实现食品供给与市场需求的动态平衡。

2. 探索模式创新

开展商业模式和营销模式创新，支持企业发展“生产基地 + 加工企业 + 商超销售”“生产基地 + 中央厨房 + 餐饮门店”等模式；鼓励职业农民、家庭农场、专业大户、专业合作社等新型农业经营主体发展食品加工业，大力推广“农户 + 专业合作社 + 企业”等模式，形成农村产业融合利益共同体；支持食品加工企业利用电商平台进行营销，不断拓展网上互动、定制生产、订单消费等多种模式；推动食品企业对管理模式进行创新，提升食品企业扁平化管理水平；提高食品企业信息化水平，将数字化、智能化融入食品产业应用中去，重在提高食品企业的产品研发、技术应用、营销推广、渠道运营等各方面水平。

3. 推动理念创新

依托本省的优质农产品资源，提升传统食品生产的工艺水平，积极开发优质、安全、健康、高端的功能性休闲食品；积极推广低温生产工艺，推动食品生产向绿色化、清洁化转变，在节能降耗的基础上实现降本增效；建立来源稳定、过程可控、质量优质的绿色养殖基地，全力打造绿色标准化生产示范基地，坚持把绿色理念贯穿到原料供应、包装设计、仓储物流等各个环节中去，努力构建完整的绿色食品生态产业体系；鼓励食品加工企业充分利用当今时代的各种高科技手段，对采购、生产、销售等全流程进行改造，打造绿色化、智能化、数字化工厂。

（二）以优势资源为基础，倾力营造创业环境

对于河南来说，农民是实现乡村振兴、打赢脱贫攻坚战的主力军，更是大众创业万众创新的重要组成和潜力所在。要推动河南省食品加工业的转型发展，必须紧密结合实际，立足资源优势，把鼓励农民扎根本土创业作为重要任务来抓，通过培育创业主体、搭建创业平台、积极推进“二次创业”，来积极营造农村创业环境。

1. 培育创业主体

支持大学生、农民工、转业军人、农村待业青年等各类人员在食品加工业全产业链领域创业就业；强化创业意识，充分发挥食品产业“三农”企业家的带动作用，营造创业文化氛围，激发农民创业热情；培养一批新型农业经营主体和农村“三创”导师，促进农民创业兴业，推进农村创业创新；加强对新型农业经营主体的专项创业培训，提升创业技能，扎实推进农村创业富民行动。

2. 搭建创业平台

针对优势特色产业，打造创业孵化基地和创业创新园区，推动农村创业示范点建设；落实农村创新创业扶持政策，推动金融信贷、税费减免、建设用地等优惠政策顺利实施；搭建农民创业电商平台、网络信息化平台，鼓励各类农村创业主体积极实施“互联网 + 食品加工业”行动；搭建专业的农村创业服务平台，为创业者提供创业指导、融资担保、技术支持、法律咨询等全方位综合服务；积极开展农村“三创”活动，鼓励更多龙头食品企业加大参与力度，营造充满活力的创业氛围。

3. 推进“二次创业”

鼓励传统食品企业结合自身实际进行转型升级，通过“二次创业”突破自身发展困境；重点围绕“肉、面、油、乳、果蔬”五大行业，以高端化、绿色化、智能化、融合化为转型方向，提升产业综合竞争力；优化食品加工业产业结构布局，各企业可以根据自身情况追求差异发展、错位发展、特色发展；培养一大批冷链物流企业，完善冷链物流管理体系，推动冷链物

流走向智能化，实现传统物流向现代物流转型；利用数字化手段整合行业资源，围绕消费者需求，重塑“互联网 + 现代农业”新模式，以“互联网生态”打造绿色食品产业；积极推动线上线下融合，建立食品质量管理防火墙，确保食品加工业各个环节都实现全供应链体系风控。

（三）以高质量发展为追求，最大限度释放创造动能

与创新创业相比，“创造”既强调“价值创造”，也蕴含着精神力量，是一个“从无到有”“从少到多”的转变过程。从“创造”的角度上理解河南省食品加工业的转型发展，一是要创造优质品牌，二是要创造一流标准，三是要创造饮食文化。这三个方面的“创造”不仅会助力河南省食品加工业高质量发展，更是推动“中国制造”向“中国创造”、“中国速度”、“中国质量”转变的必经之路，具有重大的时代意义。

1. 创造知名品牌

鼓励龙头食品企业建立品牌保护体系，稳步提高品牌影响力；支持本省农产品地理标志品牌争创中国著名商标；加强对河南传统食品企业的品牌建设，努力将一批既有中原文化底蕴又有精湛传统工艺的“老字号”重新推入市场；引导中小规模食品企业增强品牌意识，突出品牌差异性，做好品牌推广，讲好品牌故事，挖掘品牌发展潜力；提升食品企业产品研发和自主创新能力，形成自主知识产权和品牌优势；加强行业品牌、集群品牌和企业品牌的建设和宣传工作，提升本地知名品牌的影响力和美誉度；打造名优品牌、绿色品牌、有机品牌，鼓励企业积极对绿色食品、有机农产品进行认证。

2. 创造一流标准

以国际标准为基础，建立国内领先、国际一流、绿色健康的食品安全标准及评价体系；强化产业链全程监管，建立统一的食品安全监管标准，提高食品安全监管技术能力；积极打造河南省优质专用小麦、优质花生、优质草畜、优质果蔬等五大产业标准化基地；集成推广绿色标准化生产技术，大力推进食品生产专业化、标准化；以“环保、健康”为发展理念，打造绿色

食品业绿色生产车间；鼓励食品加工企业把信息技术应用到食品生产流程的优化过程中，支持企业建立一套完整的全流程检测系统。

3. 创造饮食文化

通过整合各地传统文化、人文旅游、特色餐饮等资源，鼓励支持食品加工业与文化创意、休闲观光、乡村旅游、养生养老等产业深度融合，积极推广“旅游+”“生态+”等模式，积极发展新产业、新业态；保护、开发和利用河南传统特色食品产业，将传统土特产品与地域历史文化相融合，既满足人们对食品的个性化需求，同时还能够弘扬民族文化和保护传统技艺；发挥龙头食品企业的带动作用，将饮食文化、地域特色、人文情怀、绿色健康等理念贯穿到产品概念、工艺制作、包装设计等各个环节中去，彰显中原食品品牌魅力。

参考文献

张卫宾：《消费升级下河南省农产品加工业的新机遇》，《农村·农业·农民》（B版）2018 年第 11 期。

刘明国、才新义、冯伟：《从“大粮仓”迈向“大厨房”——河南省农产品加工业崛起的范例与启示》，《农业工程技术》2015 年第 14 期。

魏国强：《河南省农产品加工业转型升级发展的思考》，《种业导刊》2018 年第 1 期。

《农业农村部将聚力打造农产品加工业升级版》，《四川农业科技》2018 年第 11 期。

孙梦欣：《河南省农产品加工业的竞争力研究》，哈尔滨工业大学，2019。

B.11
大力发展信息产业
助力经济高质量发展

蒋　睿*

摘　要：　随着科学技术的不断发展，经济环境的加速变化，信息产业成为21世纪国际竞争地位的先导性和战略性产业。我国信息产业处在飞速发展的时期，大力发展信息产业能够进一步实施创新驱动战略，推进供给侧结构性改革，助力经济高质量发展。作为河南省12个转型发展攻坚重点产业之一，信息产业近几年来发展态势迅猛。特别是随着"互联网+""智能+"行动计划的提出，"网络经济强省"建设的实施，"创新创业"的不断升级，信息产业成为促进社会经济发展的重要力量。在拥有良好发展条件的基础上，河南省应实施加强人才培养与引进、提升创新能力、扶持信息技术服务业发展、完善服务平台建设等措施进一步发展信息产业，推进创新创业创造向更深层次迈进，助力经济高质量发展。

关键词：　信息产业　信息化　经济高质量

信息产业是指国民经济活动中与信息产业和信息服务的生产、流通、分配、消费直接有关的相关产业的集合。可以分为两大部分：信息技术设备制造业和信息服务业。凡是为社会提供信息资源、信息服务、信息技术、信息

* 蒋睿，黄河科技学院中国（河南）创新发展研究院讲师，研究方向：信息管理、创新创业。

处理设备的行业都属于信息产业的范畴。信息产业具有战略性、高度创新性、高度渗透性等特征，是国家竞争的焦点之一。

一 大力发展信息产业的重要意义

（一）助力传统产业转型升级

河南是农业大省、工业大省，面对飞速变化的经济环境和产业格局，加快传统产业创新与转型发展是必然要求。信息产业所具有的高度渗透性使信息技术广泛应用在各个产业当中，与之融合发展。信息产业的发展有助于其他产业基于互联网融合的创新业态加速发展，促进智能化生产，进一步实施数字化管理，提升网络化管理与服务水平。

（二）为“互联网+”“智能+”行动夯实基础

2015年国务院发布了《关于积极推进“互联网+”行动的指导意见》，部署了11项重点任务，并提出了要夯实发展基础，信息产业作为“互联网+”行动的发展基础，作用日渐增强。

《2019年中央政府工作报告》正式提出了“智能+”的重要战略：“深化大数据、人工智能等研发应用。打造工业互联网平台，拓展‘智能+’，为制造业转型升级赋能。”“智能+”这一关键词标志着我国在创新之路上阔步前行，而信息产业的重要性日益凸显。互联网、大数据、云计算、物联网、人工智能的蓬勃发展需要信息产业的支撑。

（三）提高社会整体信息化水平

信息化水平是信息时代国家综合实力的重要标志，是带动工业化发展的重要动力。信息资源的开发与利用成为社会经济发展的重要推动力，发展信息产业能够推动国民经济和社会信息化水平，是地区经济社会可持续发展的必由之路。政务信息化、教育信息化、农业信息化等呼唤信息产业的快速发展。

二　河南省发展信息产业的有利条件

（一）具有明显优势，发展势头良好

经过多年发展，河南省在信息安全硬件、软件和服务，以及智能传感器的研发和产业化方面特点优势明显。全球重要的智能终端制造基地在河南省已基本形成。特别是2010年富士康在河南建成投产以来，带动了河南省电子信息产业的快速发展，吸引了相关配套企业入驻，经过近几年的不断发展，郑州市航空港区成为了全球重要的智能手机生产基地。

着眼未来河南省信息产业的发展，新一轮信息产业布局已经持续展开。中国（郑州）智能传感谷将以智能传感器为发展重点，构建“一谷多点”的产业空间布局，形成千亿级产业集群；郑东科学谷软件小镇2019年底开始建设，将引进华为、南威、印度国家信息技术学院（NIIT）、软通动力等一批龙头企业，其中华为已布局中原鲲鹏生态创新中心，计划将鲲鹏计算产业生态落地软件小镇，梳理了近百家鲲鹏产业上下游企业，引进6400名研发人员，软通计划建设软通动力研发中心项目，引进5000名研发人员；洛阳大数据产业园、许昌“泛在5G小镇”等大数据产业园区建设持续推进；物联网产业基地建设逐步加快；培育信息安全特色产业集群等多项布局已经展开。

（二）明确发展目标，多项政策保障

政策是发展的基石。为了不断提升河南省信息化发展水平，确保信息产业健康、有序、高速地发展，河南省政府、省工业和信息化委员会等多方结合省情，制定多项工作方案。

在产业整体规划布局方面，《河南省电子信息产业转型升级行动计划（2017—2020年）》指出，要做强三个优势产业、做优六个特色产业、谋划布局关键核心产业，以此强化组织保障，突出项目带动，加强政策扶持，推

进试点示范。为了推进上述行动计划的实施，河南省转型发展攻坚领导小组办公室制定了《河南省电子信息产业转型升级 2019 年工作方案》，建立了 2019 年电子信息产业转型升级重点事项清单，逐一推动落实。

在信息服务业发展方面，《2020 年河南省服务业发展工作要点》中指出，要做优做强信息服务业这一主导产业。通过研究制定软件产业发展行动方案，启动“万名软件人才培养工程”，加快推进鲲鹏软件小镇等重点项目建设，争创国家软件名园和国家信息安全产业基地。深入开展电子商务示范创建，加快 E 贸易核心功能集聚区建设，支持南阳、许昌、商丘、焦作等市申建跨境电商综试区试点城市，举办第四届全球跨境电商大会。加快全省 5G、数据中心等新型基础设施建设，启动全省 5G 规模化商用。推进千兆城市建设，持续实施郑州国家级互联网骨干直联点提升工程，加快新型智慧城市建设。

在具体产业方面，《河南省大数据产业发展三年行动计划（2018—2020 年）》《河南省智能传感器产业行动方案》《河南省 5G 产业发展行动方案》分别对具体产业的发展明确了总体要求，提出了重点任务，强调了保障措施。

在提升全省信息化发展水平方面，除了《河南省“十三五”信息化发展规划》《河南省建设网络强省实施方案》外，河南省工业和信息化委员会在 2019 年制定《河南省 2019 年信息化推进工作实施方案》以进一步优化升级信息基础设施，加快信息技术研发创新，发展电子信息产业，培育新技术新业态，推进“两化”融合，创新信息惠民服务，强化信息安全保障为工作重点，明确各项任务要求，指导各地各部门共同推进信息化建设，切实发挥信息化驱动发展、促进转型、创新管理、服务民生的重要作用。

（三）设立专项基金，提供资金支持

丰厚的专项资金支持为创新创业、产业转型升级提供保障，对于信息产业的蓬勃发展起到助推作用。河南省在 2018 年 10 月设立了信息产业发展基

金。该项基金的规模为100亿元，主要在于促进新兴信息产业发展。该项基金的具体投资范围包括多个主体，如政务、企业等；包含多个项目，如“互联网+”、“智慧+”、大数据、智慧城市等项目；涉及多种高新技术，如传感网、物联网、人工智能等。该项基金的设立旨在促进技术与行业产业深度融合，推动项目投资，助推企业进行培育孵化、股权投资、整合并购等，为信息产业健康发展做好资金保障。

目前，河南信息产业发展基金正在进行团队组成、机构建设、机制设定、规矩订立，基金首批近20个拟投项目基本储备完成，社会资本也开始广泛对接。①

（四）基础建设不断完善，强化基础保障

河南省近年来持续加强信息基础设施建设，特别是在5G商用方面，进行积极的推进，以加快发展“互联网+”产业。与此同时，也对网络信息安全保障进行不断强化。近几年来，河南省网络供给能力大幅提升。截至2019年，河南省已对20户以上自然村4G和光纤宽带网络全覆盖。全省移动电话基站数居全国第5位，互联网省际出口带宽数位于全国第4位，互联网宽带接入端口数列全国第6位。全省电话用户达到1.15亿户，位于全国第5位；互联网用户高达1.1亿户，在全国排名第4位；50M以上宽带用户占比达到99%，位于全国榜首；100M以上宽带用户占比达到89.3%，位于全国第7位。移动宽带用户普及率、固定宽带家庭普及率均突破90%。2019年以来，全省信息通信业聚焦网络强省建设，持续推进5G商用建设，不断强化基础支撑能力，共建成开通5G基站4189个，已实现全省所有省辖市城区5G网络全覆盖。在具体运用方面，主要开展了5G远程医疗和急救、智慧公交、4K高清直播、泛在电力物联网、智慧旅游等方面的应用。

郑东新区龙子湖智慧岛是国家大数据（河南）综合试验区的核心区，

① 资料来源：http：//www.xinhuanet.com//fortune/2018-10/22/c_1123595791.htm。

目前已入驻超过120家大数据企业，其中包括阿里巴巴、华为、甲骨文、用友等，落地企业涉及大数据三大圈层。作为一项重大的国家战略，智慧岛为河南省信息产业的发展提供了重要的互联网基础条件保障。

三　河南发展信息产业面临的障碍

（一）科研创新型人才不足

表1　2018年河南省规模以上工业企业R&D人员数量情况（部分）

单位：人，%

行业大类	计算机、通信和其他电子设备制造业	电气机械及器材制造业	汽车制造业	专用设备制造业	通用设备制造业
研究人员数量	2679	4861	5111	4579	3984
R&D人员总数	14214	14411	13620	13116	12333
研究人员占该行业R&D人员总数比例	18.8	33.7	37.5	34.9	32.3
不同行业研究人员占全省研究人员比例	2.6	4.8	5	4.5	3.9

资料来源：《河南统计年鉴2019》。

河南省是人口大省，劳动力资源较为丰富，在人力成本上具有独特的优势，但是在信息产业中，高科技研究人才不足。基于研究人员数量占R&D人员总数比例来看，对比电气机械及器材制造业、汽车制造业、专用设备制造业、通用设备制造业，计算机、通信和其他电子设备制造业占比最低。基于不同行业研究人员数量占全省研究人员数量比例来看，计算机、通信和其他电子设备制造业在这五大行业里处于最低水平。受制于综合发展环境较为落后，对于高科技人才的吸引力较低，基于高等院校、科研院所力量薄弱等因素，河南省在人才引进与培养方面还需要进一步加强。

（二）自主创新投入少

R&D 经费内部支出指单位用于内部开展 R&D 活动（包括基础研究、应用研究、试验发展）的实际支出，一定程度上反映了企业自主创新程度。

表 2 2018 年河南、湖南、江苏三省计算机、通信和其他电子设备制造业（规模以上）R&D 经费内部支出与 GDP 情况

单位：亿元，%

地区	河南	湖南	江苏
R&D 经费内部支出	28.22	46.90	255.09
GDP	48055.86	36425.78	92598.40
R&D 经费内部支出占地区 GDP 比重	0.06	0.13	0.28

资料来源：《河南统计年鉴 2019》《湖南统计年鉴 2019》《江苏统计年鉴 2019》。

根据现有数据，选取中部省份湖南省、东部省份江苏省作为对比，对 2018 年规模以上计算机、通信和其他电子设备制造业企业 R&D 经费内部支出及地区 GDP 进行分析。河南省 GDP 为 48055.86 亿元，计算机、通信和其他电子设备制造业企业 R&D 经费内部支出金额为 28.22 亿元，R&D 经费内部支出占地区 GDP 比重为 0.06%，该比重处于三省中的末位；湖南省 GDP 为三省中的末位，但是由于 R&D 经费内部支出高，因此比重却比河南高出 0.07%；江苏省作为东部省份，GDP 常年位于全国前列，其 R&D 经费内部支出也明显高于其他两个省份，占比为 0.28%。自主创新投入是促进产业发展，提升创新能力的重要支撑，河南省在自主创新投入方面还需要继续加大力度。

（三）信息技术服务业具有上升空间

在国家工业和信息化部发布的《2019 年中国软件和信息技术服务业综合发展指数报告》中，运用规模效益、技术创新、结构优化、发展环境、支撑服务五个一级指标对全国进行了分地区软件和信息技术服务业综合发展指数评价。在其评价中，河南省与湖北省、安徽省、河北省等13个省份属于中间省份类型，中间省份综合发展指数均值73.5，比上年上升3.4个分值，规模发展指数增长较快。在14个中间省份梯队当中，河南位于第9位，发展指数为72.7，与平均水平相差0.8，与第1名安徽省相差为4（如图1所示）。河南省处于中间省份的中下游水平，进一步提升空间极大。

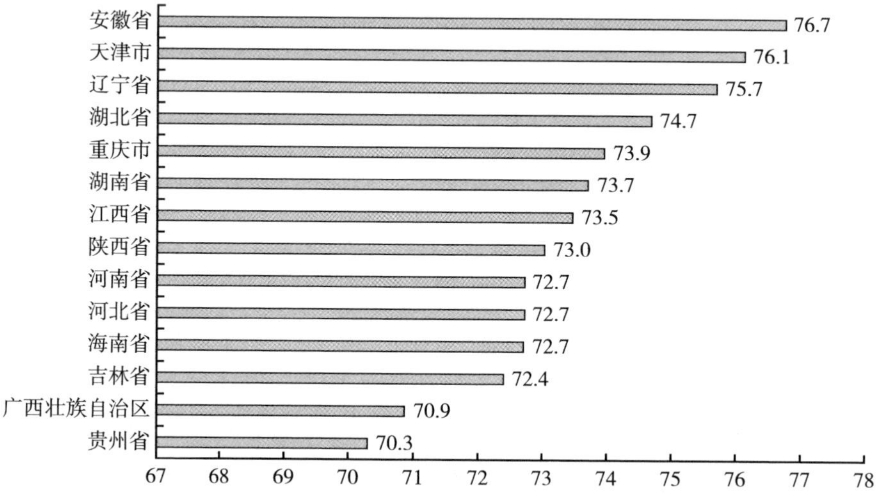

图1　2019年中间省份综合发展指数排名情况

资料来源：《2019年中国软件和信息技术服务业综合发展指数报告》。

四　推进河南省信息产业发展的对策建议

（一）加强人才培养，持续引进创新型科技人才

在创新创业创造的背景下，创新型人才是重要的战略资源。特别是在信息产业，培养、引进创新型科技人才尤其重要。因此需要对内加强培养，对外大力引进。

1. 完善培养制度，培养创新型人才

河南信息产业发展最重要的环节是加强相关专业人才的教育和培养。河

南省知名高校数量有限，电子信息相关专业人才输出需要进一步加强。近几年随着大数据的兴起与发展，部分高校纷纷开设相关专业，但仅仅处于起步阶段，新兴专业的人才培养需要更深入的探索与实践。因此需要借鉴国内外发达地区电子信息专业人才培养经验，逐步完善培养体系。重视高等院校、科研院所电子信息相关专业培养体系的建设，提高人才培养数量的同时要注重人才培养的质量。深入推进“产教融合”，举办多种形式的科技竞赛，培养学生实际操作能力与创新能力。

2. 加大引进力度，优化培训体系

创新型人才要具有前沿学科视野和科技战略眼光，有重要专利发明和前沿创新性技术，针对这一类型人才，良好的科研条件和学术研究资源必不可少，在引进人才时要针对具体产业类型提供必备的科研设施。同时要为信息技术人才提供良好的工作、生活环境。另外，要优化人才培训体系，建立长效、稳定的培训和管理机制，留住当地人才，吸引外地人才。

（二）提升创新能力，促进融合发展

在创新创业创造的浪潮中，企业的发展离不开创新能力的提升。信息产业的发展依赖于信息企业强大的核心竞争力，因此要重视企业技术创新。

1. 加大科技投入，形成创新突破

制定有利于科技创新的金融支持政策，并将其落到实处。加快 100 亿元规模的信息产业专项发展基金落地，相应的团队组建、机构设立、机制制定等事宜要保质量、争速度，尽快推动社会资本对接，为信息产业创新发展提供最实际的保障。

鼓励信息产业企业增加科研投入，引进新技术。对于引进的先进技术，消化吸收后进行创新和后续开发，形成自有的技术和知识产权，加强知识产权保护，加快科技成果转化。对于软件技术要大力引进，对于生产线要有选择地引进，限制一般性设备引进。做到鼓励重点领域引进，集中力量形成科技创新突破，从而带动相关产业的技术进步。

2. 重点培养优势地区，促进融合发展

信息产业的全面发展需要统筹全局，共同推进。郑州市高技术产业基地以电子信息、生物医药和新材料为主攻方向，洛阳市以电子信息材料和先进制造业为主要发展方向，安阳、南阳、鹤壁等市主要发展电子元器件产业。针对以上地区重点培育具有先进技术基础和创新能力的企业集团，使其成为创新主体，起到带头示范的引领作用。对于发展较为落后的区域，根据当地实际发展情况制定适合的发展规划，在政策上要有所倾斜。促进地区之间的相互学习，全省形成网络式的信息产业发展模式，加快信息产业集聚。同时，积极探索符合省情的发展路子，促进电子信息产业与信息服务业的融合发展。贯彻落实《2020 年河南省服务业发展工作要点》中提出的省级“两业”融合试点工作，推动制造业与信息服务产业的相融共生，促进河南省经济高质量发展。

（三）完善信息资源建设，扶持信息服务业发展

1. 提高认识，加大扶持力度

信息服务业是信息产业的重要组成部分，对社会整体发展具有深远影响。因此，需要充分认识到信息服务业在信息产业、国民经济中的重要作用。面对河南省信息服务业较为落后的现状，需要提高认识程度，加大政策保障力度，制定长期、稳定的发展规划和目标，对于信息服务企业在税收、信贷、创新创业等方面予以政策支持，营造一个良好的发展环境。

2. 完善信息资源建设，推动软件产业发展

丰富的信息资源是信息服务业蓬勃发展的基础，是促进社会全面发展的必备要素，因此有必要完善各类专业数据库、专利信息资源的建设，使信息使用者能够便捷、快速地获取资源。软件产业作为信息服务产业的重要支柱，支撑着社会信息化的快速发展，是建设制造强国、网络强国的关键支撑，是引领国家科技创新、经济社会转型发展的重要力量，推动软件产业发展是当务之急。根据国家工业和信息化部发布的《2019 年中国软件和信息技术服务业综合发展指数报告》，河南省需要查漏补缺，需要通过实地走访

调研和理论梳理，借鉴安徽省软件和信息技术服务业优化发展环境的宝贵经验，学习湖北省完善支撑服务的先进做法，先向同一梯队的优秀省份学习，在不断完善的过程中向领先省份看齐，探寻如何活跃自主创新，如何优化产业结构，从而进一步提升河南省软件和信息技术服务业的综合发展。

（四）完善服务平台建设，优化创新创业环境

2019 年 3 月 10 日下午，习近平总书记参加全国人大福建代表团审议时，对营造有利于创新创业创造的良好发展环境提出了明确要求。针对信息产业这一战略性产业，需要完善多方共享合作机制，提高信息产业创新创业孵化服务水平，建立专业性的孵化平台，探索符合产业发展特征的孵化模式；完善知识产权、科技文献资源、科技数据、信息检索与利用、科技成果转移转化等公共服务平台，促进创新创业资源共享。充分利用创新资源，推进政产学研用深入合作，鼓励创新产品实现产业化应用。

参考文献

河南省电子学会：《河南省电子信息学科与产业发展研究报告》，2018。

黄文峰：《河南现代信息服务业发展策略研究》，《创新科技》2014 年第 21 期。

尹润锋：《加快发展河南电子信息产业的思考》，《决策探索》2014 年第 11 期。

倪天林：《河南省电子信息产业发展问题及对策》，《河南财政税务高等专科学校学报》2014 年第 3 期。

胡美林：《河南：新一代信息技术与制造业的融合发展》，《开放导报》2019 年第 5 期。

李后强、卢加强：《化危为机推动电子信息产业和数字经济高质量发展》，《四川日报》2020 年 3 月 17 日。

马文君、蔡跃洲：《新一代信息技术能否成为动力变革的重要支撑？——基于新兴产业分类与企业数据挖掘的实证分析》，《改革》2020 年第 2 期。

刘少金：《大力推动 5G 与信息产业融合发展》，《江西日报》2020 年 1 月 8 日。

区域发展篇

Regional Development

B.12 郑州创新创业与高质量发展现状及对策研究

徐艳红*

摘　要：“大众创业万众创新”是党和政府的一项重要战略和决策，是培育发展新动能、实现更充分就业和经济高质量发展的坚实保障。本研究在郑州2019年“双创”活动开展中环境支撑、资源投入、绩效价值等方面现状系统分析的基础上，对标国内发达城市，结合疫情影响及国内外环境变化，剖析了郑州市“双创”发展中面临的形势和存在的问题。针对这些问题，从竞争力提升、产业创新能力提高、国际化推进、“双创”主体活力释放、文化驱动等方面提出了郑州“双创”发展促进高质量发展的对策建议。

* 徐艳红，博士，郑州师范学院国家中心城市研究院讲师，研究方向：城市发展、城市生态。

关键词： 创新 创业 高质量 郑州

一 郑州“双创”发展现状

2019年，郑州市抢抓战略机遇，全面落实河南省委省政府“三个在”“让郑州这个龙头高高扬起来”要求，全力推进“双创”建设，务实笃行建设国家极具活力的创新创业中心。在各类“双创”政策、“双创”活动的推动下，创新创业环境不断优化，资源不断增强，为促进国家中心城市建设、河南省高质量发展、中部崛起、黄河流域生态保护和高质量发展提供了强大动力，在国家打造“双创”升级版中起到了关键作用。

（一）发展环境持续优化

市场结构更具竞争性。2019年郑州市外商投资占GDP比重不断增加，全年实际利用外商直接投资额持续增长，达到44.1亿美元①；非公有制经济增加值达到6784.1亿元，占GDP比重58.5%②；根据图1所示，2018年末郑州非公有制企业共366264家（其中港澳台和外商投资企业532家）③，占企业总数的比例为99.72%，高于全国平均水平（99.08%），超过成都（99.55%）、西安（99.26%）、重庆（99.45%）④，非公有制企业为主的经济结构有效促进了创新创业发展。可见，郑州市场经济自主活跃度不断加大，市场结构的自由度和竞争度更强。

开放程度不断增强。2019年全年进出口总额4129.9亿元，占河南省近3/4，居中部城市首位、省会城市第5位，贸易顺差差额为1226.7亿元，同

① 郑州市统计局：《郑州市2019年国民经济和社会发展统计公报》，郑州市统计局网站，http：//tjj.zhengzhou.gov.cn/tjgb/index.jhtml。

② 郑州市统计局：《郑州市2019年国民经济和社会发展统计公报》，郑州市统计局网站，http：//tjj.zhengzhou.gov.cn/tjgb/index.jhtml。

③ 根据郑州市第四次全国经济普查数据（第二号）整理。

④ 根据国家和各城市第四次全国经济普查数据（第二号）整理。

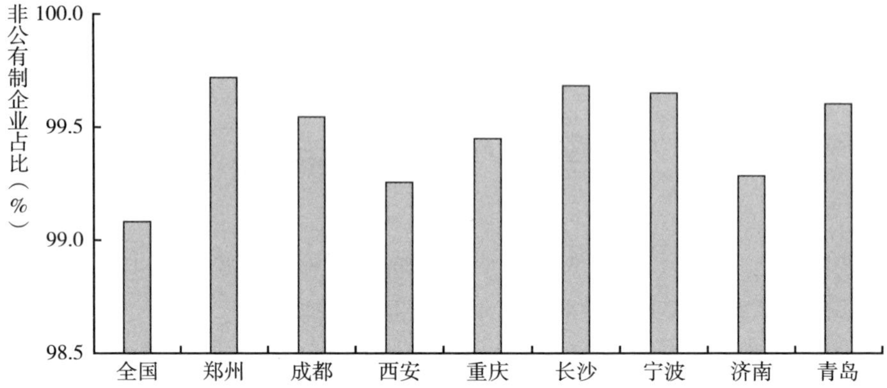

图1　2018年郑州与其他城市非公有制企业数量对比

资料来源：根据国家和各城市第四次全国经济普查数据（第二号）整理。

比2018年贸易顺差不断拉大（见图2），其中出口总额中高新技术产品出口额占比达84.7%，可见郑州开放型经济发展中，“双创”和高质量发展已见成效。空、陆、网、海“四路”协同发展，“空中”获批全国唯一空港型国家物流枢纽，累计开通客货运航线242条，旅客吞吐量2913万人次、货邮吞吐量52.2万吨①，均高于武汉、长沙，居中部省会城市第一（见图3），同时航空口岸实现“7×24”小时通关；“陆上”郑欧班列开行增加33%、达1000班，国际陆港“一干三支”多式联运示范工程成功验收；“网上”完成跨境电商交易额增加近1/4、达107.7亿美元，提早实现2020年规划目标；“海上”口岸海铁联运实现了与青岛、连云港、天津等的无缝衔接。②

双创氛围日趋浓厚。2019年郑州市从新型研发机构建设、R&D投入、双创载体发展、科创企业融资和科技企业培育等方面，接连出台了“1+N”科技创新政策优化双创环境，政策扶持力度持续增强，有力地推动了国家自

① 郑州市统计局：《郑州市2019年国民经济和社会发展统计公报》，郑州市统计局网站，http://tjj.zhengzhou.gov.cn/tjgb/index.jhtml。

② 王新伟：《政府工作报告——2020年5月14日在郑州市第十五届人民代表大会第三次会议上》，郑州市人民政府网站，http://www.zhengzhou.gov.cn/news1/3321145.jhtml。

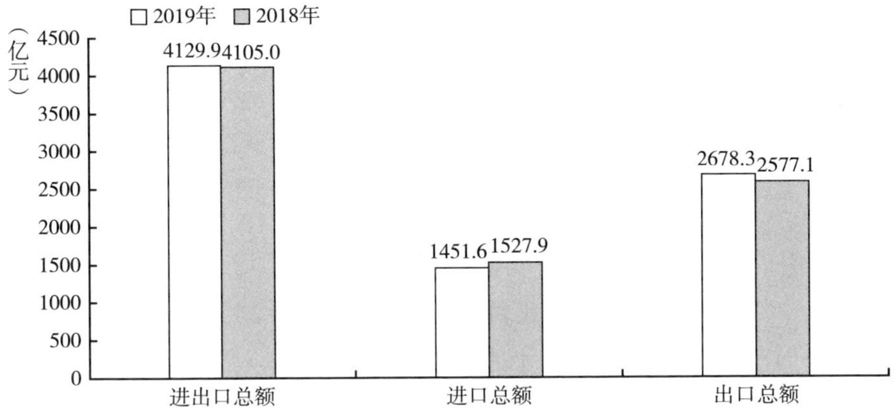

图 2　2019 年和 2018 年郑州市进出口总额情况

资料来源：2019 年和 2018 年郑州市国民经济和社会发展统计公报。

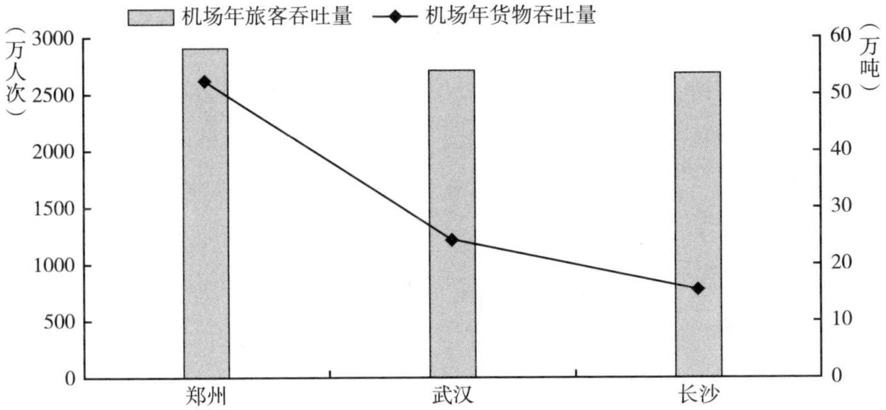

图 3　2019 年郑州与其他城市机场年旅客吞吐量和年货物吞吐量对比

资料来源：《2019 年民航机场生产统计公报》。

主创新示范区核心区建设。2019 年举办了中国·郑州创新创业高峰论坛、第七届中国（河南）创业者大会、郑州市创新创业成果展、“郑创汇”国际创新创业大赛等双创活动赛事①，不仅为创新创业者提供了多样平台，同时

① 根据郑州市科技局网站信息整理。

支持成立众创孵化联盟、孵化行业协会等民间组织，吸引更多创业者。2019年共开展四期专题创新创业载体培训，同时组织运营人员到北上广深等发达地区学习先进的运营服务理念。

（二）发展资源持续增强

人才引进成效明显。2019年郑州市常住人口持续增长，净流入21.6万人，人口红利不断增强。“智汇郑州·1125聚才计划”（以下简称“计划”），全面落实了对高层次人才的奖励、落户、安居、科研、收益、生活等方面的各项措施，形成人才引育的政策合力，截至2018年底累计引进771位国内外创新创业人才，该计划获评“全国人才工作最佳案例”。2019年第四批计划入选项目90个，其中两院院士领衔的顶尖人才团队2项，创新创业领军团队12项，高质量人力资源在创业创新活动中提供了先进技能和新技术的生力军，同时也体现出郑州人才聚集能力。

双创金融支持不断加大。郑州市不断加大对双创的金融支持，2019年全市财政支持科技项目3709项，① 比上年增长近两倍（见图4）。推动建设政策性担保机构，政府拨付5000万元专项资金，以股权投资、风险补偿、科技贷等投融资方式参股郑州市中小企业担保有限公司，为科技型中小企业提供贷款融资担保。针对各类“双创”载体，最高给予200万元经费补贴，并以后补助形式为支持绩效评估良好以上的新型研发机构和单位，补助金额高达1000万元。

双创载体和双创主体蓬勃发展。目前郑州市已建成的各类创新创业载体共255家，在孵企业团队超过10000家（个），科创人数超过8万人。2019年全市新增726家高新技术企业，自贸区郑州片区新增1.5万家注册企业；入选2019年度河南省“专精特新”优质中小企业培育库企业115家，入选2019年度郑州市“科技创新龙头企业”19家、“科技瞪羚企业”107家、

① 郑州市统计局：《郑州市2019年国民经济和社会发展统计公报》，郑州市统计局网站，http：//tjj. zhengzhou. gov. cn/tjgb/index. jhtml。

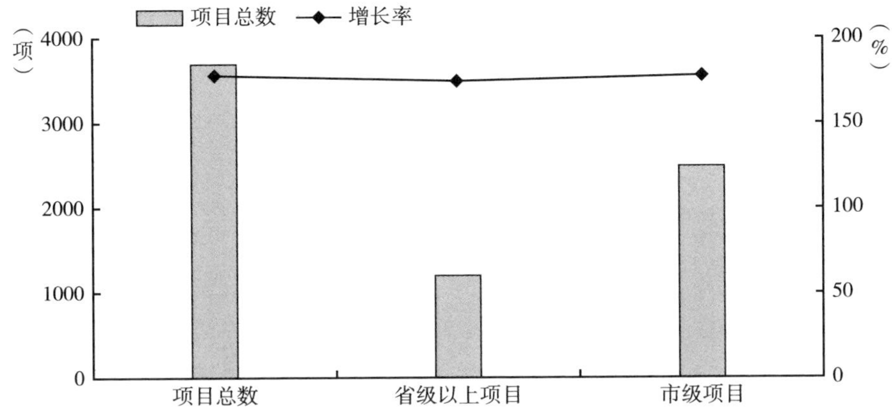

图4　2019年郑州市财政支持科技项目数量及增长率

资料来源：《郑州市2019年国民经济和社会发展统计公报》。

"科技小巨人企业"128家、"科技雏鹰企业"877家；[①] 新增院士工作站11个，培育国家企业技术中心3个，引进组建新型研发机构18家（其中省级重大新型研发机构4家）。高效的创新主体，有效促进了科技与产业的对接，有效提升了郑州市创新和成果转化能力。

（三）发展绩效不断提升

经济活力不断释放。2019年全市生产总值完成11589.7亿元，总量较2018年前移1位，超过长沙居全国城市第15位。人均生产总值再创新高，从2018年的破十万增长到11.3万元，高于成都、西安、天津、重庆（见图5）。随着郑州市现代产业体系构建，2019年规模以上工业企业增加值、高技术产业增加值和战略性新兴产业增加值分别增长6.1%、10.9%、12.4%；[②] 产业结构持续向知识型和技术型迈进，金融业增加值突破1200亿元、占服务业比重达1/5，网络零售额、快递业收入及物流业增加值分别

① 根据郑州市科技局网站信息整理。

② 郑州市统计局：《郑州市2019年国民经济和社会发展统计公报》，郑州市统计局网站，http://tjj.zhengzhou.gov.cn/tjgb/index.jhtml。

增长 18.5%、16.6%、9.5%,[①] 产业高质量发展持续加速，晋升全球经济竞争力城市 100 强。

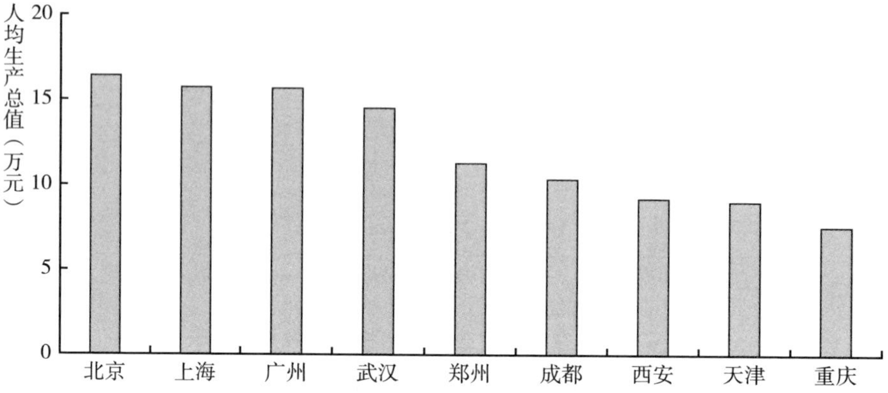

图 5　2019 年郑州市与其他国家中心城市人均生产总值对比

资料来源：2019 年各城市国民经济和社会发展统计公报。

科创能力实现新跃升。2019 年全市 R&D 投入增长 16.8%，共获 6 项国家科技进步奖、176 项省级科技进步奖。全市专利申请量近 6 万项，每万人有效发明专利拥有量增长近 1/4、达 16 件，技术合同成交额增长超过 50%、达 127.5 亿元，自贸区郑州片区研发创新成果 140 项，科技创新对经济增长的贡献率已超过 60%。数字经济发展持续发力，国家大数据（河南）综合试验区核心区实现产值 300 亿元，下一代信息网络、信息技术服务成功入选国家首批战略性新兴产业集群，国家超级计算郑州中心、中原鲲鹏生态创新中心顺利开工建设，数字郑州"城市大脑"顺利启动,[②] 晋升全国数字城市 10 强。

可持续发展水平不断增强。2019 年郑州通过全面开展工业企业绿色绩效

① 王新伟：《政府工作报告——2020 年 5 月 14 日在郑州市第十五届人民代表大会第三次会议上》，郑州市人民政府网站，http://www.zhengzhou.gov.cn/news1/3321145.jhtml。

② 王新伟：《政府工作报告——2020 年 5 月 14 日在郑州市第十五届人民代表大会第三次会议上》，郑州市人民政府网站，http://www.zhengzhou.gov.cn/news1/3321145.jhtml。

评价，实现规模以上工业增加值能耗下降16%，综合能源消费量下降11%。[①] 城区PM10浓度下降7.5%，PM2.5浓度下降7.9%；[②] 建成各类公园460个，建成区绿化覆盖率达41.05%，荣获“国家生态园林城市”“国家质量魅力城市”。绿色制造方面，2019年建成国家级绿色工厂8家，23家成为国家级智能制造、绿色制造试点示范单位，大信家居获批成为郑州第一家国家工业设计中心。郑州晋升全球营商环境友好城市100强，城市影响力大幅提升。

二 郑州“双创”发展面临的形势与任务

（一）新挑战和新机遇

当前，疫情冲击下的世界正在发生深刻变化，经济发展面临更多不稳定不确定因素，部分行业发展受到了较大的冲击。区域发展面临的人力资源、环境约束等方面的压力日益增强，城市之间的竞争也日益激烈。同时线上购物、线上教育、线上办公、无接触配送、新型医疗、数字城市等新兴市场快速崛起，以及公共卫生、环境生态领域等新技术、新产业的变革和激烈竞争，都将对城市可持续发展产生一系列长远影响，并可能催生出新的结构性矛盾。[③] 再加上目前全球治理体系与国际形势的快速变化，对郑州这样双创环境不够优、双创资源不够足、双创成效不够高的城市来说，由于对技术、知识、品牌、数据等无形资本的供给能力还存在不足，更易导致新形势下各种要素供需结构失调。如何在此特殊背景下，有效发展“双创”来持续推进经济高质量发展是一项严峻挑战。

但危机中也孕育着新机遇。疫情的影响不仅改变了人们的生活方式，同

① 郑州市统计局：《郑州市2019年国民经济和社会发展统计公报》，郑州市统计局网站，http：//tjj. zhengzhou. gov. cn/tjgb/index. jhtml。

② 王新伟：《政府工作报告——2020年5月14日在郑州市第十五届人民代表大会第三次会议上》，郑州市人民政府网站，http：//www. zhengzhou. gov. cn/news1/3321145. jhtml。

③ 新时代中原更加出彩研究课题组：《形势逼人挑战逼人使命逼人——实现“两个高质量”的基础、环境和条件》，《河南日报》2018年9月11日。

时有效地推动和拓展了互联网、电商、大数据智能化、教育科技、医疗、环境生态等领域中新项目、新业态的发展。同时，“一带一路”建设，黄河流域生态保护和高质量发展、中部崛起、中原城市群等多个国家战略的加快推进，众多国家战略平台相继落地，再加上（河南）自由贸易试验区、郑洛新国家自主创新示范区、国家中心城市等多项政策的同步实施，以及2019年1月、12月《科技企业孵化器管理办法》《科技企业孵化器评价指标体系》的依次发布，也为郑州“双创”发展提供了更多新的机遇和强大动力，更有利于郑州利用在物流、数字城市建设方面优势，充分有效利用国际国内资源和市场，促进科技企业良性成长，为“双创”发展促进经济高质量发展提供了保障。

（二）突出短板

为充分迎接新挑战，抢抓新机遇，对标国内其他先进城市，郑州“双创”发展还需克服以下短板问题。

第一是双创载体缺乏竞争力。目前郑州市创新创业载体总数量相对较少（255家），包括国家级备案众创空间、国家级科技企业孵化器31家、16家，对比西安分别少。从运营团队看，北京孵化器就业人员达1.3万人，平均每家孵化器拥有近30位创业导师，而郑州市的“双创”发展较晚，缺乏具有丰富专业知识、经验丰富的优秀创业导师，以及专业管理服务人才，发展水平良莠不齐，进一步削弱了郑州“双创”载体可持续发展的竞争力。

第二是国际化水平不高。近年来，郑州市国际化的步伐不断加快，但开放质量和水平依然不够。2019年郑州实际利用外资仅为武汉的1/3、成都的1/2、长沙和西安的2/3；[①] 入境旅游人数不足长沙的2/5、武汉的1/4、成都的1/7；使领馆数量成都17家、武汉5家、西安4家，而郑州尚无一家。国际航线数量上也低于武汉、西安、重庆，且仅为成都的1/2。从郑州总体市场环境看，开放型的市场通道尚不完善，国际化程度还有待进一步提升，

① 根据各城市2019年国民经济和社会发展统计公报整理。

还有很大潜力可挖。

第三是双创主体活力不足。目前市内科技研究机构数量、创新团队数量相对较少，创新发展动力不足。高校是高级研究人员集聚平台和重要双创主体，但由于针对高校教师和学生的“双创”激励机制、服务保障等不足，高校更注重争取国家和地方政府的科研支持，而较少与地方企业共建实验室、共同开展研究。同时与其他中心城市相比，郑州的科技创新投入较低，R&D 投入尚不足 2%，低于同等 GDP 体量的长沙、宁波、青岛等城市。

第四是双创绩效价值较低。郑州市六大高耗能产业占比仍高达 1/3，高新技术产业增加值占 GDP 比重远低于武汉、合肥、长沙等其他中部城市。2019 年发明专利授权数仅为西安的 1/3、成都的 1/3、武汉的 1/4；[①] 国家级科技成果获奖数（6 项）分别比西安、重庆、成都、武汉少 5 项、6 项、14 项、15 项。科技成果转化方面，2019 年郑州技术合同成交额不足武汉的 1/6、成都的 1/9、西安的 1/10。[②] 可见与其他城市相比，郑州在综合利用各项创新要素投入有效转换成创新产出方面还相对较弱，产业结构尚待优化，创新能力还需进一步提升。

第五是政策推动有待深化。虽然已出台了一系列促进双创发展的政策措施，但创新创业者们仍旧经常面临“大环境”与“小环境”不匹配的落差，如政策落实存在难度造成的扶持资金到位慢、效率低问题，不仅影响了载体服务的积极性，特别是对处于创业初期，尚需要孵化和支持的中小载体造成了一定的冲击，阻碍双创进一步发展。针对事业单位科研人员，在离岗创业、人才流动通道等方面政策措施的实施和落地还存在难度。

三　郑州“双创”发展推动高质量发展的思考

通过郑州创新创业现状分析，在全球战“疫”新形势下，如何持续激

① 根据各城市 2019 年国民经济和社会发展统计公报整理。

② 根据各城市 2019 年国民经济和社会发展统计公报整理。

发郑州“双创”发展动力，促使郑州发展成为区域性创新发展中心？本研究提出应从加快开放创新，增强创新内动力，强化企业创新引领，优化政策环境，实施文化驱动等方面进一步优化“双创”环境，释放创新创业主体活力，提升产业创新能力，提高“双创”成效，进而促进郑州实现高质量发展。

（一）增强创新内动力，提升“双创”竞争力

一是要持续集聚高端人才。持续推进“豫才聚郑”“智汇郑州”等人才政策，加大与在外豫籍人才、省内外高校人才对接，吸引海归人才、领军人才、青年人才来郑创新创业，提高知识性人才的高端程度，将“人口红利”转变为“人才红利”，增强创新发展内动力。二是要为双创提供有效资本支撑。持续加大全社会研发投入力度，缩短创新载体政府扶持资金的到账周期，针对不同规模的科创企业特点，提供投贷联动、知识产权质押贷款、信用贷款等针对性融资服务。三是要提升载体管理服务水平。结合郑州实际，学习北京、深圳等城市“双创”发展经验，构建一套可操作性强的载体负责人和创业导师聘用、考核体系，吸引优秀载体负责人及具有创业背景和一线工作经验的创业导师来郑，提升创业团队专业指导能力；同时加强对载体管理和服务人员的进修和培训，提升载体服务人员综合能力。

（二）强化企业创新引领，提高产业创新能力

一是要推动企业互联网化。依托数字郑州建设，结合郑州“四路”协调发展优势，构建资金流、信息流、服务流无缝对接体系，激发中小企业、大型企业网上交易积极性，发展零仓储企业。二是要加强龙头企业的带动作用。持续推进现代服务业、互联网业与电子信息、汽车、高端装备等先进制造业的融合发展，利用企业带动效应，创新实践丰富和完善产品类型，加快构建企业全产业链，同时培育创新引领型的主体、人才、平台、机构。三是要激发企业创新积极性。实施政企联合编制创新规划和专项政策，提高企业在创新政策制定中的话语权，激发其创新主动性，同时在重大技术攻关中探

索企业主导—政府配套—高校和科研机构实施的模式，提高政、产、学、研、用之间良性互动。四是要创新高端企业引进机制。创新更具市场化、专业化、精细化的招才引智、招商引资机制，树立全周期、全链条、全方位服务理念，吸引更多影响力强的企业总部、竞争力强的行业“领头羊”入驻，让更多高端团队、领军人才、先进技术为郑州所用。

（三）加快开放创新，深入推进国际化

一是要提高经济开放度。充分发挥郑州战略叠加优势，积极主动参与到全球资源配置和产业分工中，提升全球城市网络节点地位。逐步形成交通枢纽、开放平台、经济体系、营商环境、城市风貌国际化，全方位走进国际市场。二是坚持“质”“量”并重。根据国家相关产业政策要求，结合郑州产业发展现状和目标，加快培育以技术、品牌、质量、服务、标准为核心的竞争优势，着力引进科技含量高、与郑州优势主导产业关联度高、经济产出效益高且符合环保要求的项目，逐步补齐、壮大、拓展郑州龙头产业和优势产业的产业链条。三是要接轨国际规则。以北京、上海、深圳、杭州等一线城市为标杆，建立与国际市场接轨的创新市场制度体系，构建郑州市科技企业、高校、科研院所与海内外500强企业、一流高校和研究机构的合作机制，鼓励PCT专利、联合研发专利申请，通过制度性开放构建更高级的开放型经济，整合全球资源。

（四）优化政策环境，释放创新创业主体活力

一是要提高创新人才综合服务保障。各事业单位应落实科学研究人员在职创业的政策并制定相应实施管理办法，明确创业人员和单位双方的权利和义务，明确创业人员工资待遇、职称评审、岗位等级晋升、社会保险以及科研成果归属发放等方面的权益。二是要增强金融扶植政策的落地性。出台支持载体发展文件的实施细则，保证政策可操作性和落地性；针对个税政策改革带来的影响，出台切实有效的税收扶持政策，保障载体快速可持续发展，为创新创业载体带来真正实惠。三是要保持创新政策的稳

定性、公平性。对现有不同规模、不同来源的科技型企业，都要一视同仁提供优质服务，同时维持各项“双创”政策的连续性和严肃性，营造公平竞争的市场氛围，明确各企业的义务并保障其合法权利，让他们稳住心、扎下根、发展好。四是要完善电子商务行业政策。制定电子商务企业扶持政策、税收优惠政策，鼓励互联网创业；制定物流保险政策，提高电子商务企业服务质量。

（五）实施文化驱动，培育创新创业新业态

一是要推动具有郑州文化符号创新载体建设。打造以“天地之中·华夏之源·大河之魂”为郑州主体文化为支撑的创新创业载体，搭建华夏文化、大河文化交流平台，开发具有鲜明郑州特色和显著竞争力的文创产品，推动具有深刻华夏历史内涵、高度创新精神和广泛国际文化影响的国家中心城市建设。二是要发展“黄河文化+”新兴产业。推动郑州“黄河文化+科技”“黄河文化+创意”“黄河文化+旅游”“黄河文化+金融”等新兴业态的发展，创新发展黄河文化主战场，鼓励文化产业与科技创新企业融合发展，形成文化创新发展驱动力。三是要建立科创主体企业文化。凸显文化在“双创”中的重要作用，鼓励将郑州城市文化纳入企业文化，鼓励创新创业中创造并发挥企业文化和人文情怀的创造力和凝聚力。四是发展线上文化产业。推动线下教育培训企业、书店、影院等创新利用互联网技术、VR技术等网络媒体开展数字文化服务。

参考文献

王京生、陶一桃：《“双创”，何以深圳强?》，海天出版社，2018。

四川省财政厅：《四川：“双创”基金激活创新创业新引擎》，《中国财政》2019年第2期。

盛朝勋：《打造“双创”升级版的重要着力点》，《经济日报》2018年11月1日。

张靖：《新常态下高校创新创业工作体系构建——以天津、河北、山东、河南地方

高等院校为例》，《中小企业管理与科技》2018 年第 12 期。

张祝平：《河南省“双创”载体建设现状及对策研究——以郑州市为例》，《创新科技》2019 年第 5 期。

刘琼莲：《国家治理现代化进程中的“双创”服务资源共享机制构建》，《行政论坛》2019 年第 2 期。

B.13 洛阳市深入开展“双创”活动推动高质量发展的成效、形势、任务与建议

刘玉来　钱　翼*

摘　要： 2019年是新中国成立70周年，是全面建成小康社会的冲刺时刻，是进一步彰显大国风范，风险挑战不足惧，乱云飞渡仍从容的一年。洛阳全市上下依照中央和省委要求，认真贯彻落实创新创业规划部署，抢抓政策环境利好，坚持以新发展理念为引领，稳中求进，全面深化“9+2”工作布局，结构调整持续深化，发展质量稳步提升，为全面建成小康社会、实现第一个百年奋斗目标和“十三五”规划圆满收官奠定了坚实的基础。

关键词： 创业　创新　高质量发展　洛阳

洛阳位于河南省中西部地区，总面积1.52万平方公里，总人口717.02万人，素有“洛阳牡丹甲天下”之称，是我国中西部地区的综合性交通枢纽和国家首批历史文化名城之一。“郑洛新”国家自主创新示范区、国家小微企业创新创业基地城市示范、中国（河南）自由贸易试验区、“中国制造2025”试点示范等一批国家示范区相继落地洛阳，为洛阳的创新创业发展锦上添花，推动洛阳经济高质量发展更上一层楼。

---

* 刘玉来，博士，洛阳师范学院商学院院长，教授，研究方向：工商管理、农业经济管理；钱翼，硕士，洛阳师范学院助教，研究方向：工商管理、农业经济管理。

一　洛阳市2019年开展“双创”活动及高质量发展的基本情况

2016年，洛阳市入选第二批国家小微企业创新创业基地城市示范，市委、市政府给予高度重视，以小微企业创新创业基地城市示范为重要抓手，全面动员、全员参与，开创“以大带小，以小促大，集群发展”的“重微共振”发展模式，积极建设创业洼地、创新高地和国家创新创业示范基地，开展极具洛阳特色的小微“双创”示范工作。在2019年11月初的第二批国家小微企业创新创业基地城市示范考核结果中排名第六。洛阳市小微企业总户数达11.6万户，洛阳市科技局以国家科技型中小企业培育为重点，扎实推进“创新主体创新平台‘双倍增’行动”，全年认定国家科技型中小企业1649家，占全省约20%，较上一年度增长82.2%。与示范前相比，洛阳市小微企业技术交易额达16.99亿元，增长了970.8%；洛阳市小微企业专利授权达1875件，增长了94.3%；洛阳市小微企业营业收入增长57.4%；小微企业新增就业人数达到10.6万人，增长了42.3%。国家科技企业孵化器等创新创业载体数量达到27家；432家小微企业成功获批进入资本市场。洛阳市“双创”成果展现勃勃生机，正凭借东风破浪前行。

（一）政策洼地保障“双创”活动开展

创新即得发展，创新即有未来。出政策强保障，为洛阳市创新创业活动开展添加助“燃”剂。洛阳市以小微“双创”城市示范建设为契机，以提高政务效率、支持小微企业“最后一公里”为目标，缩短政策流程，利用财政资金和市场资本的特点，创新“双创”资金支持模式，充分发挥空间载体与服务平台的普惠性，精准对接示范建设任务和创新主体需求，发挥特惠性，探索政府支持新机制，形成政策支持新洼地。洛阳市颁布实施了50余项保障促进创新创业的政策，建立“1+3+X”政策体系，切实做到政策、资金双支持。在不断优化的政策环境下，企业创新创业发展成果颇丰，如“大孵化器战略”“全省首个政务会客厅”“三彩小镇”“皂刺小镇”等。

（二）载体平台全域覆盖“双创”空间

创新创业空间载体是企业健康快速成长的摇篮。洛阳市在全国率先谋划开展专业化众创空间建设工作，出台专项支持政策。2016 年以来，洛阳市不断拓展创新创业空间，重点打造科技企业孵化器、文化创意产业园、小微企业工业园、专业化众创空间、乡村创业创新基地、商贸物流电商区六大类空间载体，中科科技园、国家农机装备创新中心、洛阳北航科技园、洛阳国家大学科技园、洛阳中科信息产业研究院、洛阳机器人智能装备产业园等特色创新平台载体全域承载“双创”空间。现已建成国家级专业化众创空间 3 家，省级专业化众创空间 13 家，省级以上孵化载体共 52 家，数量居全国地级市前列，整体水平显著提升。

（三）服务平台助力企业创业创新

洛阳市以企业需求为出发点，搭平台集服务，针对重点领域，整合资源，与重大企业和科研机构协同发展通力合作，搭建要素与服务平台，完善资源服务融合体系。依托洛阳众多国家重点实验室、国家工程实验室、国家级检验检测认证机构创新资源，建设检验检测公共服务平台、中原智造工业共享云平台等，服务特色领域企业。科技中介超市是洛阳市“双创”活动的一个亮点。科技中介超市依托“互联网 +”和大数据平台，建立“线上 + 线下”“公益 + 市场”的创新服务模式，实现资源聚合、业务通办，为创新创业提供强有力的技术支持。

（四）环境政策释放发展活力

洛阳市重改革优环境，积极落实国家各项改革举措，着力推动“放管服”改革、科技体制改革、贸易便利化改革等，营造有利于企业发展的制度环境。全面推行“一网通办”“三十五证合一”，实施政务线上服务，极大释放了企业创业创新活力。洛阳市在全省率先出台“金十条”政策，以大院大所大企业带动小微企业的模式，实现协同创新。中科信息产业研究院探索实行股权激励，中船重工725所率先建立人才“双通道”机制，在洛企业、高校、科研院所创新活力不断增强。借助自贸区洛阳片区发展契机，全面推行贸易便利化改革，推进通关平台和“单一窗口”建设，实施审单放行等洛阳特色新模式。

（五）资源转型增强“双创”动能

聚资源促转型是企业创新创业的有力保障。示范期以来，洛阳市大力实施创新主体、创新平台“双倍增”行动计划，加快新型研发机构建设，加强创新源头培育，提存量、扩增量，引领带动全市产业转型升级。建立并完善顶尖人才、领军人才、技能人才、大学生群体和创客团队等人才工作体系，举办“院士洛阳行”，实施“河洛英才计划”、“玉洛汇计划”，建立“河洛工匠”工作室，柔性引进两院院士及其科研团队计38名，新增引进“河洛大工匠”13人、“河洛工匠”105人，合计达178名，支持“河洛英才计划”团队17个。率先开展新型研发机构建设，引进中科院自动化所和中科院计算机所、清华大学等国内一流高校院所和科大讯飞等龙头科技企业在洛建设14个新型研发机构。孵化企业估值近17亿元，转化科技成果近200项。

（六）“重微共振”新路径支持“双创”发展

国家小微企业创新创业示范城市，扎实的工业、科研基础，“院墙、所墙、企墙”内的高端人才资源，天时地利人和。洛阳市先行先试，为改革探路，为发展示范，促进企业、高校、大院大所、中小微企业以及创客等协同合作，探索出一条具有洛阳特色的“以大带小，以小促大，集群发展”的“重微共振”模式。中信重工先进矿山装备国家专业化众创空间、普莱柯兽用生物制品国家专业化众创空间、国家钨钼材料产业基地等，均处于全行业及全省领先地位。中信重工探索的“双创”模式和“双创”工作经验，被誉为“大企业推动‘双创’的鲜活样本”。其中，以履带式机器人为代表的智能装备为企业新增产值超 30%。在老工业基地的沃土上，开出科技创新之花，走出一条可复制、可推广的经验之路，进一步夯实了制造业的根基。2019 年，全年规模以上工业中，战略性新兴产业增加值比上年增长 14.2%，高新技术产业增加值增长 16.5%。全年规模以上服务业中，互联网和相关服务业营业收入增长 37.6%。

二 2020年洛阳市深入开展“双创”活动面临的形势与任务

2020 年是全面加快副中心城市建设的开局之年，是洛阳提质增速出彩的关键之年，意义重大。面对突如其来的疫情，市委、市政府针对疫情严峻形势和风险困难及不确定性，结合实际情况，对洛阳市 2020 年经济社会发展的预期目标做出调整：全面实现“四高一强一率先”奋斗目标，副中心辐射力带动力明显增强，洛阳都市圈建设全面提速；高新技术产业增加值占规模以上工业比重达到 45%；全年民生支出占一般公共预算支出比重提升至 70% 以上，城镇登记失业率控制在 4.5% 以内。实现预期目标亟待寻找经济发展新的增长点，促进经济转型升级。但洛阳市企业开展“双创”活动面临新的形势与任务。

（一）2020年洛阳市深入开展“双创”活动面临的形势

1. 经济外向度偏低

近年来，洛阳市经济外向度一直在 3% 左右波动，较全省平均水平低近 8 个百分点；重工业等传统产业占比偏高，尤其是高耗能行业，对规模以上工业的贡献率高达 41%，对资源环境缺乏友好，高新技术产业增加值占规模以上工业不足 5%；截至 2019 年，世界 500 强企业在洛投资仅 31 家，国内 500 强企业在洛投资仅 72 家，与国际国内经济联系不够紧密。洛阳市城镇化程度不够高，人口吸引能力有待提升；大气污染防治压力大，空气质量名次居于后位。

2. 对全省发展的贡献有待提升

2019 年，全市生产总值虽达到 5034. 9 亿元，但占全省生产总值比重不足 10%；全年一般公共预算收入 369. 8 亿元，比上年增长 7. 9%，占全省一般公共预算收入比重亦不足 10%；工业增加值占比波动下降，对洛阳市县域的带动能力不强，农民人均可支配收入尚未达到全省平均水平，对周边地区的辐射作用还没有显现出来，尚未匹配河南省副中心城市的地位。

3. “双创”观念体系还有待完善

“双创”需要形成区域文化和氛围，需要观念体系支撑。洛阳“双创”观念上还有不少欠缺，还没有形成整体意志，尽管市委、市政府出台很多推进措施，大力倡导“双创”观念，但还有一部分人的观念跟不上。正如王国生书记谈到的有三种心态需要克服：一是“自满”心态，学习借鉴外地经验的意识不强；二是“等靠”心态，通过改革开放激发内生动力的意识不强；三是“安逸”心态，习惯于过舒适自在的小日子，工作标准不够高，只求过得去、不求过得硬，拼搏进取的意识不强。在跳出洛阳看洛阳、跳出河南看洛阳方面还不够。

（二）2020年洛阳市深入开展“双创”活动的重点任务

深入开展“双创”活动，持续推动企业创新创业高质量发展是一项长期工作，路漫漫其修远兮，任重而道远。在 2020 年继续深入开展“双创”活动中，坚持“重微共振”主线，将大众创业万众创新理念深入每一个细节中。

1. 延续政策，巩固成果

切实做好政策延续，不断优化切实有效的政策举措，如孵化器、众创空间、公共平台、产销对接、知识产权融资等方面政策已经在其他相关政策中延续执行。全面分析梳理其余政策的执行落实情况，通过政策引导和资金支持，巩固“双创”示范城市成果。

2. 推动改革，优化环境

进一步加强政府制度供给，围绕商事制度改革、科技体制机制改革等方面开展宽视野、大力度的创新试验工作，破除制约企业发展的障碍瓶颈。启动营商环境预评价工作，探索鼓励新兴产业发展的包容审慎的监管模式，加强知识产权保护，完善人才培养和管理机制，探索更多支持企业创新发展的新模式、新机制，激发企业活力和创造力。

3. 高质量发展，“双创”升级

在小微“双创”示范工作基础上，聚焦关键环节，注重质量提升，强化绩效产出，重点促进空间载体、创新主体、创新平台、展会赛事的高质量发展。注重提升空间载体服务水平、培育能力，打造更多国家级、省级空间载体。提高创新主体的先进技术支撑能力，维持双创企业的稳定持续成长，探索新的发展模式，培育更多专业化高质量科技型企业。进一步扩大公共服务平台的开放程度，真正做到多方面资源共享。

三　洛阳市深入开展“双创”推动高质量发展的思考与建议

（一）强化创新驱动，推动制造业高质量发展

充分发挥工业基础、科教人才、国防军工和特色产业优势，推动产业链与创新链之间双向互动，拓展产业转型路径，加快提升制造业能级。

1. 推进传统制造业转型升级

借鉴国内外经验，把转型发展作为振兴老工业基地的根本出路，聚焦装备制造、有色金属、石油化工等传统主导产业，持续推进绿色、技术、智能“三大改造”，提升产业配套能力，推动功能集成构建，强化土地集约利用，壮大重工业中装备制造、新型化工、新型能源等优势产业集群。加大科研投入，加快打造一批提供智能制造系统解决方案的头部企业，提升产业核心竞争力。

2. 培育壮大新兴产业

面向技术前沿和产业前沿，结合洛阳市特色优势，搭建机器人等新兴产

业与物联网等技术创新与产业应用之间的桥梁，促进数字经济和制造业深度融合，拓展个性化与柔性化相结合的生产模式。在工业互联网、智慧城市等领域，在现有软件基础上，大力发展专业软件设计研发，扩大软件服务外包规模。贯彻落实国家环保标准，利用洛阳市环保产业技术优势，发挥龙头企业带头作用，建设布局环保装备产业基地，拓展第三方环保治理业务，提升洛阳市环保治理行业整体竞争力，积极抢占省内外市场份额。

3. 创新转型发展机制

深化国企与民企资源嫁接整合，鼓励国企拿出技术、市场、品牌等优质资源，与社会资本合作，创建新的市场主体，培育壮大新的经济增长点。要打通驻洛科研机构与地方政府融资平台对接转化通道，提高科研成果就地转化率，催生一批具有国际竞争力的新兴产业。推动军工企业民营部分与社会资本合作组建新企业，借力军工企业的人才和技术优势，落实双创企业金融支持政策，充分利用配套资源优势，提高技术转化率；以军工企业能量带动民营企业的研发和生产，培育一批地方配套企业，壮大产业集群，释放军工企业对地方经济发展的带动效应。要创新产业发展投融资机制，调动社会资本与军工、国企、研发机构合作的积极性，为产业转型提供支持。

4. 强化科创平台支撑

着力培育一批创新龙头企业、高新技术企业和“瞪羚”企业，壮大创新主体队伍，提升创新主体综合实力。建好用好科创平台，在优势领域创建一批国家技术创新中心和重点实验室，鼓励省市内外大院、大所、大学、大企业在洛设立新型研发机构。大力支持洛阳市各高校开展一流学科建设，提高各实验室、研发中心等的科技创新水平，鼓励培育更多实用创新型人才，提升高校服务洛阳经济发展的能力。把人才作为创新第一资源，突出“事业引人、环境留人”导向，完善科研人员激励机制，兑现落实人才政策，为增强科技创新能力提供支撑。

（二）发挥自身优势，展现特色文化城市新形象

充分发挥自身优势，将特色转化为生产力和竞争力。洛阳市深入开展创

新创业，推动经济高质量发展，必须厚植文化优势，错位发展，使特色更加鲜明突出，使竞争力更加强大持久。洛阳集河洛文化、丝路文化等多重文化于一身，要做好“创新”文章，深化文旅融合发展，用文化的理念发展旅游，用旅游的方式传播文化，把具有洛阳特色的文创产品开发好，把重点文旅产业园建设好，开创文旅热点，满足大众更高的精神文明需求。“跨界融合”“科技引领”等成为文旅发展的重要形式，疫情防控期间多家博物馆的数字化、云展览、智慧游览给大众留下不一样的体验。要更好推动文旅与科技结合，建设数字化景区，开展互动式体验，推动文化旅游与其他产业的融合创新，催生更多新型表达方式，为创建国际文旅目的地开辟新的路径。

（三）打造一流营商环境

营商环境与开放水平息息相关。在全省营商环境评价中，洛阳排名全省第二，这得益于洛阳在商事登记制度、行政审批制度等领域进行了一系列改革创新，但有些方面的指标还比较靠后。第一，要打造一流政务环境。强化问题导向，精准抓住市场主体的堵点痛点难点，深化“放管服”“一网通办”等服务，不断提高政务效率。第二，要打造一流市场环境。以创建国家社会信用体系示范城市为导向，构建新型监管体制机制，建设诚信洛阳。要着力构建亲清新型政商关系，保障政企多方沟通渠道畅通无阻。第三，要打造一流法治环境。2019 年 3 月 15 日《中华人民共和国外商投资法》的通过，有利于扩大和促进对外开放和外商投资。全面贯彻落实《外商投资法》相关管理制度，依法执法，积极维护外商投资者的合法权益。第四，要加强知识产权保护，鼓励维护经济竞争力，积极创建国家知识产权运营保护试点城市，让尊重知识、崇尚创新的观念深入人心。第五，借力“自贸区”“自创区”“高新区”三区联动机制，增强“双创”动力。依托洛阳自贸片区，全面推进“告知承诺”“一业一证”“一网通办”“一窗通办”“证照分离”等改革范围，推进政务服务标准化、规范化建设，细化、量化政务服务标准，推进线上、线下深度融合。在洛阳自贸片区，探索新一轮的跨境贸易自由化措施，完善跨境提供、跨境消费、自然人移动等模式下贸易市场准入制度。深化洛阳市便捷高效的海关监管措施，建设高标准国际贸易“单一窗口”。利用洛阳“自创区”和“高新区”的创新聚集效应，大力对接“双创”资源，形成“双创”浓重氛围。

四　展望

中共河南省委、河南省人民政府发布了《关于支持洛阳以开放为引领加快建设中原城市群副中心城市的若干意见》（以下简称《意见》），全面提升副中心城市综合承载能力，联动郑州，打造引领全省发展的“双引擎”，加快构建洛阳都市圈，形成辐射豫西北、联动晋东南、支撑中原城市群高质量发展的新增长极。“创新”“创业”在《意见》中成为重点内容，《意见》提出激活创新第一动力、做强创新创业载体、营造创新环境、支持建设国家创新型城市、培育引进多层次创新主体、布局重大创新平台等系列举措。具体招数包括：对接好产业链和创新链，支持物联网、人工智能、区块链、大数据等技术创新与产业应用，支持建设5G应用示范城市和云服务创新基地。聚焦优势主导产业，培育引进创新龙头企业和“瞪羚”企业、科技型中小企业，新增一批国家高新技术企业，支持符合条件的企业在科创板上市。支持利用重点企业和大型科研院所的创新资源，吸引更多创新要素集聚。推进郑洛新国家自主创新示范区洛阳片区开展管理体制和人事薪酬制度改革，打造具有国际竞争力的中原产业创新中心。支持大型科研院所和创新龙头企业建设一批科技企业孵化器、专业化众创空间等孵化载体。支持搭建军民融合技术成果交易平台，促进军民两用技术成果相互转化和产业化。支持在装备制造、新材料、生物医药等领域申建一批新的国家技术创新中心和重点实验室，推动部省共建国家农机装备创新中心。鼓励省内外大型科研院所和企业在洛设立市场化新型研发机构，加快成果转化和企业孵化。积极引进院士工作站、“中原学者”科学家工作室、杰出外籍科学家工作室、“河洛英才计划”人才（团队）等创新团队，鼓励科研院所在洛开展科技成果转化和产业化活动，推动高端创新成果落地转化。这些政策导向和政策举措，为洛阳创新创业提供了广阔空间和多方面保障，预示着新的一年，将是洛阳创新创业的腾飞之年。

参考文献

洛阳市统计局：《洛阳统计年鉴 2019》。
刘宛康：《洛阳市政府工作报告》，2020。
谷建全主编《河南工业发展报告（2020）》，社会科学文献出版社，2020 年 1 月。
喻新安等主编《河南创新创业发展报告（2019）》，社会科学文献出版社，2019。

B.14

开封市2019年“双创”开展情况及2020年前瞻与建议

赵建吉*

摘　要： 从完善双创政策体系和扶持体系、加快推进双创平台载体建设、成立开封市科技创新服务联盟等方面，对开封市2019年双创开展情况进行梳理总结；从高等级平台载体不足、对经济高质量发展的支撑不够、从创新到创业的转化链条不完善等方面分析了开封市双创工作存在的问题；在此基础上，从加快建设郑开双创科技走廊、完善创新创业服务载体和孵化体系、培养和集聚双创人才、加快融入郑洛新国家自主创新示范区、优化创新创业生态系统五个维度提出了开封市深入开展双创推动高质量发展的对策建议。

关键词： 双创　创新驱动　高质量发展　开封市

一　2019年开封市双创概况

2019年，开封市高度重视双创工作，不断构建完善的双创政策体系和扶持体系，加快推进双创平台载体建设，成立了开封市科技创新服务联盟，双创工作成效显著。

---

* 赵建吉，博士后，教育部人文社科重点研究基地河南大学黄河文明与可持续发展研究中心教授，博士生导师，兼任《河南大学学报》副主编、编辑部副主任，研究方向：区域创新与经济地理。

（一）构建完善的双创政策体系和扶持体系

2019 年，开封市政府密集出台了《开封市人民政府关于扶持开封市新型研发机构发展的若干意见》（汴政〔2019〕2 号）、《开封市人民政府关于利用闲置场所发展科技孵化载体的实施意见》（汴政〔2019〕3 号）、《开封市人民政府关于促进创新创业大赛获奖项目落地的实施意见》（汴政〔2019〕4 号）、《开封市人民政府办公室关于印发开封市技术转移体系建设实施方案的通知》（汴政办〔2019〕2 号）等科技创新创业的政策（见表 1），围绕新型研发机构、科技孵化载体、举办创新创业大赛及获奖项目落地、技术转移体系建设等方面进行政策扶持和资金奖补。围绕上述科技创新创业的政策，以开封市科技工作领导小组的名义印发了《开封市新型研发机构备案与绩效评价办法（试行）》《开封市创新型科技团队认定及管理办法（试行）》《开封市利用闲置场所发展科技孵化载体奖励资助办法（试行）》《开封市促进创新创业大赛获奖项目落地奖励资助办法（试行）》等配套政策（赵海龙，2020），明确了奖补的实施细则和申报流程。修订完善了《开封市科技企业孵化器管理办法》。为进一步激发市场活力，推动创新创业高质量发展，开封市发展改革委制定出台《开封市推动创新创业高质量发展打造“双创”升级版的实施意见》，明确了“双创”工作的发展目标、重点任务和支撑保障。此外，为加快推动农村地区的“双创”工作，开封市科技局还印发了《开封市星创天地建设实施细则》，打造农村双创工作的平台载体。

表 1　2019 年开封市出台的主要双创政策及扶持内容

文件名称	扶持对象	主要扶持政策
《开封市人民政府关于扶持开封市新型研发机构发展的若干意见》（汴政〔2019〕2 号）	创新创业与孵化育成相结合，具有一流的研发条件和人才团队，以支撑引领产业结构调整和战略性新兴产业发展为目标，产、学、研、用紧密结合的独立法人组织	对开封市新备案的省、市级新型研发机构，市财政给予一次性 50 万、30 万元奖励。经市科技局备案并正式运行的新型研发机构，市财政按上年度科研项目经费的 10% 给予补助。经省科技厅备案并正式运行的新型研发机构，根据研发仪器投入原值按 10% 给予补助

续表

文件名称	扶持对象	主要扶持政策
《开封市人民政府关于利用闲置场所发展科技孵化载体的实施意见》(汴政〔2019〕3号)	开封市辖区认定的创客空间、创业咖啡、创业社区等众创空间(新型孵化器)及科技企业孵化器(创新大厦),大学科技园、科创园、创投园,创业基地及其他创新创业服务载体	对新认定的科技孵化载体,按照孵化场地改造费用50%给予补助;对孵化载体设立的孵化资金投向孵化企业的,按照投资额的20%给予配套。对新引进在汴注册的知名孵化器运营机构,运营利用闲置场所建设的科创园区、孵化基地等,达到开封市科技孵化载体标准的,给予50万元运营经费补贴
《开封市人民政府关于促进创新创业大赛获奖项目落地的实施意见》(汴政〔2019〕4号)	县区、市直有关部门、驻汴高校为主体,联合相关科技企业孵化器、众创空间、科技服务机构、技术转移机构、创业孵化基地、创业服务机构、社会团体等在汴举办国际性、全国性、全省性、全市性创新创业大赛	由市财政给予不超过大赛实际支出50%补助,补助金额单项赛事每年不超过50万元。对开封市各主办单位举办全市性大赛获得一、二、三等奖并落户开封的企业,给予20万、10万、5万元奖励。对全国各省及开封市各主办单位举办的全省性创新创业大赛获得一、二、三等奖和优秀奖并落户开封的企业,给予30万、20万、10万、5万元奖励。对国家有关部委及开封市各主办单位举办的国际性、全国性创新创业大赛获得一、二、三等奖和优秀奖并落户开封的企业,给予200万、100万、50万、20万元奖励

(二)"双创"平台载体建设取得显著成效

2019年,开封市大力推进双创平台载体建设,新增省级科技企业孵化器1家、省级新型研发机构备案1家、市级新型研发机构备案5家、市级星创天地1家。开封市精细化工创业服务中心通过了河南省科技厅组织的现场考察,成功入选河南省科技企业孵化器,成为开封市首家省级科技企业孵化器。开封市精细化工创业服务中心场地面积约11000平方米,可为50家以上入孵企业提供精准服务,目前已经培育出小巨人企业、高新技术企业15家。截至2019年底,开封市有众创空间15家,其中国家级3家、省级6家、市级6家;科技企业孵化器10家,其中,国家级1家、省级(组建)4家、市级5家;星创天地9家,其中,国家级2家、省级2家、市级5家;新型研发机构备案25家,其中,省级7家,市级18家(见表2)。

表 2　开封市主要“双创”平台

类别	级别	平台名称
众创空间	国家级	黄河之星众创空间、开封众创空间、开封大学众创空间
	省级	开封花石智慧万创园众创空间、北斗众创空间、开封市文化创意中心、万宝众创空间、开封电子商务产业园众创空间、绿地创领众创空间
	市级	开封市聚睿优众创空间、开封市向日葵微服众创空间、祥符区电子商务产业园众创空间、开封大观・优客工场、鼓楼文化创客基地、河南大学民生学院众创空间
科技企业孵化器	国家级	开封高新技术创业服务有限公司
	省级(组建)	开封市精细化工创业服务中心、尉氏县福聚科技创业园有限公司、双创科技创业园、黄河之星创业孵化器
	市级	开封市皇宋大观文化产业发展有限公司、汴州现代农业・电子商务创新创业孵化园、开封中关村智酷科技服务有限公司、万宝众创创业孵化器、开封商务中心区孵化器
星创天地	国家级	未农公社星创天地、汴州农业科技众创园星创天地
	省级	农业高科星创天地、耕耘农鲜汇星创天地
	市级	开封新供销星创天地、通许县新农业星创天地、青之秀星创天地、众旺特色农业星创天地、祥符区新农科星创天地
新型研发机构备案	省级	开封市天开钢结构联合研发中心、中国农业大学开封实验站、开封市启源先进光源产业技术研究院、河南省锐达医药科技有限公司、河南中镜科仪科技有限公司、天津大学中原先进技术研究院(开封)有限公司、河南省贝威科技有限公司
	市级	开封市水大流量计量科技有限公司、中国农业大学开封实验站、开封市启源先进光源产业技术研究院、河南省罗卡耐火工程研究所有限公司、开封市科光环境与工程研究院、河南大学中原硅谷科技发展研究院、低碳能源新材料工程技术联合研究中心、开封市天开钢结构联合研发中心、开封中镜科仪电子显微镜研究院有限公司、开封市重开钢结构联合研发中心、开封市中原电机系统节能研究院、河南省斯高电生理研究院有限公司、优沃医疗技术有限公司、河南开炭新材料设计研究院有限公司、河南泰丰集团研究院有限公司、河南优卓医疗科技有限公司、开封市中瑞大蒜产业技术研究院有限公司、杞县津熙铝型材产业技术研究院有限公司

（三）科技孵化亮点频出

2019 年，开封市培育出高新技术企业 2 家，科技型中小企业 90 家，包括 53 家国家科技型中小企业，在孵企业近 800 家（赵海龙，2020）。积极推动在第七届中国创新创业大赛河南开封分赛区上表现突出的参赛团队，在开封市创办玄蚂文化传播有限公司，该公司原创动漫作品在互联网上引起强烈反响，累计播放量近 30 亿次；黄河之星国家众创空间孵化出的开封市达硕工业产品设计有限公司，其产业化项目带来千万元的年产值；省级北斗众创空间孵化出来的高新技术企业，其成果获得国家发明专利授权和河南省科技进步奖；河南望嵩科技有限公司王远洋创业团队，荣获绿地中部创客天地首批创业之星。

（四）成立开封市科技创新服务联盟

2019 年 11 月 27 日，开封市科技创新服务联盟正式宣告成立。该联盟由黄河水利职业技术学院联合开封大学、开封市众创空间、开封市文化创意中心、开封电子商务产业园众创空间、北斗众创空间、万宝众创空间、绿地创领众创空间、开封博士创新技术转移中心共同发起成立。开封市科技创新服务联盟将围绕各级各类科技创新的政策的宣传推广，搭建创新科技需求侧和供给侧的桥梁，打造科技创新服务网站和数据分析平台，为科技企业和创客团队提供专业化咨询服务，向教育机构开放联盟成员软硬件资源，举办各类创新创业赛事并推动成果转化和产学研用结合等方面作为工作重点，不断增进企业与科技创新平台之间的互动，加强成员单位资源共享和交流，积极服务于开封市创业服务机构发展壮大以及开封市科技型中小企业（创新团队）的成长，加快推动开封经济转型升级和高质量发展。

（五）积极举办各类双创活动

2019 年 6 月 18 ~ 19 日，开封市在开封中关村智酷人才与产业创新基地组织开展了双创活动周。开封市委市政府对于此次活动周高度重视，开封市委宣传部、市发改委、市科技局、市工信局等12个单位参加。活动周期间先后举办了展示创新创业成果36个板块、创新创业高峰论坛主题演讲6次、双创政策解读2场、优质项目路演1个，还组织了创新创业训练营，共有35家企业、200余人参与此次活动周，18家媒体相继报道。通过举办此次活动周，将开封市双创的发展基础、优势、发展规划、双创政策等向外传递，吸引更多的企业（机构）和“双创”人才来开封干事创业，使开封市大众创业万众创新进入快进键节奏。

（六）加大对“双创”的资金扶持力度

2019年，开封市贯彻落实相关双创政策文件精神，不断加大对双创企业和机构的资金扶持力度。开封市科技局对全市21家市级及以上科技企业孵化器、众创空间进行年度运行情况考核评审，市财政安排资金105万元给予考核结果优秀、良好的单位各10万元、5万元运行费用补贴。对开封市133个创新创业体系建设先进单位、创新型科技团队等予以奖励，奖励资金达2184万元（赵海龙，2020）。

二 2020年开封市深入开展双创活动面临的问题

高等级平台载体不足。科技企业孵化器和众创空间建设对于加快推动双创工作具有重要意义。虽然开封市众创空间、科技企业孵化器等各类双创载体平台建设取得了较大进展，截至2019年有25家科技企业孵化器和众创空间，但是数量依然较少，仅为郑州市的1/10，对于开封市双创工作的支撑力度不够。开封市拥有的国家级众创空间数量仅有3家，占全省的比重为5.6%；国家级科技企业孵化器仅有1家，占全省的比重仅为2.3%，比开封市GDP占全省的比重低了2.1个百分点。

对于经济高质量发展的支撑不够。2019年，开封市双创工作取得了显著成效，创新驱动发展水平不断提升，但是对于经济高质量发展的支撑力度还不够。2019年开封市有121家企业成功备案国家科技型中小企业，高新技术企业达85家，科技“小巨人”企业和创新型龙头企业达33家，技术合同交易额增长48%，高新技术产业增加值增长17.2%（高建军，2020）。但是，R&D经费支出占GDP的比重仅有0.9%，比全省平均水平低0.6个百分点；高技术产业占规模以上工业的4.5%，比全省平均水平低5.4个百分点；战略性新兴产业占规模以上工业的8.9%，比全省平均水平低9.1个百分点。

从创新到创业的转化链条不完善。一般而言，从创新到创业一般会经历“创新梦想与创新交流—交叉碰撞与跨界创新—创新构想与创新设计—创新实作与创新实验—成果验证与价值评估—成果申报与专利申请—成果展示与成果交易—市场调研与可研报告—创业策划与创业规划—成果中试与企业孵化—创新成果创业落地”的过程（陈晓芳，2017），这一链条上的任何环节都会直接影响到创业过程的实现。不仅需要企业、高校及科研机构的创新成果，还需要投融资、商业运作、经营管理、培育孵化、风险应对等多方面的能力和资源。当前，开封市只是在这一链条的某几个环节进行了探索和突破，距离真正构建起创新到创业的转化链条还有较大提升空间。

三　开封市深入开展“双创”推动高质量发展的思考与建议

（一）加快建设郑开“双创”科技走廊

开封市东京大道沿线两侧已有全国“双一流”高校——河南大学，河南省最大的职业教育园区——开封市职业教育园区，以及黄河水利职业技术学院、开封大学等20多所高等院校和职业技术学校，是开封市科技、教育、文化等资源最为富集的区域。发挥创新集聚效应，充分挖掘开封的历史文化底蕴，以“科技+”“文化+”为主线，孵化培育“科技研发”“商贸服务”“创意设计”“文化休闲”“教育培训”等业态，通过“政产学研”合作，推动科技创新和成果应用。积极引导开封市大学科技园、中国农大开封试验站、中关村智酷人才与产业创新基地、超级小麦遗传育种国际科技合作基地等新兴科技创业孵化机构以及技术转移服务机构在郑开“双创”科技走廊集聚发展。规划建设和引进一批新型研发机构、众创空间、星创天地、科技企业孵化器等创新创业平台载体。

（二）完善创新创业服务载体和孵化体系

一是持续推进城乡一体化示范区双创基地建设。开封市城乡一体化示范区是河南省首批双创基地，要依托示范区产业优势和文化、教育资源优势，打造双创政策洼地，培育双创平台，汇聚双创人才，孵化创新性企业，构建双创生态系统，推动“文化 +”发展，加快打造双创升级版，为示范区的创新驱动和高质量发展提供支撑，积极争创国家级双创示范高地。二是加快推进开封市大学科技园建设。在积极引进天津大学、浙江大学、杨浦众创空间的先进技术与项目，举办创新创业高峰论坛的基础上，邀请省内外知名导师为企业提供信息咨询及政策解读服务，持续完善硬件、软件与基金等基础条件建设，做好省级大学科技园的申报准备工作。三是做好每年一度的开封市双创活动周承办工作。加强与中国“互联网 +”大学生创新创业大赛等各级各类创新创业赛事获奖项目创业团队的对接交流，为成果转移转化以及企业孵化提供全方位服务。四是依托“四个 50”企业等行业龙头企业及河南大学、开封大学、黄河水利职业技术学院等科研院所建设一批专业化众创空间、星创天地等创新创业平台；积极发展众创众包众扶众筹，建设一批创业咖啡、创业社区等创业苗圃，加快培育基于互联网的新型孵化平台。

（三）培养和集聚双创人才

依托国家级和省级企业技术（工程）中心、科技企业孵化器、众创空间等载体，围绕开封市重点发展的汽车零部件、新材料等产业和领域，引进一批具有较高技术研发能力及科技创新成果的创新人才（团队），持续实施“汴梁英才”计划。结合国家科技创新领军人才、中原学者，河南省以及开封市创新型科技团队、科技创新人才（团队）等计划，加快培育科技创新领军人才（团队）。依托“四个 50”企业、开封大学、黄河水利职业技术学院以及开封市职业教育园区的职业院校和职业培训机构，培育和引进掌握一流技术技能、在本行业具有较高声誉的高端技能人才。加快整合职业教育资源，鼓励高职院校联合企业建立职教联盟办学形式，加强院校之间及校企之间的合作。在中国（河南）自由贸易试验区开封片区建设人才管理改革试验区，在人事管理制度、评价激励、薪酬制度等方面开展改革创新。

（四）融入郑洛新国家自主创新示范区

郑洛新国家自主创新示范区建设是河南省创新驱动发展的核心载体，开封市应加快融入郑洛新国家自主创新示范区，享受相关政策红利和资金扶持，加快体制机制改革。贯彻落实河南省科技厅与开封市政府签署的《河南省科学技术厅开封市人民政府工作会商议定书》，将国家级经济技术开发区等符合条件的园区纳入辐射区范围，将汽车及零部件、新材料、空分等优势行业的“四个50”企业纳入辐射点范围。发挥好河南大学作为郑洛新国家自主创新示范区辐射点的作用，通过体制机制改革和创新，引导开封市“四个50”企业与河南大学在技术服务、科技成果转化、协同创新、人才培养与教育培训等方面加强合作。依托开封的文化、科技、教育、人才优势，加强与郑州在科技研发、文化创意等业态的互动，加速郑汴“双创”活力走廊建设。

（五）优化创新创业的生态系统

充分立足开封实际，结合开封的双创基础、产业特点、文化底蕴，逐步聚集创新创业需要的各种要素，形成种子发芽所需要的阳光、空气、水和土壤（孟群舒，2018），不断优化创新创业生态系统。加快推动开封市科技创新服务联盟实质性运营，鼓励各级各类高校、科研机构、行业领军企业、众创空间、科技孵化器、新型研发机构等加强创业创新资源共享与合作，向社会开放大型科研仪器。落实《开封市人民政府办公室关于印发开封市关于促进科技与金融结合的实施方案的通知》（汴政办〔2019〕52 号），加快促进科技与金融深度融合，通过拓宽融资渠道、创新金融产品及服务、开展银企对接活动等方式，不断加大对科技企业的金融支持力度，设立开封市创业创新投资引导基金。鼓励入选郑洛新国家自创示范区辐射区的园区设立种子基金、天使基金、风险投资基金、成果转化引导基金等专业化投资基金。鼓励河南大学、开封大学以及相关科研院所在开封开展科技成果转化和产业化活动，支持高校院所成果转移转化机构市场化、专业化运作，贯彻落实《开封市人民政府办公室关于做好赋予科研机构和人员更大自主权有关文件贯彻落实工作的通知》（汴政办〔2019〕53 号），引导制定高校及科研机构科技成果转化服务考核与激励措施，谋划建设国家技术转移郑州中心开封分中心，主动承接技术转移。营造勇于创新、敢于创新、宽容失败的氛围，弘扬“创客文化”、“极客文化”和创新文化，发挥“互联网 + 政策宣传”的模式，提升创新创业宣传的有效性（许洪彬等，2017）。持续举办开封市双创活动周以及各级各类创新创业赛事。

参考文献

赵海龙：《“双创”释放高质量发展新动力》，《开封日报》2020 年 1 月 10 日。

高建军：《开封市政府工作报告》，《开封日报》2020 年 3 月 23 日。

孟群舒：《地方政府推动“双创”发展面临的问题与对策》，《科学发展》2018 年第 7 期。

许洪彬、汪丽丽、李嫣：《我国“大众创业，万众创新”发展现状及对策建议》，《全球科技经济瞭望》2017 年第 2 期。

陈晓芳：《我国“双创”建设存在的问题及改进方法》，《信阳农林学院学报》2017 年第 4 期。

B.15

基于枢纽经济发展的区域中心城市创新能力提升研究

——以商丘市为例*

张保胜**

摘　要： 创新是一个国家和地区经济发展的永恒主题，城市是一个国家和地区创新的机器和实验室，交通枢纽又为创新资源的汇聚提供了基本条件。所以，基于枢纽经济发展的区域性中心城市创新能力提升对于促进商丘经济的高质量可持续发展具有重要的意义。本文分析了商丘市在淮海经济区中的枢纽经济地位、创新能力现状、经济发展现状，指出了商丘市在淮海经济区中的区域性中心城市地位，并给出了创新能力提升的政策建议。

关键词： 枢纽经济　区域中心城市　创新能力提升

在"十三五"的收官之年，回顾商丘市的"十三五"规划，主要是围绕建设豫、鲁、苏、皖四省结合部区域性中心城市、全国流通节点城市、全国交通枢纽城市、国家历史文化名城、中原经济区承接产业转移示范市的战略定位，加快形成"一心一廊两轴五组团"的发展格局。同时，在2017年，商丘市也制定了《枢纽经济发展规划》，旨在利用商丘市的区位优势和交通枢纽

---

* 本文为河南省高校科技创新团队支持计划（19IRTSTHN016）和国家社科基金一般项目（17BL056）的阶段成果。

** 张保胜，博士，商丘师范学院经济管理学院教授，研究方向：产业技术经济与区域技术创新。

地位，培育支撑枢纽经济发展的产业集群，促进商丘市城市枢纽功能和产业集聚辐射能级提升，打造中原地区综合枢纽和区域性产业组织中心，实现经济的转型升级和跨越式发展。在2020年商丘市政府工作报告中，强调了基于创新的经济的高质量发展和区域性中心城市的建设。可以看出，基于枢纽经济的区域性中心城市创新能力的提升将是未来商丘经济发展的核心与基本动力。

一　商丘市在淮海经济区中的枢纽经济地位和城市创新能力现状

（一）城市交通枢纽的空间经济特征

交通运输枢纽一般是指在两条或以上运输线路的交汇、衔接处形成的，具有可达性、中心性和中间性，具有运输组织、中转、装卸、仓储、信息服务以及其他服务功能的综合性区域。一般来说，区域性交通枢纽往往是整个国家或地区交通运输网的重要组成部分，在旅客和货物运输周转中发挥重要作用。可达性、中心性和中间性是交通枢纽应具备的基本特征。可达性表示网络流到达枢纽的便捷程度，主要以到达枢纽的时间来衡量；中心性指枢纽是空间经济和几何联系的中心，经济中心主要是枢纽所在地区的经济发展状况和辐射拉动能力，几何中心主要是指枢纽所在地区位于其他关联地区的几何中心；枢纽中间性是指中转功能，即通过枢纽可以实现网络连接地方、地区、国家甚至世界。

（二）城市交通枢纽的测度指标

1. 可达性（accessibility）

根据上述可达性的含义，本课题采用城市之间火车（高铁）运行时间为人员旅行时间，高速公路汽车运行时间为货物运输时间。

2. 中心性（centrality）

根据中心性的含义，这里采用公路客运量和货运量、快递量、火车发车次数来衡量枢纽中心的辐射能力，每个城市到其他城市距离的平均值大小衡量几何中心的位置。

3. 中间性（intermediacy）

根据中间性的含义，这里采用公路通车里程、火车站到发车次数、公路水路航空港口四类交通运输方式种类数来衡量。这主要是因为一个城市公路通车里程越大，火车站到发车次数越多，运输中经由该城市向其他城市运输的可能性越大。运输方式越多，进行多式联运时经由该城市周转的选择余地越大。

（三）淮海经济区10个城市的交通枢纽地位对比

1. 可达性分析

（1）火车或高铁运行时间矩阵表

从火车或高铁运行时间矩阵表（见表1）可以看出，淮海经济区铁路交通并不是十分便利，火车或高铁能够直达的城市间路线有六条，其余四个城市间无法到达。按照可达性来看，平均用时最短的为徐州，1.68 个小时，其次是商丘 2.3 个小时。虽然枣庄和宿州的平均时间比商丘短，为 2.11 个和 2.13 个小时，但有线路需要中转，影响了便利性。

表1　火车或高铁运行时间

单位：小时

城市	徐州	连云港	宿迁	枣庄	济宁	临沂	菏泽	淮北	宿州	商丘	平均值
徐　州		2.32	0.53	0.3	**3.5**	3.13	3.43	0.73	0.3	0.9	1.68
连云港	2.32		1.72	**3.22**	**7.51**	**6.38**	6.33	3.33	4.05	3.4	4.25
宿　迁	0.53	1.72		**1.35**	**9.42**	**5.48**	**5.73**	**2.07**	1.27	1.5	3.23
枣　庄	0.30	**3.22**	**1.35**		**3.35**	1.92	**4.57**	2.10	0.67	1.6	2.11
济　宁	**3.50**	**7.51**	**9.42**	**3.35**		2.93	1.18	—	—	2.3	4.32
临　沂	3.13	**6.38**	**5.48**	1.92	2.93		4.23	4.68	6.65	5.6	4.55
菏　泽	3.43	6.33	**5.73**	**4.57**	1.18	4.23		—	—	1.1	3.80
淮　北	0.73	3.33	**2.07**	2.10	—	4.68	—		0.75	**3.2**	2.41
宿　州	0.30	4.05	1.27	0.67	—	6.65	—	0.75		1.2	2.13
商　丘	0.85	3.38	1.52	1.55	2.33	5.55	1.12	**3.20**	1.23		2.30

说明：根据 12306 网站查询，查询时间为 2020 年 2 月 6 日，取最短时间。表中黑体数据区域代表需要换乘，带“—”区域表示火车或高铁无法到达。对于到其他城市存在无法到达的路线时，其平均值仅仅是能够到达的路线的平均值。

（2）高速公路运行时间矩阵表

从高速公路运行时间矩阵表（见表2）可以看出，淮海经济区交通较为便利，每个城市到其他城市的平均到达时间不超过4小时。按照可达性来看，平均用时最短的为徐州（2.41个小时），其次是枣庄和淮北，分别为2.61个和2.70个小时。

表2　高速公路运行时间

单位：小时

城市	徐州	连云港	宿迁	枣庄	济宁	临沂	菏泽	淮北	宿州	商丘	平均值
徐　州		3.07	1.95	1.60	2.83	3.12	3.65	1.42	1.62	2.45	2.41
连云港	3.07		2.10	3.50	4.42	1.55	5.62	3.55	3.83	4.68	3.59
宿　迁	1.95	2.10		2.50	4.10	2.65	5.32	2.83	2.48	3.77	3.08
枣　庄	1.60	3.50	2.50		2.15	2.12	3.40	2.23	2.42	3.55	2.61
济　宁	2.83	4.42	4.10	2.15		3.12	1.93	3.42	3.73	3.05	3.19
临　沂	3.12	1.55	2.65	2.12	3.12		4.30	3.72	4.03	4.83	3.27
菏　泽	3.65	5.62	5.32	3.40	1.93	4.30		3.72	3.87	1.90	3.75
淮　北	1.42	3.55	2.83	2.23	3.42	3.72	3.72		1.13	2.30	2.70
宿　州	1.62	3.83	2.48	2.42	3.73	4.03	3.87	1.13		2.93	2.89
商　丘	2.45	4.68	3.77	3.55	3.05	4.83	1.90	2.30	2.93		3.27

资料来源：根据百度地图查询城市之间的驾车高速行驶最短时间，查询时间为2020年2月6日。

（3）可达性排名

可达性排名的计算源于火车或高铁可达性排名与高速公路可达性排名的平均值，根据平均值的大小排序得到可达性排名。可以看出，徐州的可达性最高，其次是枣庄和商丘。

表3　可达性排名

城市	徐州	连云港	宿迁	枣庄	济宁	临沂	菏泽	淮北	宿州	商丘
火车/高铁	1	5	4	3	10	6	9	8	7	2
高速公路	1	8	5	2	6	7	9	3	4	7
均值	1	6.5	4.5	2.5	8	6.5	9	5.5	5.5	4.5
可达性排名	1	5	3	2	6	5	7	4	4	3

说明：火车/高铁排名和高速公路排名分别根据表1和表2中的平均值排序得到。

2. 中心性分析

（1）几何中心

根据每个城市到其他城市的最短可达距离的平均值可以看出（见表4），徐州位于几何中心，其次是枣庄和淮北较为接近几何中心。

表4　城市间距离

单位：公里

城市	徐州	连云港	宿迁	枣庄	济宁	临沂	菏泽	淮北	宿州	商丘	平均值	排名
徐　州		205.6	113.8	80.9	183.0	186.6	258.4	73.4	83.2	172.3	150.8	1
连云港	205.6		141.4	247.3	330.7	115.3	433.3	272.4	293.0	365.8	267.2	10
宿　迁	113.8	141.4		154.0	303.7	141.5	376.9	175.2	151.3	281.9	204.4	5
枣　庄	80.9	247.3	154.0		114.4	119.5	246.8	145.0	157.9	251.7	168.6	2
济　宁	183.0	330.7	303.7	114.4		206.5	119.5	229.5	265.4	159.1	212.4	6
临　沂	186.6	115.3	141.5	119.5	206.5		309.4	248.9	286.5	359.3	219.3	7
菏　泽	258.4	433.3	376.9	246.8	119.5	309.4		229.8	288.3	106.0	263.2	9
淮　北	73.4	272.4	175.2	145.0	229.5	248.9	229.8		44.4	137.4	172.9	3
宿　州	83.2	293.0	151.3	157.9	265.4	286.5	288.3	44.4		187.4	195.3	4
商　丘	172.3	365.8	281.9	251.7	159.1	359.3	106.0	137.4	187.4		224.5	8

资料来源：根据百度地图查询的城市间的最短可达距离，查询时间为2020年2月6日。

（2）客货运量

2018年，淮海经济区10个地市公路客运量、货运量、快递量及火车发车次数及其排名见表5。可以看出，徐州排名第一，临沂和商丘分别排名第二和第三。

表5　2018年公路客货运量、快递量和火车发车次数排名

序号	城市	公路客运量（万人）	公路货运量（万吨）	快递量（万件）	火车发车次数（次）	公路客运量排名	公路货运量排名	快递量排名	火车发车次数排名	四个排名平均值	客货运量综合排名
1	徐　州	9960	21164	26251	23	1	4	2	1	2.00	1
2	连云港	4290	9965	13242	11	6	8	4	3	5.25	4
3	宿　迁	4762	4476	20800		5	10	3	7	6.25	7
4	枣　庄	2464	6928	6297	6	9	9	7	5	7.50	9

续表

序号	城市	公路客运量（万人）	公路货运量（万吨）	快递量（万件）	火车发车次数（次）	公路客运量排名	公路货运量排名	快递量排名	火车发车次数排名	四个排名平均值	客货运量综合排名
5	济　宁	3764	32215	9535		7	2	6	7	5.50	5
6	临　沂	5128	38689	33325	1	3	1	1	6	2.75	2
7	菏　泽	4972	17029	6146	6	4	6	8	5	5.75	6
8	淮　北	1348	14294	1721	10	10	7	10	4	7.75	10
9	宿　州	3270	25497	4259		8	3	9	7	6.75	8
10	商　丘	7528	18570	11985	13	2	5	5	2	3.50	3

说明：综合排名是基于公路客货运排名和火车发车次数排名及快递量排名平均值进行的排序。其中火车发车次数是指客运火车和高铁的发车总次数。

资料来源：公路客货运量、快递量数据来源于江苏、山东、河南、安徽四省2019年统计年鉴。火车发车次数数据来源于“爱铁路”博客作者的统计，网址为：http：//www.aitielu.cn。

（3）中心性综合排名

根据上述几何中心排名和客货运量综合排名，通过计算两个排名的平均值进行排序，得到了中心性排名（见表6）。可以看出，从中心性角度来看，徐州第一，临沂和商丘等分别位居第二和第三。

表6　中心性综合排名

城市	徐州	连云港	宿迁	枣庄	济宁	临沂	菏泽	淮北	宿州	商丘
客货运量综合排名	1	4	7	9	5	2	6	10	8	3
几何中心排名	1	10	5	2	6	7	9	3	4	8
二者平均值	1	7	6	5.5	5.5	4.5	7.5	6.5	6	5.5
中心性排名	1	6	4	3	3	2	7	5	4	3

3. 中间性分析

2018年淮海经济区10个地市公路通车里程、火车站到发次数、运输方式数据①见表7。中间性综合排名第一位的仍是徐州，其次为临沂和商丘。

① 由于淮海经济区10个地市都有高速公路和普通火车站，这里运输方式的数据仅仅分析是否有高铁、港口和机场。

表 7　淮海经济区 2018 年公路通车里程、火车站到发次数、运输方式情况

序号	城市	公路通车里程（公里）	水路货运量（万吨）	航空客运量（万人）	快递量（万件）	火车站到发次数	是否有高铁	是否有港口	是否有机场	公路通车里程排名	火车站到发次数排名	港口排名	高铁排名	机场排名	排名平均	综合排名
1	徐　州	16611	6456	252	26251	497	有	有	有	6	1	2	1	1	2.00	1
2	连云港	11909	2024	152	13242	27	有	有	有	7	9	1	1	3	4.80	7
3	宿　迁	10565	2430		20800		无	有	无	8	10	4	2	5	5.60	8
4	枣　庄	8777	849		6297	136	有	有	无	9	4	5	1	5	4.80	7
5	济　宁	20268	3953	122	9535	30	无	有	有	4	8	3	2	4	4.00	5
6	临　沂	28581		200	33325	41	有	无	有	1	6	8	1	2	3.60	2
7	菏　泽	26254	129		6146	108	在建	有	无	2	5	6	1.5	5	3.90	4
8	淮　北	4379			1721	36	有	无	无	10	7	8	1	5	6.20	9
9	宿　州	17452			4259	144	有	有	无	5	3	7	1	5	4.20	6
10	商　丘	24753			11985	228	有	无	无	3	2	8	1	5	3.80	3

资料来源：公路通车里程、水路货运量、航空客运量、快递量数据源于江苏、山东、河南、安徽四省 2019 年统计年鉴。火车站到发次数来源于“爱铁路”博客作者的统计，网址为：http：//www. aitielu. cn。是否有高铁、机场和港口数据来源于各地市地方新闻搜索。在港口排名中，连云港的海港优先排名第一，其他均为内河港口，根据货运量依次排名。

4. 淮海经济区各城市的交通枢纽地位

根据上述可达性、中心性和中间性的数据分析和排序，通过三个综合排序的平均值，我们得到了 10 个城市的枢纽地位排序，如表 8 所示。徐州和商丘、临沂分别位居第一位和第二位。

表 8　淮海经济区 10 个地市枢纽地位排名

城市	徐州	连云港	宿迁	枣庄	济宁	临沂	菏泽	淮北	宿州	商丘
可达性排名	1	5	3	2	6	5	7	4	4	3
中心性排名	1	6	4	3	3	2	7	5	4	3
中间性排名	1	7	8	7	5	2	4	9	6	3
平均值(得分)	1.00	6.00	5.00	4.00	4.67	3.00	6.00	6.00	4.67	3.00
枢纽地位排名	1	6	5	3	4	2	6	6	4	2

说明：可达性排名，中心性排名和中间性排名分别是表 3、表 6、表 7 中的排名，枢纽地位排名是平均值的排序。

（四）淮海经济区10个城市创新能力对比

根据复旦产业发展研究院、第一财经研究院和复旦大学中国经济研究中心联合发布的《中国城市和产业创新力报告 2017》（以下简称《创新力报告 2017》）①，淮海经济区 10 个城市 2016 年的创新指数、创业指数和创新力指数如表 9 所示。

表 9　淮海经济区 10 个地市创新力

序号	城市	创新力指数	创新指数	创新指数排名	创业指数	创业指数排名
1	徐　州	37	22.96	46	4.65	32
2	临　沂	56	14.66	63	2.69	56
3	济　宁	63	9.15	80	2.45	57
4	连云港	66	12.05	68	1.49	85
5	菏　泽	78	4.44	115	2.05	66

① 基于该报告的权威性，这里采用这个报告的研究结果。该报告使用的是 2017 年数据，文中枢纽地位分析以及经济地位分析使用的是 2018 年数据，尽管年份相差一年，但课题组认为，由于基于创新和创业能力的积累不是短时期内能够完成的，所以 2018 年的排名与 2017 年应该不会有太大的变化。

续表

序号	城市	创新力指数	创新指数	创新指数排名	创业指数	创业指数排名
6	宿　迁	85	3.17	141	2.38	58
7	宿　州	150	2.12	177	0.94	132
8	枣　庄	152	3.93	130	0.69	184
9	淮　北	161	4.70	112	0.52	218
10	商　丘	162	1.43	206	1.05	124

资料来源：《中国城市和产业创新力报告2017》。

在区域或产业创新能力的测度中，TFP、R&D支出和专利是经常使用的指标，R&D支出是前期投入指标，专利是产出指标，TFP关注的则是运用技术或专利在生产中发挥的作用如何，是效益指标。《创新力报告2017》在创新指数运算中使用的是专利数据，而且考虑到了不同年龄专利的价值差异，从而构建了创新指数。在创业指数计算中，主要侧重于新成立企业的数据的计算，同时考虑了新成立企业注册资金的多少。

（五）淮海经济区经济发展状况

这里选取淮海经济区10个地市2018年的GDP、工业增加值、第三产业增加值、社会消费品零售总额、出口总额、实际利用外资、金融机构贷款余额和城镇居民人均可支配收入等指标进行综合对比（见表10）。

表10　淮海经济区10个地市主要经济指标

城市	GDP（亿元）	工业增加值（亿元）	第三产业增加值（亿元）	社会消费品零售总额（亿元）	出口总额（亿美元）	实际利用外资（亿美元）	金融机构贷款余额（亿元）	城镇居民人均可支配收入（元）
徐　州	6755.23	2329.18	3311.82	3102.00	97.08	18.98	4912.47	33586
连云港	2771.70	961.89	1238.74	1121.31	41.53	6.03	2921.36	32749
宿　迁	2750.72	1080.78	1170.34	833.82	27.17	3.77	2563.61	28281
菏　泽	3078.78	1379.51	1207.37	1811.37	153.63	1.81	2255.47	26176
枣　庄	2402.38	1072.43	1025.84	950.30	99.02	7.12	1342.85	32001
济　宁	4930.58	1959.09	2205.10	2288.07	221.40	50.21	3488.46	34796
临　沂	4717.80	1821.26	2319.37	2482.20	539.23	15.47	5088.32	35727
淮　北	985.20	494.90	379.90	324.48	6.62	2.57	937.12	31959

续表

城市	GDP（亿元）	工业增加值（亿元）	第三产业增加值（亿元）	社会消费品零售总额（亿元）	出口总额（亿美元）	实际利用外资（亿美元）	金融机构贷款余额（亿元）	城镇居民人均可支配收入（元）
宿　州	1630.22	500.37	776.03	554.34	6.49	9.18	1552.26	30100
商　丘	2389.04	805.8	1019.57	1121.49	19.66	3.85	1620.31	29996

资料来源：《徐州统计年鉴2019》，其中临沂工业增加值为缺失数据，为了便于分析，这里通过计算其他9个地市第二产业增加值与工业增加值差的均值作为临沂市第二产业增加值和工业增加值的差，通过让临沂市第二产业增加值减去这个差值，作为该市的工业增加值。

这里通过对8个指标进行因子分析，对10个地市进行综合排名。

KMO-Barlett检验的结果为：Barlett球体检验的p值为0.000，KMO的值为0.636，比较适合进行因子分析。

根据下面特征根和方差贡献率表可以发现，提取两个因子方差累积方差贡献率达到了85.78%，说明已经提取了数据中的大部分信息（见表11）。

表11　特征根与方差贡献率

成分	初始特征值			提取平方和载入			旋转平方和载入		
	合计	方差贡献率（%）	累积（%）	合计	方差贡献率（%）	累积（%）	合计	方差贡献率（%）	累积（%）
1	5.981	74.767	74.767	5.981	74.767	74.767	4.546	56.826	56.826
2	0.881	11.008	85.775	0.881	11.008	85.775	2.316	28.949	85.775
3	0.662	8.272	94.048						
4	0.354	4.422	98.470						
5	0.085	1.067	99.537						
6	0.026	0.324	99.860						
7	0.011	0.133	99.993						
8	0.001	0.007	100.000						

提取方法：主成分分析法。

根据旋转以后的因子载荷矩阵发现，第一个因子在GDP、工业增加值、第三产业增加值、社会消费品零售总额、金融机构贷款余额上有较大载荷，第二个因子在出口总额、实际利用外资和城镇居民人均可支配收入上有较大载荷（见表12）。

表 12　旋转以后的因子载荷矩阵

类别	成分	
	1	2
Zscore：　GDP(亿元)	0. 935	0. 323
Zscore：　工业增加值(亿元)	0. 921	0. 341
Zscore：　第三产业增加值(亿元)	0. 917	0. 354
Zscore：　社会消费品零售总额(亿元)	0. 935	0. 311
Zscore：　出口总额(亿美元)	0. 458	0. 584
Zscore：　实际利用外资(亿美元)	0. 363	0. 731
Zscore：　金融机构贷款余额(亿元)	0. 853	0. 406
Zscore：　城镇居民人均可支配收入(元)	0. 201	0. 913

提取方法：主成分分析法。旋转法：具有 Kaiser 标准化的正交旋转法。a. 旋转在 3 次迭代后收敛。

根据两个因子的因子得分以及两个因子的方差贡献率，我们可以得到 10 个城市的综合得分如下表（见表 13）。在综合经济实力方面，徐州为第一名，临沂和济宁分别为第二名和第三名，商丘位居第八名。

表 13　因子得分和综合排名

城市	因子 1 得分	因子 2 得分	综合得分	排名
徐　州	2. 03835	-0. 25385	1. 08	1
临　沂	0. 73684	1. 40345	0. 83	2
济　宁	0. 33961	1. 73994	0. 7	3
菏　泽	0. 67051	-1. 57297	-0. 07	4
连云港	-0. 35682	0. 10303	-0. 17	5
宿　迁	0. 0324	-1. 02254	-0. 28	6
枣　庄	-0. 64894	0. 14832	-0. 33	7
商　丘	-0. 40124	-0. 56564	-0. 39	8
宿　州	-0. 95936	-0. 17135	-0. 59	9
淮　北	-1. 45135	0. 19161	-0. 77	10

（六）交通枢纽、创新力、综合经济水平对比

根据上述分析，淮海经济区交通枢纽地位、创新力地位和综合经济水

平的排名对比如表14。徐州和临沂在三个指标排名中均位于前列，属于比较匹配的城市；济宁、菏泽、连云港、宿迁和淮北属于比较匹配的城市；枣庄、商丘和宿州属于不匹配的城市。另外，从经济发展水平和创新力两个指标来看，基本上都是匹配的，但交通枢纽地位与经济发展水平和创新力之间并不一定匹配。这说明创新力较强的城市其经济发展水平也会较高，但交通枢纽地位重要的城市其经济发展水平和创新水平并不一定较高。

表14　淮海经济区10个地市经济发展、创新力、交通枢纽地位排名

城市	经济发展排名	创新力排名	交通枢纽排名	匹配性
徐　州	1	1	1	匹　配
临　沂	2	2	2	匹　配
济　宁	3	3	4	较匹配
菏　泽	4	5	6	较匹配
连云港	5	4	6	较匹配
宿　迁	6	6	5	较匹配
枣　庄	7	8	3	不匹配
商　丘	8	10	2	不匹配
宿　州	9	7	4	不匹配
淮　北	10	9	6	较匹配

说明：经济发展排名、创新力排名和交通枢纽排名分别源于表13中综合排名、表9中的创新力指数排名、表8中的枢纽地位排名。

二　商丘市创新能力存在问题与区域性中心城市地位判断

（一）商丘市创新能力提升中存在的问题

根据上述分析，在枢纽经济地位方面，商丘市和临沂市并列排在淮海经济区的第二位，但在城市创新能力分析中，商丘市却排在淮海经济区其他城市的后面，主要原因在于以下几个方面：首先，城市创新能力指标体系设计中不仅关注枢纽经济地位，还要关注专利、研发投入、人才等创新要素。其次，城市经济发展水平和发展质量是创新能力的外在表现。较强的创新能力是促进城市高质量发展的内在动力。总之，商丘市在城市创新能力提升中存在以下几个主要问题。

1. 还没有从交通枢纽转化为真正意义上的产业枢纽和经济枢纽

交通枢纽是依托公路、铁路、水路、航空等交通运输方式实现可达性、中心性和中间性优势地位的城市和地区。具有交通枢纽优势的城市有助于形成产业枢纽和经济枢纽，但交通枢纽并不一定是产业枢纽和经济枢纽。一个城市要成为产业枢纽，还要具备三个条件：一是在某一个行业领域具有相对完备和独立的产业体系（产业集群）；二是以该城市为中心，能够在一定范围内与其他多个城市之间实现以该产业为核心的物流、信息流、资金流、知识流、人力资本等要素的交换，从而形成一个产业辐射网络；三是要成为一定区域范围内的产业创新基地。对于经济枢纽，则是一个综合性的概念。一个城市要成为经济枢纽，首先要是产业枢纽，在产业发展基础上不断增加影响力，吸引各种生产要素的集聚。所以，从商丘市在淮海经济区十个城市中的经济地位以及自身产业发展来看，还没有形成产业枢纽和经济枢纽。

2. 交通枢纽的要素集聚能力需要进一步强化

根据上述交通枢纽地位的分析，主要侧重于可达性、中心性和中间性，具体指标考虑到了时间性、货运量和客运量、通车量、交通运输方式以及几何中心等方面，这些都是一个城市形成交通枢纽的基本条件，但是如果交通枢纽要转化为经济枢纽，要素的集聚除了客流、货流以外，还需要人才流、商流、信息流、资金流的集聚，而这些也正是一个创新型中心城市所需要的关键要素。

3. 城市创新系统的各项功能需要进一步完善

近年来，随着“大众创业万众创新”国家战略提出，创新创业在全国范围内成为一个潮流，一大批创业基地（园区）、创客空间、孵化器在各个城市涌现了出来，新注册企业大幅度增长。商丘市和其他城市一样，市级和区级创业中心和孵化器不断发展，年轻人的创业热情不断增加（见表15）。

表 15　商丘市主要的孵化器和众创空间

类别	名称
国家级科技孵化器	商丘市梁园产业集聚区创业服务中心
	民权县产业集聚区创业服务中心
	宁陵县产业集聚区创业服务中心
	柘城县创业服务中心
	虞城县高新技术创业服务中心
省级科技孵化器	河南雏凤科技企业孵化器
	商丘众创电子商务产业园
	睢阳产业集聚区科技中小企业创业服务中心
	睢县产业集聚区科技中小企业创业服务中心
	夏邑县科技创业服务中心
众创空间	YOUNG 创谷众创空间
	U + 众创空间（河南）

资料来源：河南省人力资源开发研究会 2019 年 3 月的调查数据。

但是目前存在的问题是，创业热情大于创新热情，创业中缺少创新元素。归根到底是整个城市还没有形成一个完善的创新系统，这也是国内大多数城市存在的共性问题。所谓城市创新系统，就是在一个城市范围内的企业、大学、科研院所、政府和中介机构等相关机构和创新资源在一定的创新制度和环境下相互作用和融合，从而实现知识、技术的生产、传播扩散和应用，从而提升城市的创新能力。比如，近两年商丘师范学院和商丘市政府签署了战略合作协议，联合成立的商丘科学院，在政府相关部门的帮助下，推动了学校内部的科研部门和企业的合作，取得了一定的成效，但目前来看，距离城市创新系统的形成还有较大的差距。一方面需要培育创新的中介机构，集聚创新要素；另一方面也要通过政策约束和激励措施实现系统要素的互动和融合。

4. 作为创新型城市的发展特色还不够明显

随着经济的发展和城镇化水平的提高，城市会逐步成为区域创新的中心，但很多城市并没有根据自身资源要素禀赋，形成自己的产业特色和创新特色，造成了千城一面。一般来说，一个创新型城市不会是一个在多个技术领域均具有创新性的城市，应该是聚焦于一个特色产业和相应的科技领域的创新型城市。

5. 淮海经济区城市之间的融合度不够

淮海经济区是苏、鲁、豫、皖结合部的省际接合区，10 个城市都没有包括在各自省会为中心的城市群，也可以称为四省的经济塌陷区。为了促进淮海经济区的发展，从 1986 年成立到《淮河生态经济带发展规划》的出台，至今已经有 30 多年的历程，但由于各自所属省级行政区划的不同，以及没有相应的上级部门主导的战略性发展规划，尽管城市之间市长联席会议也不间断举办，但真正的合作和融合仍没有形成。

（二）商丘市作为区域性中心城市的地位判断

区域性中心城市是区域发展的增长极，它通过要素的集聚、流动与最优配置，发挥着带动作用、服务作用和示范作用，承担着区域内的生产中心、集散中心、管理中心、创新中心和服务中心的功能，从而带动区域内所有城市的协同发展。王兴平和黄兴文（2002）把中心城市分为三个等级：一级中心是具有国际性、全国性或具有跨省影响力的城市；二级中心是在省内具有一定的综合影响力，某些单项影响力可能超越地区和省域；三级中心是发展潜力巨大，某些单项职能影响力超越地区或省域的城市。

从目前商丘市的交通地位来看，不管在河南省域内还是在淮海经济区内，其交通枢纽地位都比较重要。但从经济发展水平和城市创新能力来看，却比较落后。所以整体来看，商丘市作为区域性中心城市，根据上述学者的判断标准，应该属于交通地位中的二级中心和经济发展与创新能力方面的三级中心。

三　商丘市创新能力提升的政策建议

（一）强化创新要素供给，助推城市产业高质量发展

创新要素包括人才、资金、企业等方面。人才方面的供给主要体现在注

重高端人才作用的发挥、鼓励大学生创新创业、本地区高技能人才培育、全民技术培训、人才生活保障等方面。资金方面的供给主要是为企业技术创新提供融资支持，加大产业技术转移的财政支持和税收优惠，鼓励风险投资基金的建立等方面。对于企业方面，主要是鼓励企业的创新行为，包括设立创新型企业引导基金、鼓励产学研一体化的创新平台建设、鼓励本地企业创新产品的订购等。

（二）促进创新要素集聚，由交通枢纽向创新型枢纽和经济枢纽转变

从交通枢纽向创新型枢纽和经济枢纽转变的核心在于以交通枢纽为切入点，以高效优质的服务平台为依托，以枢纽偏好型产业为支撑，提升创新性人才、技术信息、风险投资资金等创新要素的集聚能力，为城市发展提供新动能。具体要做到几个创新：一是组建信息化、智能化、一体化的运输组织平台，创新运输组织模式；二是充分发挥“互联网+”的作用，打造传统贸易、生产加工、电商物流、信息交流、资金流动融为一体的综合服务平台；三是发展城市智慧交通，助力智慧城市建设；四是创新治理模式和城市精细化管理，提升综合保障水平。

（三）充分发挥城市创新系统各要素的作用，促进知识的转移

在城市创新系统中，企业是系统的核心，是自主研发、技术转化和产业化的平台。大学和科研院所是提供知识技术以及科研成果产业化的来源，同时也是为企业输送人才、提供管理、技术创新服务的重要机构。政府在城市创新系统中主要通过制度和各种行政法律手段，激励创新主体，保障系统的运行。中介服务机构的作用在于实现创新主体之间的有效沟通和创新要素的顺利流动，这些机构主要包括各种创新促进中心、专利服务、管理咨询公司、评估机构、孵化器等。

在培育和鼓励创新系统中各个参与主体充分发挥自身作用的同时，还要借助城市的交通枢纽优势地位，营造良好的营商环境和创新创业环境，集聚

人才、资金等创新要素，通过制定《城市创新系统发展规划和实施方案》促进创新系统内部的知识转移和技术产业化，促进城市经济的发展。具体来说，知识的转移有六个环节，即知识源、知识匹配、知识获取、知识扩散、知识消化吸收、知识应用和创造。实际上，最后的知识应用和创造过程也就是新产品的生产和新工艺的形成过程，也是创业系统中新的企业产生的过程。

（四）充分重视与淮海经济区其他地市的战略联动

2018 年 11 月，《淮河生态经济带发展规划》经过国务院批准正式实施，在其中的一带、三区、四轴的布局中，北部的淮海经济区被纳入三区布局。商丘市属于北部淮海经济区十个地市之一，也是河南省唯一入选的城市。这表明淮海经济区的发展也被纳入了国家战略规划。在 2019 年召开的淮海经济区协同发展战略研讨会中，徐州市牵头启动了“淮海经济区协同发展战略规划”的研究课题，给出了战略规划总报告。报告中的战略定位明确提出，要把淮海经济区打造成国际化综合交通枢纽和要素物流集聚门户，大力提升徐州、商丘、临沂、菏泽等交通枢纽城市、区域节点城市资源配置功能，形成多点联动、区域带动、互联互动的良性发展格局。在中心城市发展格局中，逐步发展成以徐州为中心的多极联动的矩阵式、网络式的钻石结构。所以，商丘市应该抓住淮河生态经济带国家发展战略的机遇，巩固多年来淮海经济区市长联席会议的成果，在区域创新型中心城市发展中实现与其他地市的资源共享、联动与协同。

（五）强化人力资本集聚，提升区域技术吸收能力

技术吸收能力是指一个城市或地区对外部知识的消化吸收并转化为技术创新的能力。从 1990 年科恩和利文索尔对企业学习和技术创新中的吸收能力研究以来，不管是微观层面还是中观的区域层面，都得到了前所未有的关注。在一个城市技术吸收能力的测度指标中，除了经济发展水平、研发投入等指标以外，人力资本水平是其中的核心指标。因为人力资本是技术吸收的

主体，同时也是知识的载体。制定人才引进政策，充分发挥本地高校和科研院所的作用，积极推进产教融合和产学研合作，是实现人力资本集聚的重要手段，也是提升城市技术吸收能力的基础。

参考文献

Boyd Cohen, EsteveAlmirall1 and Henry Chesbrough. （2016） The City as a Lab：Open Innovation Meets the Collaborative Economy. *California Management Review*, Vol. 59 （1）, pp. 5 – 13.

Chen C. L., Hall P. （2011） The impacts of high-speed trains on British economic geography：a study of the UK's intercity 125 /225 and its effects. *Journal of Transport Geography*, 19 （4）：689 – 704.

Graham D. J. （2007） Agglomeration, Productivity and Transport Investment. *Journal of Transport Economics and Policy*. 41 （5）：317 – 343.

Jacobs, J. （1969） *The economy of cities*. New York：Vintage.

Krugman P. （1991） Increasing returns and economic geography. *Journal of Political Geography*, 99：183 – 199.

Lucas, R. E. （1998） On the mechanics of economic development. *Journal of Monetary Economics*, 38 – 39.

Olivier Crevoisier. （1999） *Innovation and the City*. Published in E. J. Malecki and P. Oinas （Eds.）, Making connections：technological learning and regional economic change, Ashgate Publishing Company, 61 – 77.

Remy, J. and Voye, L. （1992） *La Ville：Versune Nouvelle Definition*? L'Harmattan, Paris.

Ricardo, D. （1965） *The principles of political economy and taxation* [1817] （London：J. M. Dent & Son）.

Schumpeter, J. A. （1954） *History of economic analysis*. London：Allen & Urwin.

Smith, A. （1776/1937） *The wealth of nations*, ed. E. Cannan. New York：Modern Library.

Venables A. J. Evaluating Urban Transport Improvements：Cost-Benefit Analysis in the Presence of Agglomeration and Income Taxation. *Journal of Transport Economics & Policy*, 2004, 41 （2）：173 – 188.

杜兴强、彭妙薇：《高铁开通会促进高级人才的流动吗?》，《经济管理》2017 年第

12 期。

复旦产业发展研究院、第一财经研究院、复旦大学中国经济研究中心：《中国城市和产业创新力报告 2017》，2018 年 1 月。

刘芳：《高速铁路、知识溢出与城市创新发展——来自 278 个城市的证据》，《财贸研究》2019 年第 4 期。

王兴平、黄兴文：《省域中心城市的内涵与选择——以江苏省为例》，《城市发展研究》2002 年第 3 期。

韦功鼎、李雪梅：《高速铁路知识溢出对第三产业集聚的影响研究——基于长三角城市群的实证研究》，《经济问题探索》2019 年第 2 期。

杨思莹、李政：《高铁开通与城市创新》，《财经科学》2019 年第 1 期。

B.16
焦作市先进制造业竞争力评价及高质量发展对策研究

杨 波 刘 涛 张永恒*

摘 要： 先进制造业是制造业的一种高端形态，是促进区域经济发展的重要力量。为进一步厘清焦作市产业定位，找准先进制造业的发展方向，焦作市工信局与河南理工大学太行发展研究院组织团队，对焦作市27个制造业行业进行分析。本研究综合运用了区位熵法和偏离份额法，分别对2012～2017年焦作市重点制造业分行业的竞争力进行实证分析，进一步摸清了焦作市十大产业中的细分优势行业，并有针对性地提出了先进制造业高质量发展的对策。

关键词： 先进制造业 区位熵 偏离份额分析 焦作市

一 产业竞争力评价方法

（一）区位熵分析法

区位熵最早由美国著名学者哈盖特提出并在诸多领域得到应用。产业结

* 杨波，硕士，焦作市工信局党组成员、副局长，研究方向：制造业高质量发展；刘涛，博士，河南理工大学财经学院副教授、太行发展研究院副研究员，研究方向：区域产业发展；张永恒，博士，河南理工大学财经学院副教授、太行发展研究院副研究员，研究方向：区域经济发展。

构研究中也普遍使用了这种方法，主要用于评价某个地区主导产业的发展演化状况。目前很多研究采用这种分析方法来衡量一个地区产业部门的专业化程度以及其在高层次区域的地位和作用等方面。

计算公式为：$Q = (j_1/j_2)/(b_1/b_2)$

其中：j_1 表示研究区域某个产业的产值情况（或者就业人数），j_2 表示研究区域所有产业的产值情况（或者就业人数）。b_1 表示较高层次区域（参考区）某个产业的产值情况（或者就业人数），b_2 表示较高层次区域（参考区）所有产业的产值情况（或者就业人数）。Q 表示某个产业在研究区域的集中化程度，如果 $Q>1$，则表明该产业集中化程度高于较高层次区域的平均水平，Q 越大，则其集中化程度越高。若 $Q<1$，表明集中化程度低于较高层次区域的平均水平，Q 越小，则集中化程度越低。

需要进一步指出的是，区位熵只是一个静态指标，区位熵结果较高可能是由于产业部门总体规模较小引起的，但其在较高层次区域同一产业部门中的比重实际上较低，难以构成该区域的主导产业。由此可见，区位熵一定程度上可以反映某区域专业化的相对集中程度，但是并不能完全反映实际专业化规模情况，需要结合其他指标进行深入分析。

（二）偏离份额分析法

偏离份额分析法（Shift-Share-Method，SSM）最早由美国学者 Dunn 于 20 世纪 60 年代提出，80 年代初 Dunn 总结各家优点，形成了现在普遍采用的形式。由于偏离份额分析方法具有较强的综合性和动态性，能全面揭示某个地区产业部门结构的动态演变状况，挖掘其演变的主要原因，进而确定该地区产业发展的主导方向，成为当前较为有效的方法之一。该方法的主要运用原理为：以较高层次区域（称为参考区）作为某一地区经济发展的参照，从份额偏离分量、结构偏离分量以及竞争力偏离分量三个方面解释某一时期某地区经济总量的变动状况，可以精准确定描述出某个地区产业增长的主导因素。

假设某地区经过时间［0，t］之后，其经济总量和产业结构状况发生了变动。如果将该地区经济发展部门划分为 n 个产业部门，将$b_{ij,0}$、$b_{ij,t}$（$j=1,2,\cdots,n$）分别作为地区 i 第 j 个产业部门在初始年与截至年的经济规模；将$b_{i,0}$、$b_{i,t}$分别作为地区 i 初始年与截至年的经济总量；将$B_{j,0}$、$B_{j,t}$分别作为产业部门所在大区（参考区）第 j 个产业部门在初始年与截至年的经济规模；将B_0、B_t 作为产业部门所在大区（参考区）初始年和截至年的经济总量。则有地区 i 第 j 个产业部门在［0，t］时间段的变化率：

$$r_{ij}=(b_{ij,t}-b_{ij,0})/b_{ij,0}(j=1,2,\cdots,n)$$

产业部门所在大区（参考区）第 j 个产业部门在［0，t］时间段的变化率：

$$R_j=(B_{j,t}-B_{j,0})/B_{j,0}(j=1,2,\cdots,n)$$

将所在大区（参考区）各产业部门所占比重作为衡量标准，把地区 i 各产业部门的经济规模进行标准化：

$$b'_{ij}=(b_{ij,0}\times B_{j,0})/B_0(j=1,2,\cdots,n)$$

然后，可将地区 i 第 j 个产业部门在经历［0，t］时间后的增长量G_{ij}分解为三个分量，分别为份额偏离分量N_{ij}、结构偏离分量P_{ij}和竞争力偏离分量D_{ij}，其中PD_{ij}为总偏离分量。表达式为：

$$G_{ij}=N_{ij}+P_{ij}+D_{ij}$$
$$N_{ij}=b'_{ij}\times R_j$$
$$P_{ij}=(b_{ij,0}-b'_{ij})\times R_j$$
$$D_{ij}=(r_{ij}-R_j)\times b_{ij},0$$
$$PD_{ij}=P_{ij}+D_{ij}$$

N_{ij}：称为份额偏离分量。指 i 地区 j 产业部门所在大区（参考区）总量的比例分配额度，用来表示 i 地区的 j 产业部门总量发生的变动情况。该分量可以表示某地区产业部门未来的经济发展趋势，将其作为选择的基准，若值为正，则说明该产业部门在区域内的发展前景较好。

P_{ij}：称为结构偏离分量。表示假设研究区与参考区具有相同增速的情况下，由产业比重差异引起的 i 地区第 j 产业部门增长相对于参考区标准所形成的偏差。该分量能够代表区域产业部门的产业结构的基础状况，表征了 i 地区第 j 产业部门结构优化对经济增长的贡献程度，将其作为选择的基准，若值为正，就说明该产业部门在区域内产业结构中发展比较好。

D_{ij}：称为竞争力偏离分量。用来表示 i 地区第 j 个产业部门增长速度与参考区相应的产业部门增长速度的差异所引起的偏差。该分量代表了某地区产业部门的相对竞争力，将其作为选择基准，若值为正，就说明与参考区相比该产业部门增长速度较快，形成了比较强的竞争力。

PD_{ij}：称为总偏离分量。指区域 i 第 j 产业部门的区域比较优势。

（三）数据来源

根据最新的《国民经济行业分类》（GB/T4754—2011），制造业被分为31 个具体类别，本研究结合焦作实际，将其研究对象定位为其中的 27 个制造业行业。将河南省作为参照区，具体分析焦作市制造业行业部门的相对竞争力状况。同时考虑到不同年份和地区制造业行业分类口径的一致性问题，本研究选取 2012 ~ 2017 年开展竞争力评价，以上数据皆来自有关年份的《河南统计年鉴》和《焦作统计年鉴》。

此外，为准确把握焦作市制造业的技术进步程度，借鉴世界经济合作与发展组织（OECD）的分类标准，把 27 个制造业行业分为 4 个大类，即高技术产业、中高技术产业、中低技术产业以及低技术产业，具体分类情况如表 1 所示。

表 1　制造业等级分类说明

序号	类别	行业
1	高技术产业	文教、工美、体育和娱乐用品制造业（简称文体娱乐制造业）；铁路、船舶、航空航天和其他运输设备制造业（简称交通运输制造业）；医药制造业；计算机、通信和其他电子设备制造业（简称电子设备制造业）；仪器仪表制造业

续表

序号	类别	行业
2	中高技术产业	化学原料及化学制品制造业；化学纤维制造业；专用设备制造业；通用设备制造业；汽车制造业；电气机械和器材制造业
3	中低技术产业	石油加工、炼焦及核燃料加工业（简称石油加工业）；橡胶和塑料制品业；黑色金属冶炼及压延加工业；非金属矿物制品业；金属制品业；有色金属冶炼及压延加工业
4	低技术产业	农副食品加工业；食品制造业；酒、饮料和精制茶制造业；烟草制品业；纺织服装、服饰业；皮革、毛皮、羽毛及其制品和制鞋业（简称皮草制鞋业）；纺织业；木材加工及木、竹 、藤 、棕、草制品业（简称木材制品业）；印刷业和记录媒介的复制；造纸及纸制品业

资料来源：根据世界经济合作与发展组织（OECD）的分类标准整理。

二　焦作市先进制造业竞争力评价

（一）区位熵分析

利用区位熵测算了 2012 ~2017 年焦作市制造业 27 个细分行业的区位熵结果，具体如表 2 所示。

首先，根据区位熵的数值意义，即区位熵大于 1 说明该行业在全省具有较高的比较优势，值越大说明该行业的比较优势越强。从测算结果可以看出，焦作市区位熵大于 1 的行业有 11 个，分别是酒、饮料和精制茶制造业，皮草制鞋业，造纸及纸制品业，印刷业和记录媒介的复制业，医药制造业，化学原料及化学制品制造业，橡胶和塑料制品业，通用设备制造业，金属制品业，专用设备制造业，汽车制造业。这说明整体上看，焦作市在这 11 个行业中与全省平均水平相比，占据较大优势。

其次，从 2012 ~2017 年焦作市各行业区位熵的变化趋势来看，区位熵上升的行业有 10 个，分别是印刷业和记录媒介的复制业，通用设备制造业，化学原料及化学制品制造业，农副食品加工业，石油加工业，电子设备制造业，专用设备制造业，有色金属冶炼及压延加工业，医药制造业与酒、饮料和精制茶制造业。这表明，焦作市的这10个产业从发展趋势上看处于增加态势。

最后，将上述两项测算结果进行结合分析。区位熵大于1且处于上升趋势的行业有6个，分别是印刷业和记录媒介的复制业，通用设备制造业，医药制造业，专用设备制造业，化学原料及化学制品制造业，酒、饮料和精制茶制造业。说明焦作市这6个行业的发展较为稳健，而其他5个区位熵大于1的行业则受到的竞争冲击更大。另外，还有4个行业的区位熵虽然小于1，但测算结果却总体处于上升态势，说明这几个行业在焦作有一定的培育潜力，分别是农副食品加工业、电子设备制造业、石油加工业和有色金属冶炼及压延加工业，其中有色金属冶炼及压延加工业的区位熵在2017年已达0.9499，接近于1，发展潜力更强。

表2　2012～2017年焦作市制造业27个细分行业区位熵测算结果

序号	行业分类	2012年	2013年	2014年	2015年	2016年	2017年	趋势
1	农副食品加工业	0.40	0.57	0.62	0.65	0.62	0.67	上升
2	食品制造业	0.94	0.90	0.90	0.90	0.81	0.79	下降
3	酒、饮料和精制茶制造业	1.79	1.70	1.76	1.88	1.76	1.85	上升
4	烟草制品业	0.02	0.01	0.02	0.02	0.02	0.02	下降
5	纺织业	0.42	0.38	0.36	0.41	0.36	0.24	下降
6	纺织服装、服饰业	0.47	0.36	0.29	0.18	0.14	0.09	下降
7	皮草制鞋业	3.56	3.27	3.13	3.17	3.33	3.46	下降
8	木材制品业	0.46	0.53	0.45	0.39	0.43	0.44	下降
9	造纸及纸制品业	2.06	1.64	1.59	1.65	1.75	1.76	下降
10	印刷业和记录媒介的复制业	0.25	2.99	2.96	2.83	2.71	2.73	上升
11	文体娱乐制造业	0.15	0.12	0.15	0.14	0.12	0.11	下降
12	石油加工业	0.19	0.15	0.14	0.15	0.20	0.37	上升
13	化学原料及化学制品制造业	1.33	1.36	1.27	1.24	1.53	1.55	上升
14	医药制造业	1.20	1.17	1.36	1.41	1.35	1.36	上升
15	化学纤维制造业	0.81	0.69	0.91	0.84	0.67	0.62	下降
16	橡胶和塑料制品业	2.80	2.51	2.46	2.44	2.47	2.41	下降
17	非金属矿物制品业	1.09	1.01	1.03	1.05	0.98	0.86	下降
18	黑色金属冶炼及压延加工业	0.78	0.75	0.64	0.53	0.58	0.56	下降
19	有色金属冶炼及压延加工业	0.82	0.82	0.75	0.70	0.73	0.95	上升

续表

序号	行业分类	2012 年	2013 年	2014 年	2015 年	2016 年	2017 年	趋势
20	金属制品业	1.50	1.49	1.44	1.31	1.17	1.20	下降
21	通用设备制造业	0.86	1.08	1.26	1.33	1.29	1.37	上升
22	专用设备制造业	1.00	1.04	1.04	1.11	1.10	1.16	上升
23	汽车制造业	1.33	1.29	1.29	1.26	1.28	1.28	下降
24	交通运输制造业	0.23	0.22	0.25	0.25	0.26	0.22	下降
25	电气机械和器材制造业	1.32	1.30	1.24	1.17	0.99	0.97	下降
26	电子设备制造业	0.02	0.03	0.14	0.19	0.21	0.17	上升
27	仪器仪表制造业	0.32	0.32	0.19	0.26	0.28	0.30	下降

资料来源：根据河南省和焦作市统计数据整理而得。

（二）偏离份额法分析

以 2012 ~2017 年焦作市与河南省的制造业增加值为基础数据，运用偏离份额分析法构建焦作市制造业行业 SSM 效果表，如表 3 所示，并在此基础上，将其进行归类处理形成焦作市制造业 4 类技术密集度部门 SSM 表，如表 4 所示。

根据焦作市制造业行业表 3 和表 4，可以得到如下结论。

（1）从增长量 G 来看，制造业整体增速较快，发展态势良好。一方面，由表 3 可知，相对于河南省总体来说，焦作市制造业总体经济增量 G 大于其区域份额分量 N，表明焦作市制造业整体增速较快，发展前景向好。另一方面，相对于河南省来说，焦作的纺织业，纺织服装、服饰业，造纸及纸制品业，非金属矿物制品业和黑色金属冶炼及压延加工业的增长量 G 均小于其区域份额分量 N，增长速度慢于河南省平均水平。由此可见，焦作市制造业总体上发展态势较好。

（2）从结构偏离分量 P 来看，焦作市仅有石油加工业的结构偏离分量为负，说明总体上，焦作市各制造业在结构上都存在一定优势。其中，结构优势最为明显的前 10 个产业中，高技术产业有 1 个，是医药制造业；中高技术产业有 5 个，分别为电气机械和器材制造业、汽车制造业、化学原料及化学制品制造业、专用设备制造业和通用设备制造业；中低技术制造业有3个，分别是非金属矿物制品业、橡胶和塑料制品业、金属制品业；低技术制造业有1个，是食品制造业。这表明，焦作市在中高级制造业上具有较明显的结构优势。但是在高级制造业上的结构优势并不明显，5个中级制造业中，有4个结构优势虽然为正偏离，但优势并不明显。

表3 2012～2017年以河南省为参照区的焦作市制造业偏离份额分析

序号	行业分类	增长量G	份额分量N	结构偏离分量P	竞争力偏离分量D
1	农副食品加工业	41.75	1.48	15.48	24.79
2	食品制造业	15.07	0.96	25.03	-11.43
3	酒、饮料和精制茶制造业	22.74	0.64	23.6	-2.34
4	烟草制品业	1.41	0	0.04	-0.11
5	纺织业	-3.08	0.26	5.08	-9.64
6	纺织服装、服饰业	-1.51	0.08	6.27	-9.26
7	皮革制鞋业	13.43	0.54	20.62	-8.67
8	木材制品业	3.05	0.05	2.56	-0.99
9	造纸及纸制品业	-0.97	0.14	6.29	-8.73
10	印刷业和记录媒介的复制业	23.02	0.01	0.86	20.68
11	文体娱乐制造业	1.81	0.01	1.23	-0.90
12	石油加工业	2.9	-0.02	-0.82	2.25
13	化学原料及化学制品制造业	52.96	2.86	42.51	8.97
14	医药制造业	32.29	0.79	27.99	2.82
15	化学纤维制造业	1.25	0	0.29	-0.52
16	橡胶和塑料制品业	24.44	1.30	44.54	-21.58
17	非金属矿物制品业	7.84	11.90	61.94	-55.58
18	黑色金属冶炼及压延加工业	-9.04	0.36	4.91	-15.43
19	有色金属冶炼及压延加工业	17.74	0.73	12.21	4.05
20	金属制品业	17.58	0.91	33.00	-16.90
21	通用设备制造业	57.97	1.35	27.41	29.08
22	专用设备制造业	41.42	1.88	33.23	6.70
23	汽车制造业	35.30	1.50	41.83	-8.01
24	交通运输制造业	2.90	0.02	1.87	-0.45
25	电气机械和器材制造业	20.29	1.57	44.23	-25.42
26	电子设备制造业	11.88	0.02	0.69	9.71
27	仪器仪表制造业	2.58	0.01	1.59	-0.50

资料来源：根据河南省和焦作市统计数据计算整理。

（3）从竞争力偏离分量 D 来看，焦作市制造业的竞争力总体偏弱，但高技术和中高技术制造业具有较大竞争力。一方面，27 个制造业中，仅有 9 个制造业的竞争力偏离分量为正，分别是农副食品加工业、通用设备制造业、印刷业和记录媒介的复制业、化学原料及化学制品制造业、电子设备制造业、有色金属冶炼及压延加工业、专用设备制造业、医药制造业和石油加工业。而其他 18 个制造业的竞争力偏离分量均为负值。这说明总体上焦作市制造业的竞争力较弱。另一方面，值得注意的是，在 9 个竞争力偏离分量为正的行业中，焦作市有 2 个高技术制造业的竞争力偏离分量为正，占高技术制造业总类型的 40%；有 3 个中高技术制造业的竞争力偏离分量为正，占中高技术制造业总类型的 50%。这一情况从表 4 中也可以看出。在表 4 中的竞争力偏离分量 D 中，高技术制造业以及中高技术制造业的竞争力偏离分量均为正，然而低技术以及中低技术制造业的竞争力偏离分量皆为负。由此可见，焦作市高端制造业的竞争优势要优于中低端制造业。

表 4　2012～2017 年焦作市制造业四类部门偏离份额分析

行业类型	增长量 G	份额分量 N	结构偏离分量 P	竞争力偏离分量 D
高技术产业	44.92	0.86	33.37	10.69
中高技术产业	209.47	9.16	189.51	10.80
中低技术产业	67.76	15.18	155.78	-103.20
低技术产业	104.26	4.16	105.82	-5.72

资料来源：根据河南省和焦作市统计数据计算整理。

（4）将结构偏离分量 P 和竞争力偏离分量 D 结合分析，以河南省为参照区，焦作市在结构和区域竞争力都具有优势的重点行业有 7 个（见图 1），分别是：通用设备制造业、农副食品加工业、化学原料及化学制品制造业、电子设备制造业、有色金属冶炼及压延加工业、专用设备制造业、医药制造业。

（三）焦作市6大主导产业中细分行业的优劣势分析

基于上述测算结果，将 27 个制造业行业和焦作市提出的 6 大主导产业相

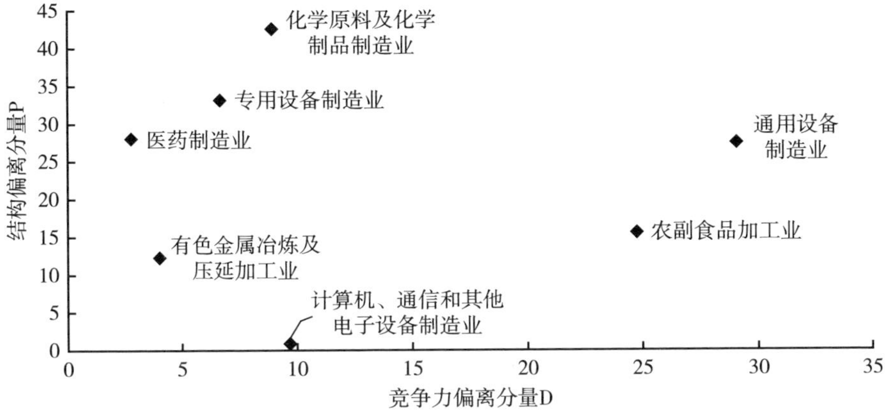

图1　基于结构偏离分量和竞争力偏离分量的焦作市制造业细分行业布局（2012～2017年）

资料来源：根据河南省和焦作市统计数据计算整理。

结合，深入挖掘焦作市6大主导产业的发展优势，结果如表5所示。表5中对于区位熵小于1，且既不具备结构优势也不具备竞争优势的制造业并未列出。

表5　焦作市6大主导产业细分行业实证结果展示

制造业类型	区位熵	结构优势	竞争优势	6大主导产业
通用设备制造业	高	强	强	高端装备制造业
专用设备制造业	高	强	较强	
交通运输制造业	低	一般	较弱	
电气机械和器材制造业	较高，但在减小	强	较弱	
化学原料及化学制品制造业	高	强	较强	新型材料产业
印刷业和记录媒介的复制业	高	弱	强	
橡胶和塑料制品业	高	强	较弱	
非金属矿物制品业	较高，但在减小	强	较弱	
金属制品加工业	高	强	较弱	
医药制造业	高	强	一般	现代生物和生命健康产业
汽车制造业	高，但在减小	强	较弱	新能源汽车及零部件产业
电子设备制造业	较低，但增速较明显	一般	较强	电子信息及大数据产业

续表

制造业类型	区位熵	结构优势	竞争优势	6大主导产业
酒、饮料和精制茶制造业	高	强	较弱	绿色食品产业
农副食品加工业	较高,且处于增长趋势	强	强	
食品制造业	较高,但处于下降趋势	强	较弱	

资料来源：根据河南省和焦作市统计数据计算整理。

三　焦作市先进制造业高质量发展的对策

加快发展六大工业产业是焦作市经济高质量发展、实现弯道超车的关键一招，更是我们减少无效和低端供给、扩大有效和中高端供给的根本出路。因此，大力发展六大工业产业，谱写焦作绚丽新篇章，需突出区域协调大联动、产业转型大发展、融合发展大牵动、科技创新大驱动、开放合作大带动、城市功能大提升。以产业转型升级为主线，通过谋划大战略和大项目、找准突破点、发现引爆点、培育增长点、形成大亮点，全面引领和带动焦作经济实现大跨越、大发展。

（一）在区域协调上实现大联动

借助中部地区崛起、黄河流域生态保护与高质量发展两大国家战略的实施，抢抓郑焦一体化省级战略机遇，深化新焦济洛产业协同发展，加快贯通豫晋郑焦晋物流走廊，努力打造中原经济区先进制造业基地和郑州大都市区高端制造业先进基地，把焦作全面建成更具活力、更具魅力、更具竞争力的新发展理念示范市。

（二）在产业转型上实现大发展

强力实施工业强市战略，以供给侧结构性改革为主线，以调高、调轻、调优、调强为导向，立足好基础，发挥新优势，紧盯新前沿，进一步明确六大工业主攻方向。在做大做强上下功夫，在做优做精上下功夫，在大企业培育上下功夫，在大载体建设上下功夫，全面实现工业转型大发展。

（三）在先进制造业发展上实现大跨越

一是做大做强高端装备、绿色食品、现代生物及生命健康三大产业，打造焦作工业发展新地标；二是做优做精新材料、新能源汽车、电子信息及大数据产业，树立焦作市战略性新兴产业发展风向标；三是改造提升现代化工、铝深加工、轻工等传统优势产业，为制造业高质量发展提供新动能。

（四）在企业培育上实现大突破

以行业领军企业为龙头，强力推进“1020”大企业集团培育工程。一是强力培育大企业集团，打造一批超百亿企业“航母舰队”；二是以行业“头雁”企业培育为重点，加快省市重点头雁企业培育对象发展壮大；三是以成长性好、具有跳跃式发展态势的“瞪羚”企业为重点，重点培育行业“隐形冠军”企业和“科技小巨人”企业。

（五）在融合发展上实现大牵动

把三大改造融入高质量发展的全过程，坚持工业强市战略和以智能化为引领的三大改造协同推动、耦合联动，进一步提升工业化与信息化融合应用水平，推动5G、大数据、区块链、人工智能与实体经济深度融合，实现“增量崛起”与“存量变革”，加快工业领域的新旧动能接续转换。加快推进产业生态化、生态产业化，全力打造高效、清洁、低碳、循环的绿色制造体系。

（六）在科技创新上实现大驱动

谋划建设中原新时代高端科技创新城，把科创新城建设当作全市经济社会发展新动能的“一号工程”，举全市之力推进，依托焦作高新技术产业开发区和南部产业新城，以科技金融、创业孵化、风险投资为重点，建设一批具备国际视野、形成产业集聚、实现产城融合的高端产业园区。比照上海G60科创走廊，围绕郑洛新国家自主创新示范区，构筑以新一代信息技术产业、智能制造、人工智能、生命科学、新能源为特色的高新技术产业集聚带，共建郑焦产业带科创走廊。

（七）在开放合作上实现大带动

拓展开放领域，提高开放质量，建好开放平台，在新起点上推动开放合作实现新突破。围绕开放平台发力，积极融入"一带一路"，深度融入"五区""四路"，努力打造内陆开放新高地。推进焦作无水港建设，加快建成以集装箱运输为主，兼顾大宗散货装卸、堆存、仓储功能于一体的综合性物流园区，实现跨区域货物配送中转和货物口岸等功能，打造焦作市最便捷的出海口。

（八）在城市功能上实现大提升

以拉大框架、做优布局、完善功能、产城互动、提升品位为重点，以打造精致城市、品质焦作为目标，写好"沿山沿黄""两山两拳""南北双城"战略文章，全力打造黄河北岸及南太行产业经济带，提高城市综合承载力，全面拓宽产业发展空间。

参考文献

孙晶、李涵硕：《金融集聚与产业结构升级——来自 2003～2007 年省际经济数据的实证分析》，《经济学家》2012 年第 3 期。

李扬：《西部地区产业集聚水平测度的实证研究》，《南开经济研究》2009 年第4 期。

Dunn E. S.：A statistical and analytical technique for regional analysis, Papers of Regional ScienceAssociation，1960（6）：97－112.

吴继英、赵喜仓：《偏离－份额分析法空间模型及其应用》，《统计研究》2009 年第 4 期。

B.17

郑州航空港创新创业高质量发展模式与对策建议

高传华　秦金风*

摘　要： 现阶段，郑州航空港区以政府服务提升双创工作质量；以载体建设提升双创承载能力；以人才引育提升智力支撑水平；以平台搭建提升创新创业层次；以政策扶持优化双创软环境。同时，积极探索“三级孵化”、双创载体建设、产创融合等典型模式。但还存在诸如科教资源基础较为薄弱，科技创新主体相对欠缺，科技金融服务体系不完善等实际问题。对未来双创高质量发展提出对策建议：探索创新链链长工作制；加快扶持创新引领型企业；引进培育创新引领型机构；加快培育创新引领型人才。

关键词： 郑州航空港　创新创业　高质量发展

2019 年 8 月 26 日，郑州航空港经济综合实验区（本文以下简称“郑州航空港区”）管理委员会印发《郑州航空港经济综合实验区支持创新创业高质量发展的若干政策》（郑港〔2019〕115 号），提出加大创新型企业培育力度，构建现代产业体系，提升区域综合竞争力。郑州航空港区 2013

* 高传华，硕士，航空经济发展河南省协同创新中心研究员，郑州工业应用技术学院临空经济研究所所长，经济学教授、高级经济师，研究方向：区域经济、智库建设；秦金风，郑州工业应用技术学院商学院中级经济师，研究方向：人力资源。

年3月7日获得国务院批复以来，通过推动创新创业高质量发展、打造双创升级版，不断提升区域专业园区建设发展水平，打造全域高质量发展的新格局。

一　郑州航空港创新创业发展概述

郑州航空港区通过强枢纽、塑核心、兴产业、聚人气，高品质推进航空新城建设。2019年，郑州航空港区地区生产总值完成980.8亿元，增长10.2%。2020年，郑州航空港区在创新驱动项目中，航南创新服务综合体、大乘中小企业高科技产业园2个项目建成投用，坤鼎产业园加快建设，合坤双创孵化综合体、郑州台湾科技园标准化厂房二期建设3个项目开工。郑州航空港区打造创新驱动发展核心载体，创新创业总体保持良好发展态势。

（一）以政府服务提升双创工作质量

郑州航空港区加强电子政务建设，专门成立政府服务改革工作领导小组，下设综合组、“一件事”组、“网上办”组、商事登记提升组等8个工作专班，以“一件事”集成服务为切入点，以政务服务“一张网”为支撑，提高服务事项“一网通办，一次办成”比率。2020年底前力争实现政务服务事项网上可办率达到85%以上，全面打造国际化营商环境。建立市、区两级双创示范基地工作联席机制，统筹协调重点任务实施，建立双创示范基地“首席服务官+服务联络员”服务制度，为入驻企业和团队提供一站式服务。成立“双创示范基地专家顾问委员会”，为双创工作提供决策咨询、规划论证、项目评审等专业服务，初步确立了双创工作指导体系。另外，开办双创示范基地企业家训练营，依托黑马学院郑州分院开展专业培训，链接区外资源，不断提升双创企业、载体的管理服务水平。

（二）以抓载体建设提升双创承载能力

郑州被列为唯一的空港型国家物流枢纽。郑州航空港区枢纽经济

“空中丝绸之路”建设取得新突破。2019年中原龙浩航空公司揭牌，中州航空公司获批航空经营许可证，两家本土航空公司的组建实现了河南省本土航空公司重要突破。郑州航空港区围绕提升双创载体水平，加快构建低成本、便利化、全要素和开放式的双创综合载体。重点推进航空港科创中心、瞪羚企业园、嵩山创新园、思念骏域创投产业基地、临空生物医药园等产业孵化平台建设，明晰园区功能定位和空间布局，提供基金配置等专项政策支持。坚持自建与引进相结合，加快孵化平台建设。协同发挥企业、创投机构和社会组织的力量，发展创客空间、创业咖啡、创新工场等新型孵化器，积极孵化优质科研团队和创业项目。同时，与百度创新中心、创业黑马、UFO众创空间等机构签订合作协议，委托开展专业孵化，示范基地给予政策、资金支持。在2017年，双创示范基地新增孵化承载面积已达100万平方米，新增国家级孵化器（众创空间）3家、省市级13家，中铁装备、海马轿车、宇通客车等获批河南省企业双创示范基地。

（三）以人才引育提升智力支撑水平

大力实施“智汇郑州”人才支撑性工程，聚天下英才而用之。坚持引人才与引项目并重，聚焦顶尖人才（团队）、国家级领军人才，积极落实项目资助、人才落户、购房补贴、子女入学、社会保障等系列政策，加快高端人才聚集。加快推进“郑州航空港引智试验区”建设，健全人才引进制度，优化人才培育环境，打造基地引智展示平台。依托国家级专家服务基地、航空大都市研究院、约翰·卡萨达教授工作室等平台，开展国际人才交流、产业技术转移等活动。2019年10月26日，在第二届中国·河南招才引智创新发展大会郑州航空港区招才引智专场，国际专家委员会正式成立，首批入选专家为14人，作为全面建设“中国的航空大都市”的战略咨询机构。另外，2019年在高等教育资源培育方面取得零的突破。河南水利与环境职业学院、郑州工程技术学院、郑州财经学院三所高校正在建设郑州航空港区新校区。

（四）以平台搭建提升创新创业层次

高标定位，加快产业培育平台建设。重点围绕培育航空物流、高端制造、现代服务等主导产业，鼓励优势企业开展技术创新，实现以产促创、以创兴产。国际智能终端（手机）生产基地、千亿级整车生产基地、中国（郑州）跨境电子商务综合试验区、国家生物医药产业基地等已初具规模。同时积极与知名高校、科研院所开展合作，联合设立产业技术研究院、协同创新中心等，已与中国科学院、哈尔滨工业大学、浙江大学技术转移中心、中英化学联合会、郑州航空工业管理学院等开展合作，整合院校人才、技术和产业资源，推动创新链和产业链不断完善。2018 年，郑州航空港区国家双创示范基地已有国家级研发中心 9 家，省级大数据创新平台 3 家，省级研发中心 98 家，市级研发中心 184 家，获批河南省小巨人（培育）企业 26 家、科技瞪羚企业 14 家。

（五）以政策扶持优化双创软环境

全面落实国家、省市有关支持双创的政策，积极完善区级双创政策体系。2017 年 3 月 31 日，郑州航空港区管委会印发《郑州航空港经济综合实验区关于建设国家双创示范基地和国家自主创新示范区的若干政策（试行）》（郑港〔2017〕36 号），提出强化双创产业支撑，加快双创载体建设，提升创新发展水平等，并出台了实施细则。同时，每月开展一次大型政策宣讲会，明确政策兑现办法、操作路径和具体流程。坚持将双创示范基地建设、郑洛新国家自主创新示范区建设等政策用足、用活，省市区三级政府每年安排 5 亿元支持双创示范基地建设。仅 2017 年，双创示范基地共获得上三级财政扶持资金 1.75 亿元，本级财政扶持资金 3 亿元。积极引导区内双创综合体和孵化器组织开展双创活动，提高创业品牌系列活动规模和组织水平，激发活力。另外，通过举办“创响中国”、中原创投领袖论坛、豫沙龙融创汇、郑创汇创新创业大赛、“创出彩”河南青年创新创业大赛等双创活动，吸引优质双创项目（团队）落户。同时，定期组织双创大讲堂、创业辅导、项目路演等各类活动，构建多层级生态体系，进一步优化双创软环境。

二　郑州航空港创新创业高质量发展典型模式

郑州航空港区创新创业高质量发展积极探索了三种典型模式，广泛性、普惠性和统筹性兼顾，其中“三级孵化”深化创新服务纵向覆盖，而产创融合则聚焦科技产业的横向创新。

（一）“三级孵化”模式

“三级孵化”模式，即结合创新创业不同阶段实际，实施“源头孵化+专业孵化+增值孵化”模式，集聚各类创新创业资源，培育创新创业主体。

1. 源头孵化

第一，实施网络孵化。如郑州航空港区台科创酷众创空间通过网站、APP、微信公众号等拓宽初创项目来源渠道，综合研判、遴选项目导入众创空间进行重点孵化。第二，实施异地孵化。手机产业园围绕智能终端上下游产业链项目定位，对处于创业萌芽期的项目团队，在高校聚集区打造1000平方米的“创客+”创客空间，进行创业资讯、培训、项目、资金的资源整合。第三，实施委托孵化。与港区周边高校、科研院所、企业联盟等签订合作协议，委托专业机构开展苗圃孵化，郑州航空港区管委会给予政策、资金支持，将高端科研团队和创业项目导入双创示范基地。

2. 专业孵化

通过在双创示范基地内建设专业孵化器、众创空间，为科技型初创企业提供孵化、辅导、扶持和培育，在其创业、成长阶段给予充分有效的服务和配套条件支撑。目前，区内智能终端国家级孵化器重点孵化智能终端（手机）、电子信息等初创企业，临空生物医药园孵化器、台科创酷孵化器重点孵化生物医药、大数据类初创企业，集聚创客汇、UP创客梦想空间重点孵化跨境电商类初创企业。

3. 增值孵化

通过在产业园区内配套建设不少于总面积 1/2 的企业加速器，对经过专业孵化阶段、开始进入快速成长期的科技企业，提供生产经营场地，同时配套公共技术、投融资、人才引进等平台服务，集中实施政策支持和资源整合，通过 2～3 年的时间，推动企业增值，培育高成长性高新技术企业。

（二）双创载体建设模式

双创载体建设模式，即按照“重点优化、着力推进、加快谋划”三个层次，通过实施专业园区建设示范，改善双创服务环境和生态环境，建立健全示范基地科技孵化体系。

1. 开发建设模式

坚持“政府主导、市场化运作”原则，合理布局每个示范园区的产业，原则上每个示范园区重点发展 1 个主导产业和 2 个关联产业。企业负责决定产业细分领域和自身功能定位，培育或引入引领自身产业发展的龙头企业，配套建设孵化器、加速器和服务设施。采取建设投资主体多元化，由国资平台投资建设、企业独资建设、双方合资共建，实现有租有售、租售并举。

2. 运营管理模式

坚持专业化运营，通过组建专业管理团队，或与大型专业化平台类机构进行实质性合作，提升自身的资源整合能力、企业孵化能力和产业培育能力。园区建有公共技术平台、公共服务平台，为入驻企业和团队提供全链条、一站式、低成本和便利化的服务。设立科技投融资平台，用自有资金在园区内部设立天使或种子资金，采用引导设立或外部引进的方式设立产业投资基金或风险投资基金。

3. 扶持激励模式

对编制完成总体发展规划、组建完成专业管理团队、搭建完成综合服务平台，并实际开展创新创业工作的示范性园区，给予土地、资金等专项政策扶持，实现“一园一规划、一园一主业、一园一政策”，使政策扶持更具针对性，也在一定程度上规避园区间同质化恶性竞争。

（三）产创融合模式

产创融合模式，即坚持“产创融合”发展模式，围绕产业链设计创新链，围绕创新链筹划资金链，通过双创补链强链，培育创新集群，发展产业集聚，提升主导产业创新发展能力。通过“技术创新＋内部创业＋产业布局”，主要聚焦科技产业的横向发展。

1. 依托企业开展技术创新

充分发挥中铁装备、富士康、友嘉、海马轿车、宇通重工等大型企业作为创新创业的主体作用，引导企业由外延式扩张向内涵式创新转变，探索实践“企业出题、政府立题、协同解题”的政产学研合作创新机制。每年安排不少于1亿元的科技经费，重点用于科技重大专项（计划）、技术创新与引导计划等。

2. 引导企业开展内部创业

发挥龙头企业在双创中的作用，鼓励企业开展内部创业。富士康郑州科技园依托自身技术和人才优势，积极推广企业创客文化，努力营造创新、创意、创业氛围，成立“云之咖啡”（郑州）创客大本营，围绕“硬件、软创、文化”三大类创客项目，搭建服务平台。

3. 围绕主导产业布局双创

一方面，创新驱动，与产业政策深度融合，将创新转化为生产力，把发明或技术成果转化为市场需要的商品，最终形成规模产业，推动产业优化升级。2020年2月26日，《郑州航空港经济综合实验区优先发展产业指导目录及准入条件（2020年本）》印发实施，提出优先发展产业指导目录，主要包括新一代信息技术产业、高端装备制造产业、新材料产业等13大类。此举旨在进一步优化产业结构，形成多点支撑、系统配套、链条完整的产业体系，全面提升产业竞争力。郑州航空港区依托国际智能终端省级大数据产业园，搭建航空港大数据应用与服务产业技术应用研究院等3个省级大数据领域创新平台，同时引入海航科技、软通动力等优势企业，助推大数据产业发展。另一方面，依托优势主导产业，发挥龙头企业技术、资源优势，开展创新创业。依托新郑综合保税区电子口岸通关便利化，发挥中部电商产业园、跨境电子商务示范园的带动作用，搭建专业孵化平台（众创空间）开展创新创业。

三　郑州航空港创新创业高质量发展存在问题与对策建议

（一）存在问题

1. 科教资源基础较为薄弱

当前，郑州航空港区尚无科研院所，以及研究型大学，智力支持不足，协同创新基础薄弱，不利于高端人才聚集，制约科技创新工作开展。

2. 科技创新主体相对欠缺

郑州航空港区缺乏国有大中型企业，高新技术企业数量少，科技企业规模小，科技创新体系尚在建设阶段，协同创新和自主创新能力有待提升，创新主体培育亟待加强。

3. 科技金融服务体系不完善

创业投资融资渠道偏少，部分创业企业不能获取有效的资金支持，产业加速体系构建尚在起步阶段，企业加速体系建设不完善，亟须搭建专业、完善的投融资平台。

（二）对策建议

坚持“项目化、清单化、具体化”工作方向，进一步明确主要抓手，力争在创新创业上取得新的成效。

1. 探索创新链链长工作制

结合重点产业链，探索创新链链长工作制，围绕主导产业定位，加快国家级创新平台搭建，做好博睿精准医学国家重点实验室申报和武汉国家光电实验室引进工作，推动视博电子、昂睿生物、台科产业园三个省级大数据领域创新平台建设；重点加强对规模以上企业建设重点实验室、工程技术研究中心的培育力度，引导已经获批的市级以上工程技术研究中心、公共技术服务平台提档升级，争创省级、国家级创新平台。加大财政资金投入力度，引导社会资金共同参与，扩大资金来源。加大社会融资总量，培育重点上市后备企业，提高直接融资比重，强化科技金融结合，创新财政资金投入方式。建立规范化和市场化的科技金融运作机制，为企业和项目发展提供强有力的资金支持。

2. 加快扶持创新引领型企业

梳理郑州航空港区重点产业链及发展现状，基于产业链图、技术路线图、应用领域图、区域分布图等，建立双创示范基地创新龙头企业后备库，重点支持友嘉、合晶、科锐、领胜科技等龙头企业列入国家、省市重点扶持范围。推动航空港科创中心、豫港国际生物医药科技园等园区加快科技型企业引进，充分发挥百度创新中心、UFO 众创空间等双创平台孵化作用，积极实施“源头孵化”工程，培育和引进一批高新技术企业、科技型中小企业。同时根据“三级孵化”模式实施“创新主体培育计划”，针对区域内创新创业企业，重点给予政策支持，激发企业科研人员创新创业热情；鼓励大型企业建设产学研创新联盟、承担重大科技专项，引导示范基地各类创新要素向企业集聚，不断发挥企业在技术创新决策、科研投入、成果转化和产业化等方面的主导作用，让基地内企业成为双创活动的主体。

3. 引进培育创新引领型机构

以推动中科院软件所郑州基地建设为重点，加快推动“一中心、一平台、一基金”建设。探索知名科研院所与地方政府合作模式，完善创新引领型机构的各项政策，在进一步扩大与中科院系统合作的同时，积极推动与北京科技大学合作设立新兴产业技术研究院、与机械科学研究总院合作落户动力传动产业技术（郑州）研究院等有关工作。通过实施“源头孵化”工程，使郑州航空港区与周边及郑州市区高校和科研机构等创新主体和创新资源密集区形成有效链接，推动孵化链条向前延伸，实现人才和技术集聚，为示范基地建设提供创新支撑。建议国家根据郑州航空港区国家双创示范基地产业实际，针对性给予产业技术、基金、成果转化方面的政策支持，优先推介与国家新兴产业创业投资引导基金、国家中小企业发展基金等对接。

4. 加快培育创新引领型人才

以“智汇郑州”聚才计划为抓手，落实人才扶持政策，不断加大高、精、尖、缺领军人才和团队的培养引进建设力度。积极做好“航空港实验区引智试验区展示中心”项目，打造集人才目录发布、人才引进服务及成果展览为一体的引智工作综合体，提升人才综合服务水平。

参考文献

喻新安、胡大白、杨雪梅主编《河南创新创业发展报告（2019）》，社会科学文献出版社，2019。

曹和平、唐丽莎：《数字经济背景下的创新型人才队伍建设》，《开放导报》2020年第1期。

高传华：《郑州航空港枢纽经济演化发展路径》，《中国国情国力》2017年第8期。

赵志泉：《郑州航空港经济综合实验区发展人才机制研究》，《创新科技》2015年第6期。

田永茂：《实施“三级孵化”发展模式　开创科技孵化工作新局面》，《中国科技产业》2000年第1期。

河南省发展和改革委员会、中国（河南）创新发展研究院调研组：《倾力打造河南双创升级版：河南省双创示范基地建设的调查与建议》，《河南日报》2018年7月12日。

林念修：《全国双创示范基地创新创业百佳案例》，社会科学文献出版社，2019。

B.18

坚持把创新作为最强发展动能，开拓进取谋发展

——信阳市探索实现“两个更好”的高质量发展之路

喻明达*

摘　要： 信阳高度重视双创和高质量发展工作，积极推动“大众创业万众创新”不断迈上新台阶；营造优良环境，坚持把创新作为最强发展动能；抓牢重点项目，把创新作为提升区域竞争力的关键；抢抓政策机遇，以“更高质量”确保“两个更好”；聚焦重点目标，大力推动双创提质增效；积极探索实现“两个更好”的高质量发展之路。

关键词： “双创”　高质量　区域竞争力　信阳

信阳既是传统农区，又是大别山革命老区；总面积1.89万平方公里，总人口880万人，是国家大别山集中连片特困地区，所辖8个县均为贫困县，其中6个县是国家级贫困县。

近年来，信阳全市上下高度重视双创和高质量发展工作，认真贯彻落实党中央、国务院的决策部署和省委省政府重要指示，积极推动“大众创业万众创新”不断迈上新台阶、提高新水平；积极按照国务院发布的《关于

---

* 喻明达，信阳农林学院副研究员，副编审，研究方向：人才与人力资源开发、农业科技创新与“三农”问题。

推进创新创业高质量发展打造“双创”升级版的意见》，深入实施创新驱动发展战略，积极培育发展新动能，促进大众创业万众创新。尤其是2019年9月习近平总书记视察河南信阳，明确提出“要把革命老区建设得更好，让老区人民过上更好生活”重要讲话精神，信阳市委市政府倍受鼓舞和振奋，及时召开专题会议传达学习贯彻习近平总书记的重要指示精神，确立工作新思路为以“更高质量”确保“两个更好”。具体说就是：以更高质量的发展，确保把老区建设得更好；以更高水平的保障，确保让老区人民过上更好生活。

目前，信阳市积极适应和引领经济发展新常态，以实施创新驱动发展战略为统领，以营造良好创新创业生态环境为目标，以激发全社会创新创业活力为主线，以构建众创空间等创业服务平台为载体，创新体制机制，培育创新文化，加快形成大众创业万众创新的新局面。初步建设一批满足大众创新创业需求、具有一定专业化服务能力、形式多样、充满活力的众创空间等新型创新创业服务平台；孵化培育一批科技型、创新型中小微企业，形成新的产业业态和经济增长点；创新创业环境持续改善，创新创业主体日益多元，各类支撑平台不断丰富，全社会创新创业政策环境和文化氛围日益浓厚，创新创业理念日益深入人心，创新创业取得了阶段性积极进展和显著成效。

一　坚持把创新作为最强发展动能,开拓进取谋发展

（一）持续营造创新创业环境氛围

信阳把推动大众创业万众创新放到工作重要位置，更加注重加强大众创新创业的宣传引导，持续营造创新创业的良好社会环境氛围。

近年来信阳市委市政府多次强调：发挥“互联网+双创”的乘数效应，积极发展众创、众包、众扶、众筹，促进生产与需求对接、传统产业与新兴产业融合，形成线上与线下协调的创业创新格局。充分发挥各种研发平台、创业创新服务中心和创业创新实践基地的作用，搭建开放共享的创业创新基础性平台，形成更多开放便捷的众创空间。近年来围绕“双创”工作深入

开展，组织了一系列的宣传活动。

1. 开展各类双创主题活动

以“创新引领　共享发展”为主题的信阳市年度科技活动周开展，召开了全市众创空间建设座谈会，组织高等院校、科技企业孵化器、众创空间、县区科技部门、互联网企业等单位，围绕众创空间、创新平台建设，积极探索众创空间发展的思路和举措，并在《信阳日报》刊登专栏进行持续宣传报道。信阳市人民政府又多次主办以“弘扬工匠精神，打造技能强国”为主题的“信阳市年度职业教育活动周”活动。信阳市还举办以“创新放飞梦想　科技引领未来”为主题的全国科普日信阳会场活动。

2. 积极组织双创竞赛活动

鼓励支持并组织多家大学生创办的企业和团队报名参加中国创新创业大赛、中国“互联网+”大学生创新创业大赛等活动。通过多种形式的宣传报道和实践活动，营造大众创业万众创新的社会氛围。市人社局、团市委、市商务局和信阳市电商协会等联合举办的信阳市第三届大学生网络创业创新大赛，此次大赛也是信阳市创业服务进校园系列活动之一，旨在激发青年大学生群体的创新创业热情，积极投入到“大众创业万众创新”的大潮中来，为信阳市创业创新注入新的活力。

3. 大力组织实施大型创业就业活动

近三年来，信阳市人社局、市总工会等联合举办了3次以“大众创业万众创新”为主题的大型创业就业活动，组织羊山新区信阳国际家居小镇、工业城电子产业园、平桥产业集聚区、明港产业集聚区、平桥电子产业园等近200家企业和职业培训机构参加，每次提供就业岗位5000余个。据不完全统计，近三年来全市就组织招聘活动280多场，参会企业5000多家，提供就业岗位15万多个，吸引18万多人进场，达成就业意向7.8万多人。①

① 胡瑜珊：《推动全市经济向高质量发展迈进　开启新时代信阳现代化建设新征程》，《信阳晚报》2018年1月16日。

（二）持续完善创新创业政策体系和机制

信阳市认真落实党和国家、河南省推进大众创新创业的决策部署，持续创新工作机制，不断优化政策环境，主要体现在以下几方面。

1. 推行准入机制

在准入机制上，信阳市坚持“非禁即入”的原则，放宽各种限制性要求，让众多劳动者成为创业主体。积极推进放管服工作，大力提升行政效能，如出台了《信阳市人民政府关于调整一批市级行政权力事项和明确进驻市行政服务中心项目的通知》（信政文〔2016〕171 号），调整市级行政职权事项共 72 项。信阳市工商局积极服务地方经济发展，以深化商事制度改革推进创业发展，在注册、登记、鉴定等方面推出了一系列举措，着力形成“大众创业万众创新”的新局面，为市场主体提供便利。企业“五证合一、一照一码”，个体工商户“两证整合”改革已全面完成。

2. 确保政策落实

在政策落实上打破行业界限和部门分割，简化程序，提高效率。信阳先后研究出台了《关于发展众创空间推进大众创新创业的实施意见》《关于支持工业创新驱动发展的若干意见》《信阳市科技金融“科技贷”业务实施方案》《信阳市人民政府关于加快推进电子商务发展的实施意见》等政策，创新创业环境持续优化。

3. 引导资金支持

在资金支持上，设立了信阳市大众创新创业专项资金，鼓励扶持大学生开展创新创业实践活动，出台了《信阳市电子商务专项引导资金管理办法》，积极促进信阳市电子商务快速、健康、有序发展；落实创业担保贷款政策，将各类自主创业人员个人贷款财政贴息额度统一调整为 10 万元，增加 30 万元不贴息贷款，提高创业贷款额度，给予创业者更大资金支持，提高创业成功率；积极运用市场机制，引导社会资金支持创业，联系新三板融资机构积极投入信阳市创业活动，扩大创业融资渠道。

4. 优化环境建设

在环境建设上，积极推进社会信用体系建设。在政务诚信、商务诚信、社会诚信和司法公信方面建设取得了初步成效。

（三）持续打造创新创业平台载体

目前，信阳市工业领域已经有了一定基础，正在成为主导产业的有 7 个。其中，传统支柱产业有 4 个，分别是：农副产品加工和食品产业、建材产业、纺织服装业、装备制造业；战略性新兴产业有 3 个，分别是：以天扬光电、舜宇光学为代表的电子信息产业，以明阳风电、航天精工为代表的高端装备制造产业，以超霸锂电、超级电容为代表的新能源产业。

近三年来，信阳市重点把双创载体打造工作作为双创工作的着力点和突破口，充分利用各类工作载体，全方位推进双创工作。

1. 大力支持双创落地平台建设

一是集中打造双创示范基地。信阳高新区以企业孵化中心为载体，系统开展创新创业孵化服务，着力打造覆盖企业成长全过程的创新创业孵化体系。目前，企业孵化中心已建设 4 个创业服务基地，总孵化场地面积约 34 万平方米，在孵企业 38 家，毕业企业 9 家。信阳高新区也被河南省认定为省级双创示范基地。二是加快建设科技孵化载体。信阳市已拥有省级众创空间 2 家、专业化众创空间 3 家（全省共 12 家）、科技企业孵化器（含组建）4 家；信阳大学科技园也正在加快筹建中。三是突出电子商务示范带动。市商务局积极开展电子商务进农村、电商产业园区以及电商企业的示范创建工作，努力打造服务“双创”的落地平台。光山县被认定为国家级电子商务进农村综合示范县，商城县、新县、潢川县被商务厅评为省级电子商务进农村综合示范县。目前，信阳市共有省级电子商务示范企业 6 家，示范基地 1 个，市级电子商务示范企业 29 家，示范基地 2 个，各类电子商务产业园、创业孵化园近 20 个。[①]

① 胡瑜珊：《推动全市经济向高质量发展迈进　开启新时代信阳现代化建设新征程》，《信阳晚报》2018 年 1 月 16 日。

2. 强力推进网上双创平台建设

信阳市重点打造的阿里巴巴信阳产业带从2016年1月开始试运营至今，平台现已入驻企业达到561家，在全国运营的204个产业带站点中综合排名第45位。通过产业带平台帮助信阳优势产业、源头产品在全网进行推广、销售，拓宽了企业销售渠道，培育了一批小而美的电商企业，扎实帮助了信阳市中小企业转型发展，为信阳打造电商物流高地做出了贡献。

（四）持续强化创新创业服务

提高创新创业服务重要性思想认识，突出抓好企业服务、创业培训、重点人群三个服务重点，为大众创业万众创新营造良好的发展环境。

1. 积极开展服务企业活动

信阳市中小企业公共服务平台自2015年开展免费公司注册全程顾问式服务“扬帆”计划以来，仅2016年全年累计接受1200多家企业的咨询办理，现已有968家注册企业在“扬帆”计划的帮助下顺利拿到营业执照。平台充分利用“信阳市中小企业金融超市”，集聚各类金融机构，通过股债权融资、银行贷款、中小贷、融资租赁、保理、创业投资、信用担保、互联网金融、股权质押、POS贷等各种方式，实现项目与资本的精准对接，帮助2家企业进入到新三板筹备阶段，3家企业进入到新四板挂牌筹备阶段，为多家企业与主板上市企业进行资产重组、培育孵化等方面的合作。近三年来，信阳市科技局全局上下组织开展科技服务企业调研活动，主动做企业创新的服务员、科技政策的宣传员、项目申报的辅导员、科技合作的联络员，现已走访调研企业150余家，协调帮助解决科技需求30多项。组织开展“政策进千企”活动。市级选派发改委和工信委科级以上干部37人，为市“双50”企业首席服务员，13个县区（包括开发区、管理区）也建立了首席服务员制度，共选派439人负责843家企业，累计组织集中宣讲活动338场（次），一对一宣讲176次，覆盖了全部规模以上工业企业。信阳市还组织知识产权宣讲团，走进信阳农林学院、信阳职业技术学院等高校，开展“知识产权进高校”巡回宣讲活动和知识产权实务培训，激发高校师生创新创业热情。建立全民创业服务体系，形成覆盖全市的多主体、多层次的全民创业服务体系，为全民创业提供市场信息、创业指导、行政许可、融资担保、技术支持、经营管理等系列化服务，切实为全民创业营造良好的发展环境。信阳市地税局主动依规减免税，政策落实不折扣。仅 2016 年，全市 550 户企业所得税税收优惠备案类企业累计享受到 1391 万元减免，对符合减免政策的小微企业办理营业税减免 1048.75 万元，国税局为 2544 户纳税人申报落实了小微企业税收优惠政策，减免企业所得税 858 万元，[①] 为企业送去了“真金白银”，激励了创业，促进了就业，释放了税收优惠政策的红利。

2. 积极强化创业培训，提升创业能力

信阳市教育局会同财政、工信、科技、商务、农业、人社、民政、扶贫等部门协调配合开展各类培训。近三年来，全市开展的“农村劳动力转移就业技能培训”“阳光工程”“雨露计划”等各类教育培训达 9.5 万多人次。信阳市商务局启动万名电商人才孵化行动计划，全方位构建了政、校、企、协四位一体实用电商人才培训体系。先后组织举办各类培训活动 300 多场次，累计培训 6.3 万人次，为大众创业万众创新培育了一批电商行业的生力军。据初步测算，电子商务直接或间接带动全市 2 万多户贫困户脱贫，仅光山县注册网店 6000 余家，从事电商的贫困人员人均增收 5000 多元。

3. 突出大学生创业扶持

对突出大学生的创业，信阳市相关部门全程给予大力支持。如信阳师院物理电子工程学院 2013 届本科毕业生朱志恒创办的启航信息科技有限公司，在其创办和成长的过程中，市有关部门联合学校专门组建创业导师团队，在其创办之初，在工商注册、政策宣传、政策支撑等方面进行一对一的服务；在其发展过程中，对其技术研发先后给予立项支持；在其参赛过程中，全程进行具体业务辅导，扶持其不断完善提高。该创新团队不但在大学生创新创业大赛中获奖，还成功入围了第四届中国创新创业大赛总决

① 《信阳市 2016 年双创工作总结》，信阳市工业和信息化委员会提供。

赛。同时积极争取上级创业扶持，以大学生创业为主的信阳启航信息科技有限公司等 22 家创业企业入选 2016 年上半年全省大众创业项目，分别获得 2 万 ~10 万元扶持资金。

4. 大力推进信阳中小企业与高校毕业生创业就业

目前，平桥区公共实训基地现入驻有 18 家企业、学校和培训机构，开设有 27 个培训项目，年培训能力达 1.5 万人次。组织开展多场校企对接活动，2016 年 5 月 14 日，信阳中小企业与高校毕业生创业就业活动走进信阳学院，120 多家中小企业与近 4000 名毕业生参加了活动。

二 抓重点目标，把创新作为提升区域竞争力的关键

近年来，信阳以项目建设为引领，围绕大别山革命老区振兴发展规划、淮河生态经济带发展规划、中办国办关于加大脱贫攻坚力度支持革命老区开发建设的指导意见，谋划实施了一大批打基础、利长远、添后劲的重大项目；目的是补齐基础设施短板，为高质量脱贫、高质量发展打牢扎实的基础。

（一）大力推动新兴产业集聚发展

全面推进智能终端、生物医药等产业集群建设，信阳高新区初步形成了以天扬光电、煜锋电子等项目为代表的智能显示终端产业链，以圆创磁电、骏畅科技、鑫华通等项目为代表的智能通讯终端产业链，以陆骐电子、图丽光电等项目为代表的视频影像模组产业链，罗山县形成了以电子变压器、线路板等相关联的电子元器件主导产业集群，新县形成了以透皮贴剂为核心的生物医药产业集群，新兴产业集聚发展态势明显。平桥产业集聚区企业发展势头迅猛，高质量发展活力足。

2018 年，平桥区生产总值 336 亿元，首次突破 300 亿元，居全市第一，增速全市第二。近年来，平桥区形成了“南北两园”遥相呼应、比翼齐飞的局面。南园——平桥产业集聚区形成了以光学电子信息、高端机械制造为主导的“高精尖”产业和总部经济；北园形成了以信钢公司为龙头的全链

条钢铁产业集群。落户此地 8 年的中大光学仪器设备有限公司，始终坚守光学行业的梦想，从最初的亏损到扭亏为盈，逐渐发展成为“全球最大光学零部件制造基地”，占据全球市场 11% 的份额。2018 年，该公司实现产值 10.05 亿元，纳税 4523 万元。①

（二）引智招商重大项目落地成效显著

着力引进一批国内外数字经济知名龙头企业入驻信阳。2019 年 1 月 7 日，国家干细胞健康工程产业示范区战略合作协议签约仪式在市行政中心举行。这是国家生命健康产业创新（信阳）示范区战略合作框架协议签署以来结出的第一个重大成果，标志着国家生命健康产业创新（信阳）示范区建设迈出了实质性一步。2019 年 6 月 17 日，信阳市政府与国家对地观测科学数据中心签订合作协议，共建国家对地观测科学数据中心备份中心与应用基地，项目总投资 18 亿元；2019 年 7 月 19 日，浉河区政府与华为公司签订“城市产业云创新中心战略合作协议”，在信阳布局建设中原鲲鹏生态创新中心。

林志·高科技孵化园现已基本建成。林志·高科技孵化园是由北京林志集团投资、信阳林志世纪置业有限公司打造的一个以高科技产业为核心的城市综合体项目，以信息技术为主导、以信阳茶产品研发为特色、以总部经济为支撑的综合性高科技园区，该项目曾被列为省、市首批重点建设项目。②

林志·高科技孵化园为全省唯一挂牌的河南省归国人员创业园，荣获河南省重点建设项目、河南省战略性新兴产业重大项目等多项殊荣。目前包含林志集团研发中心和实验中心、河南大学基础实验教学中心等 35 家高新科技企业已签订意向入驻协议。

据悉，园区利用林志集团与国家工信部、中科院、中国电信等单位在技术、信息、人才等方面的战略合作资源，采用市场化运作，突破园区概念，

① 李光远：《平桥产业集聚区企业发展劲头猛　高质量发展活力足》，《东方今报》2018 年 2 月 28 日。

② 胡瑜珊：《信阳新名片——林志信阳高科技孵化园》，《信阳晚报》2018 年 7 月 8 日。

一方面向园区外创新型科技企业开放，为其提供技术支持和服务，另一方面及时将园区内育成产品和企业转移至相关产业集聚区，实现园区与区域经济互动，将园区建成高新技术企业孵化基地、创新创业人才培育基地、高新技术产业创新基地。

（三）加快智能网络全面提速企业转型

加快发展智能制造和工业互联网，目前已培育国家级智能制造示范项目1个、省级智能工厂3家、智能车间8个，市级智能制造试点示范企业54家，已通过智能化改造的145家重点骨干企业销售收入和税收均实现20%以上增长，拉动工业项目投资增长12个百分点。羚锐、毅辉、华英等公司逐步转型成为全省知名的智能制造企业。

（四）加快推进智慧城市建设

一是开展信阳市新型智慧城市评价工作。2019年2月至3月间，组织开展了2018年信阳市新型智慧城市评价工作，系统掌握信阳市智慧城市发展现状。二是参与智慧城市建设情况调研。参加市城市管理局组织的城市智慧化管理考察，前往成都、贵阳等地了解智慧城市建设情况，学习研究推进信阳市智慧城市建设路径。三是积极推进智慧城市建设各项工作。协调有关部门，积极开展便民服务“一卡通”项目前期各项工作；推动实行政务服务和大数据管理局深化信阳市“互联网+政务服务”工作。

（五）借力政策扶助促进创新创业蓬勃发展

近年来信阳市高度重视双创孵化载体培育工作，认真落实《信阳市人民政府关于发展众创空间推进大众创新创业的实施意见》，不断完善创新创业服务体系，致力打造了一批集创业服务、项目孵化、投资融资、创业辅导、资源对接于一体的科技创新创业平台，培育了一批以社会化、专业化、市场化、网络化为服务特色，实现低成本、便利化、全要素、开放式运营的创新创业载体，切实提高创新要素供给和服务水平。

1. 积极开展“双创”工作调查研究

认真学习了国家和河南省关于“双创”工作的政策，与兄弟地市和市直有关单位进行交流学习，并深入全市高校、县（区），了解开展“双创”实际情况，探索如何推进信阳市“双创”工作。

2. 认真举办好全国“双创”活动周信阳市系列活动

从征集双创周主题展示项目开始，向各单位征集创业创新方面的好的项目，积极申报全国大众创业万众创新活动周主题展示项目，展示我市双创成果。活动周期间，大型招聘会、企业服务、融资路演推介会、技能比拼等活动精彩纷呈，吸引大量群众参与。

3. 大力支持信阳高新区省双创基地建设

按省里统一要求，指导全市高新区全面强化创新创业能力建设。依托国家级孵化器及中电光谷 OVU 创客星积极开展企业孵化工作。目前，创客星孵化器已引入孵化企业 66 家，涵盖新能源、大数据、节能环保等新兴产业的创新企业和团队。举办、承办 30 多次活动，累计参与人次达 3400 余人。企业孵化效果初步显现。

2020 年 1 月，河南省科学技术厅公布了 2019 年度省级众创空间备案名单，信阳市田铺大塆创客小镇、利行众创空间榜上有名。至此，信阳市省级以上众创空间数量达到 11 家，并形成了高校—企业—产业园的全链条式覆盖。

三　还存在一些不足

由于受地域、经济发展整体水平的制约，信阳市的双创各要素聚集仍显单薄，企业在高水平双创、高质量发展方面动能仍显疲弱；“高水平双创、高质量发展”既使命艰巨任重道远，又前景可期。

（一）创新意识不够强

信阳市是传统农区、大别山革命老区，工业基础差，高新技术企业少；传统企业产品技术含量偏低；企业发展过程中，注重规模的扩张和眼前的经济效益，缺少危机意识，研发投入不够，开拓创新意识不强。科技成果引进数量少、质量差、推广速度慢，科技成果转化力度不强，拉动作用不明显。有些企业经营管理不规范，仍有部分传统企业没有建立现代企业制度，制约了企业的发展空间，影响了企业的发展壮大。

（二）创新能力不够足

信阳市在高技术产业领域缺乏具有较强行业影响力和知名度的骨干企业，新兴产业规模总体偏小；发展主要依靠招商引资，由于适宜新兴产业发展的生态体系尚不完善，引进新企业、新项目的难度明显增大，增长动力有所减弱。如信阳四大产业之一的食品产业，“小、散、差”的状况仍未得到有效改变，企业存在“多而不大”“大而不强”的现象。产业链条短，高附加值产品比重偏低。具有优势的茶叶、小麦和肉类加工仍以初级加工为主，适应消费结构升级的方便、功能型产品发展不足。

（三）集聚效应不够强

信阳市的企业大多规模小层次低。没有产值过千亿的传统产业，缺少带动辐射能力强的大个头企业，资源型、初加工型企业占主导地位，产品多集中在产业链前端、价值链低端，传统支柱产业规模占全市产业比重70%左右，但税收贡献仅有44.8%。如信阳四大产业之一的装备制造产业，尚未形成装备制造产业集群，联动效果不佳，主打产品不突出，缺乏行业龙头企业，装备制造产业的带动和技术辐射作用还没有充分发挥。尤其是缺乏装备制造产业科技创新人才，缺少相关技术开发人员，承担区域重大技术装备自主设计和供应的实力不突出，技术含量高、附加值高的精密加工和智能化、自动化装备制造产业比例低，产品大多处于产业分工价值链的中低端。

四　机遇挑战与方向目标

当前我国正在进入以数字化生产力为主要标志和推动力的数字经济时

代，互联网与经济社会各领域深度融合，新旧动能加速转化，高技术产业发展机遇和挑战并存。

（一）机遇与挑战并存

在国家政策逐渐传导发力，制度与技术创新不断涌现，动能转换不断加速升级的大背景下，信阳双创与高质量发展机遇与挑战并存。

1. 信阳市的发展机遇

2019 年 9 月 16 日至 17 日，习近平总书记亲临信阳视察，对信阳老区在高质量发展、创新驱动战略、发展新兴产业等方面做出的重要指示精神，将成为信阳未来的发展指引方向。恰逢其时的是未来几年又是数字经济发展的战略机遇期。随着创新投入高速增长，5G、工业互联网等新一代信息基础设施建设加快，制造业企业数字化水平持续提升，我国的数字经济正从互联网平台、移动互联应用、信息技术为主导的“数字产业化”阶段，发展到人工智能、大数据等科技推动实体产业深度转型升级的“产业数字化”新阶段，工业、服务业、农业深度数字化转型需求迫切。尤其是近几年各地深入推进“放管服”改革，积极优化营商环境，提升支撑平台服务能力，大幅降低创新创业成本，承接新兴企业的“软”实力和吸引力不断增强，信阳将迎来百年不遇的利好政策叠加和优先支持的发展机会。

2. 信阳市面临的严峻挑战

当前全球经济复苏乏力，国内经济面临下行压力，中美贸易摩擦影响不确定性增强，一定程度上存在市场预期不稳、企业信心不足、生产投资积极性不高等问题。加之区域竞争日趋激烈，各市纷纷出台优惠政策措施，开放意识强，改革力度大，支持政策实，针对新兴产业的招商引资环境日趋复杂。发达地区凭借产业和技术优势，加快人工智能、生命科学、先进材料等前沿新兴技术产业的布局，抢占未来发展战略制高点，呈现“强者更强、弱者更弱”态势和虹吸效应，对信阳市新兴产业发展带来较大压力。尤其是信阳老区的工业基础薄弱，经济发展要素制约日益凸显，人才短缺、技术薄弱、融资困难等问题将更加明显。

（二）方向与目标

2019 年 9 月，习近平总书记视察河南，首站就深入到革命老区信阳。总书记关心老区建设，牵挂老区人民，明确要求“要把革命老区建设得更好，让老区人民过上更好生活”。

1. “要把革命老区建设得更好，让老区人民过上更好生活”

信阳市委、市政府抢抓机遇，在 2019 年底的信阳市委全会上，聚焦基础设施、社会民生、产业发展等重点领域，聚焦贯彻落实习近平总书记“两个更好”重要讲话精神的目标任务，提出工作总体思路是：以“更高质量”确保“两个更好”。就是以更高质量的发展，确保把老区建设得更好；以更高水平的保障，确保让老区人民过上更好生活。

2. 以聚焦项目建设为抓手提升动能促发展

信阳市委、市政府在 2019 年底的信阳市委全会上，以“更高质量”确保“两个更好”的发展方向，认真对照要求进行条分缕析，分解为 9 类 14 项任务 82 个子项，实行“专班专门专项”抓落实。谋划重大项目 1857 个，总投资 6910 亿元，抢抓国家部委、省直厅局编制“十四五”规划的机遇，积极向上对接争取；并梳理出第一批急需实施的项目 7 大项 20 小项，总投资 1270 亿元，① 向省政府做了专题汇报。

结合贯彻落实河南省委全会、经济工作会和“两会”会议精神，把创新作为最强发展动能，把创新作为发展支点，下大气力补齐创新短板，聚集创新资源，以新技术、新产业、新业态、新模式不断催生新的增长点；努力把实体经济做优做强做实，筑牢经济高质量发展的根基，为信阳市经济社会持续健康发展提供不竭动力。

（三）聚焦重点目标发力提质增效

信阳市将切实增强科技创新能力，大力实施创新驱动发展战略，加快布

① 《信阳：探索实现“两个更好”的高质量发展之路》，人民网、河南频道，2020 年 1 月 14 日。

局建设一批双创平台，壮大创新主体，实施创新平台培育计划，构建区域创新创业促进体系。着力发挥人力资源优势，全方位提升劳动者技能素质，大力培育和引进一批高端人才、技能人才、紧缺人才、青年人才，努力把人口优势转化为人力资源和人才优势，把各方面的优秀人才集聚起来，引领带动产业加快发展。

正如信阳市市长尚朝阳在2020年河南省“两会”接受记者采访时说：对信阳来讲，如何走好高质量发展之路，首先是扛稳一份责任。其次是抓住一项机遇：习近平总书记视察信阳，就是最大的机遇。最后是主攻一个方向，[①] 这个方向就是产业的转型升级。

1. 培育发展战略性新兴产业集群

重点在重大项目、创新平台、开放合作等方面发力，加快培育3个省级战略性新兴产业集群。一是实施新兴产业集群培育工程。围绕新型显示和智能终端、现代生物和生命健康、节能环保3个重点领域，科学谋划产业主攻方向和突破重点，促进产业链分工配套和区域协同发展。二是推动集群综合性平台建设。探索“产业园区＋创新孵化器＋产业基金＋产业联盟”一体化推进模式，建设集研究开发、检验检测、成果推广、创业孵化等功能于一体的产业集群公共服务综合体。三是引进培育一批龙头企业。围绕新兴产业重点发展领域，开展集群招商和产业链招商，引进一批国际一流、国内领先的龙头企业，落地一批带动性强、投资规模大、业态模式新的重大项目。

2. 大力加快发展数字经济

一是研究出台信阳市数字经济发展实施方案。根据《河南省数字经济发展实施方案》《河南省数字经济发展重大工程》，研究信阳市数字经济发展的重点领域，指导信阳市数字经济发展。二是加快5G基础网络建设。积极推动信阳市政府与中国移动通信集团河南有限公司签订5G新型数字经济

① 《信阳：探索实现“两个更好”的高质量发展之路》，人民网、河南频道，2020年1月14日。

发展战略合作协议落地，加快推进5G行业应用和模式创新，重点推进5G+政务、环保等智慧项目建设。三是实施5G+示范工程。围绕5G产业链关键环节，探索实施5G旅游试点示范、5G医疗等项目。四是大力发展电子商务。实施电子商务示范工程，加快建设国家和省级电子商务示范基地，推进金牛电商物流产业园、光山县羽绒服装电子商务创业基地等重点园区建设。引导企业在重要物流节点和物流集散地建设或改造一批智能化仓储物流示范基地。大力发展农村电商，通过“政府引导、企业联动、农户参与”的方式，加强县乡村三级物流体系建设，打通农产品上行网络销售渠道，提高物流配送能力和农产品的商品转化率，助力乡村振兴。五是推进制造业数字化转型。培育国家级智能示范项目、省级智能工厂和智能车间，进一步推动企业上云打造一批智能制造标杆企业。

3. 大力加快推进智慧城市建设

一是加强政务信息系统建设。研究制定《信阳市政务信息系统项目管理办法》，大力推进“互联网+政务服务”工作。二是力争开工建设华为大数据产业园项目，提升智慧城市建设基础支撑能力；力争开工建设国家对地观测科学数据中心备份中心与应用基地，带动大数据产业快速发展。三是开工建设“居民一卡通”项目，逐步推出一批通用惠民应用。四是以政府为主导，广泛开展与社会资本合作，实施智慧环保项目、智慧交通项目、智慧教育项目、智慧医疗项目等。

4. 大力推动创新创业高质量发展

一是加快推进双创基地建设。推动信阳高新区围绕载体建设、主体培育、成果转移转化、资源开放、人才集聚等组织实施一批重点工程，建设高标准的省级双创示范基地，推动一批双创孵化器项目建成运营；指导和帮助榕基公司利用自身优势开展企业孵化和众创空间建设，创建省级双创示范基地。二是推动双创服务加快发展。大力引进培育研究开发、技术转移、检验检测认证、知识产权、科技咨询等专业科技服务机构，建设一批“互联网+”科技型中小微企业综合服务平台，培育一批创新创业第三方服务企业。三是继续办好双创活动周、“创响中国”等品牌活动。

参考文献

《国务院关于推动创新创业高质量发展打造“双创”升级版的意见》（国发〔2018〕32号），2018年9月26日。

河南省发改委：《关于推动创新创业高质量发展打造“双创”升级版的实施意见》，2019年4月30日。

信阳市人民政府：《关于印发2019年信阳市国民经济和社会发展计划的通知》，2019年6月12日。

刘国艳：《打造“双创”升级版　助推经济高质量发展》，2018年9月30日。

《省长尹弘：以创新引领河南高质量发展!》，《人大建设》，2020年1月10日。

信阳市发改委：《2019年工作总结及2020年全市高技术产业发展工作思路》，2019年11月。

B.19
新乡构建现代化创新体系推动经济高质量发展

石晓华　任太增*

摘　要： 自2015年中共中央国务院《关于深化体制机制改革加快实施创新驱动发展战略的若干意见》出台、2016年《国家创新驱动发展战略纲要》发布以来，新乡市坚持科技创新和体制创新双驱动战略建立创新发展新体系。2020年继续坚持新发展理念，以供给侧结构性改革为主线，以郑洛新国家自主创新示范区建设为抓手，升级创新创业环境，形成了覆盖创新创业各领域各环节的政策支持体系，推动新乡经济高质量发展；以中国制造2025试点示范建设为契机，加快产业结构优化升级，着力构建现代化创新体系和现代化产业体系，加快全面优化迈入创新型城市行列。针对存在的产业融合聚集力较弱、科技成果转化率偏低等问题，及高新技术企业队伍不够壮大和高层次创新人才缺乏较突出的现状，新乡市政府应立足长远，从顶层设计规划创新发展体系，进一步加大促进产业融合力度，切实推动高层次人才培育，构建现代化经济体系，推动经济高质量发展。

关键词： 创新型城市　现代化创新体系　新乡

---

* 石晓华，博士，河南师范大学商学院副教授，研究方向：农商企业管理、农村农业发展；任太增，经济学博士，河南师范大学商学院院长，教授，研究方向：宏观经济运行、收入分配及农村劳动力转移。

大众创业万众创新是深入实施创新驱动发展战略的重要抓手，是深入推进供给侧结构性改革的重要途径。2020 年，新乡市继续推进科技创新和体制创新双驱动战略，建立现代化创新体系，统筹推进“五位一体”总体布局[1]，坚持以供给侧结构性改革为主线，郑洛新自创区为契机，大力发展新能源电池、电子信息、现代纺织、装配式建筑、文旅康养、生物育种六大优势产业，推进产业结构优化再升级。

新乡市以郑新高新技术产业带、沿黄生态经济带和南太行文旅康养产业带为引领，坚持以构建自主创新体系为主导推进创新驱动发展。[1]

2020 年春，河南省科技厅为了应对严峻疫情，专项部署的新型冠状病毒防控应急科技攻关的 15 个项目，其中新乡市牵头承担 3 个项目，参与 3 个项目。河南师范大学研发的阿兹夫定新药，成为国务院联防联控机制发布的三个自主研发药物之一[2]，均体现了新乡自主创新能力不断提高，高质量发展的指标大幅提升，加快了迈入创新型城市行列的步伐。

一　全面优化升级新乡创新创业环境

（一）形成了覆盖双创各领域各环节的政策支持体系

构建和完善创新创业驱动发展战略，形成科学的高屋建瓴的决策体系和领导制度，提出了构建 1 + X 的顶层规划设计政策构想。[3] 自 2016 年国家战略提出以来，先后出台了《新乡市自主创新体系建设和发展规划》《中共新乡市委新乡市人民政府关于引进培育创新创业领军人才团队的意见》，以及《新乡市科技创新平台建设专项资金管理办法》等 200 多个政策措施方面的文件。以郑洛新国家自主创新示范区建设和供给侧结构性改革为抓手，出台系列知识产权保护、管理和奖励政策，深入实施知识产权发展战略。为企业开展自主科技创新、成果转化提供了优良的政策和营商环境。形成了从平台建设、人才培育和引进，到科研开发、服务，从知识产权创新培育、保护、管理、奖励到成果转化、创业孵化等多个方面，打造自主科技创新体系，创造优良的政策和营商环境，促进创新创业升级。

（二）毫不放松深化“放管服”改革

2020年初，疫情肆虐，新乡市化危机为动机，持续深化“放管服”改革，加速“互联网+政务服务”建设，深化商事制度改革。开展了多种多样的营商环境提升行动，推进“多证合一”“证照分离”，通过协调多个部门工作方式，实施三十五证合一。全面系统落实提升审批效率的十二项制度，全面实行市场准入负面清单制度，激发各类市场主体活力，逐步建立起了便利化的市场准入模式。全面推进工商登记全程电子化，强化行政审批流程再造。坚持实施“全程监控、红灯报警、密切协同、明责问责”制度。并实施守信联合激励、失信联合惩戒的社会协同监管机制，力争打造国家社会信用体系建设示范城市，使一流的营商环境成为新乡的新名片、新标识。[4]

（三）深入实施知识产权战略

新乡市积极实施知识产权战略，通过大力实施知识产权保护工程、知识产权优势培育工程、知识产权量质双提升工程、知识产权金融创新工程和商标品牌发展工程，实现知识产权综合实力稳步增强。新乡市先后获批“国家知识产权示范城市”“国家专利质押融资试点城市”“国家专利保险试点城市”等称号，并建立了“中国（新乡）专利技术展示交易中心”“中国（新乡）知识产权保护中心”“中国（新乡）知识产权维权援助与举报投诉中心”等一批国家级知识产权平台建设。尤其是中国（新乡）知识产权保护中心于2020年6月30日正式运营，为河南省首家国家级知识产权保护中心。[5]为科技创新和营商环境持续优化提供了有力支撑。

2019年，新乡市年申请专利数从2015年的7783项增加到了11685项，位居全省第三。其中，发明专利年申请数量从2015年的1439项增加到了2309项，有效发明专利数量从2015年的1089项增加到了2606项，均位居全省第三；专利密度从2015年的每万人1.9项，增加到了4.5项，全省排名从第五位升到第四位。此外，中国（新乡）知识产权保护中心将对全市起重设备和电池产业开启专利审查“绿色通道”，极大地缩短相关领域专利的授权、确权和维权周期。

（四）探索创新示范区发展之路

2016年，郑洛新国家自主创新示范区获国务院批复成立。新乡市高度重视自主创新示范区的建设工作，将其作为全市发展的“三大机遇”之一，积极探索创新示范区的发展之路。[6]出台并实施了《关于加快推进新乡国家自主创新示范区建设的若干意见》（30条意见）、《关于高质量推进新乡国家自主创新示范区建设先行先试的若干政策》（新八条：七鼓励一容错）等政策，通过构建“1248”创新体系（一平台两机制四支撑八工程），加快建成具有区域影响力的科技创新中心。

经过四年的探索，采用“管委会+公司”、“套改”、全员聘任与绩效管理等方式完成改革任务，形成了“新乡经验”。[7]已经形成了动力电池与新能源汽车、生命科学和生物技术、航空航天、大数据等主导产业。截至2019年底，新乡市有效期内的高新技术企业已经达343家，由自主创新区获批之前的102家增加了241家，总数位居全省第三。

二　新乡着力构建现代化创新创业体系

2019年7月，新乡市政府在高质量发展的实施意见中提到，要通过六大专项和六大体系等的战略部署，至2022年，争取迈入创新型城市行列。[1]提出了新乡现代产业体系构建的重点领域和方向，以及产业培育的重大举措和政策。2020年新乡市以加快推进“一区四园四集群”建设为龙头，深化自创区管理体制和人事薪酬改革，大力引进和培育创新型人才和团队，建设创新载体平台，引导企业加大科技研究投入，激发企业创新主体活力，增强自主创新能力，着力构建现代化创新体系。

（一）加快“一区四园四集群”建设

新乡市以加快推进郑洛新国家自主创新示范区为契机，以高新区为核心区，以中国电波科技城与新松机器人产业园、生物医药产业园、新乡创新谷、3D打印产业园为辐射区，充分利用新乡市科研院所多、高校多的优势，加强与高校、科研院所和大企业（集团）的合作，打造动力电池与新能源汽车、生命科学和生物工程、大数据、航空航天军民融合“四大产业集群”。[8]郑洛新国家自主创新示范区新乡片区建设取得突破性进展，自主创新体系日益完善，研究和试验发展经费投入强度达2%以上，科技对经济增长贡献率达50%以上，截至2019年底，新乡市每万人发明专利拥有量达4.5件，基本建成了具有区域影响力的科技创新高地。[9]

新乡市着力建设具有区域影响力的产业协同创新中心，推进国家生物育种产业创新中心、中国小麦产业研究院等创新平台建设，打造中国优质小麦育种基地和种业基地，努力建设成为产学研相结合、育繁推为一体的现代种业经营体系。通过推进招商引资、招商引智、招商引金和招商引企，把工业用地收储、标准厂房建设、创新平台打造、投融资平台建立和产业基金设立等作为招商引资的重要抓手，把产业新城招商、园区一级开发招商作为对外开放的战略工程实施，承接发达国家和地区产业转移。着力构建中纺院中原分院、863科技产业园、中国电波科技城、新乡创新谷、氢能产业园、深实科技、中科院数字经济技术产业研究院等项目建设。围绕优势支柱产业、战略性新兴产业和现代服务业，引进一批平台型、基地型、龙头型、集群型企业和项目。

（二）建设了一批优质的创新载体平台

新乡市通过各种措施强力推进规模以上企业省级研发平台全覆盖，建成了一批功能完善的支撑平台。通过各种多方面的政策鼓励高校和科研院所充分发挥学科优势，建立大学生创业孵化园、校园创业实验室等。在措施上，新乡市政府将龙头企业与高校和科研院所对接起来，集聚一批高端创新创业人才，建设一批大学科技园、众创空间等孵化器与载体，组建新乡市科技协同创新创业联盟。由河南师范大学牵头的大健康产业科技协同创新创业中心，由河南工学院牵头的新乡市机电装备科技协同创新创业中心等大健康、机电装备、电池及电动车、大数据和电子信息五大科技创新平台，发展出“研发总部 + 新型研发机构 + 产业技术联盟”的创新创业新模式。截至 2019 年底，新乡市拥有科技企业孵化器国家级 2 家，省级 4 家，市级 5 家。

2019 年 1 月 30 日，郑洛新国家自主创新示范区（新乡）科技金融中心揭牌成立，2019 年 4 月 16 日，作为国家首个产业创新中心——国家生物育种产业创新中心启动建设。2020 年 4 月 21 日，新乡高新区引进华大基因新乡研究院正式落地，也标志着高新区又多了一个重量级的高水平新型研发机构。

（三）不断激发企业创新主体活力

近年来，新乡市进一步深化科技体制改革，在郑洛新国家自创区积极推进管理体制和人事薪酬改革，支持高新区先行先试制度。引导企业加大科技研发投入，增强自主创新能力。郑洛新国家自主创新示范区引领作用凸显，围绕该市传统产业、优势产业和新兴产业，增加创新投入，全市科技财政支出近 3 年平均增速达 30%，组建了一批科技协同创新创业中心，加快产学研深度融合，备案省级新型研发机构 13 家，居河南省第二位。新乡连续举办了两届高校院所河南科技成果博览会。通过“展、会、赛、奖、演”五大板块，为高校、科研院所、科技企业和金融机构搭建一个全方位合作交流的平台，助力“产学研金”深度融合，用创新助力高质量发展。

通过不断探索开展职务发明科技成果产权改革试点。支持县（市、区）、重点企业、高校、科研院所建设科技成果转化机构，加速科技成果在新乡转移转化率。并积极出台政策措施，培育引进各类创新、创业基金，2020 年设立中国电波科技城产业发展建设基金，引导社会资本投向军民融合等领域。尤其注重推动科技与产业融合发展，促进科技与金融、产业与金融、军工与民用融合和升级。借助新乡中鼎平原科技成果转化基金，引导和撬动社会资本，扶持初创期企业科技成果转化。继续推动建立天使投资基金，有效利用风险资本。推进财政参股研发机构改革，加快河南电池研究院、天博物联网研究院等研发机构建设的进一步推进。2020 年通过实施“普转科、小升高、育龙头”工程，打造一批拥有自主知识产权、核心技术和持续创新能力的创新型企业。截至 2019 年底，新乡市培育众创空间国家级 1 家，省级 3 家，市级 9 家。

（四）引进培育创新人才和团队

为促进人才发展体制机制改革，深入实施人才优先发展战略，新乡市政府及其相关部门出台多项人才引进和培育的优惠政策，从机制创新、人才培育、载体平台建设及为人才营造环境等多个方面为创新创业人才服务，实施高层次科技人才激励政策。针对高层次科技人才开展个人所得税奖补政策，对高层次人才依据其缴纳的个人所得税地方留成部分给予奖补。对各区实施个税奖补政策的，根据区财政对高层次科技人才中的博士学历、正高职称、副高职称三类人才的实际奖补资金支出额度，分别按照 50%、50%、30% 的比例给予区财政补贴，补贴资金可统筹用于各类科技创新政策落实。尤其是针对院士基金，新乡市根据其每年获得省院士基金计划支持经费，按照 1∶1比例给予不超过 100 万元奖励。

在引进人才方面，提出坚持“不求所有，但求所用”，通过切实实施“名校英才”和“牧野人才”、“牧野工匠”计划，引进一批高层次领军人才和团队，推进“项目 + 技术 + 团队 + 资本”组合，带动了一批高新技术产业和项目落地生根。支持高水平创新人才培育措施。通过加快建设人才小区和人才公寓，千方百计留住人才。建立大学生创新创业实践示范基地和省级大学生就业创业综合服务基地，支持大中专学生创新创业，通过这一系列紧锣密鼓的招凤计划，计划到 2022 年，引进培育 20 个高层次科技创新团队，100 名拔尖及以上高层次人才，200 名急需紧缺人才来新乡创新创业。

三　促进构建现代化创新体系，推动经济高质量发展的思考

新乡作为郑洛新国家自主创新示范区的组成部分，在自主创新区的战略的带动下，创新建设中取得了一些成绩，但高新技术企业队伍不够壮大、创新型小微企业融资发展难、科技成果转化率不高等问题依然比较突出[4]，产业发展方面也存在融合不足、聚集力不强的问题，以及高层次创新人才缺乏的问题。[9]如何把握自身定位，有何高招促进创业创新发展呢？政府应加强开发合作力度，进一步完善创新发展体系，建设现代化经济体系，推动经济高质量发展。

（一）构建适合新乡发展的创新发展政策体系

在创新发展系统中存在三大核心要素，包括创新主体、经济发展和生态创新环境。其中，生态创新环境是帮助创新主体实现创新价值的重要支持和社会力量。新乡市要想在创新驱动发展战略中取得长足发展，必须立足长远，建立优良的外部创新生态环境，紧密围绕创新主体培育、成果转移转化、科技金融结合等创新发展的关键部位和关键领域进行政策的支撑和政策创新。在坚持统筹推进五位一体的总体布局和四个全面的战略布局上[10]，新乡市根据六大专项、六大体系和三带三区两城十镇的战略部署，制定适合高质量发展的指标体系，构建适应高质量发展和现代化创新经济体系的制度框架和政策体系。

（二）激发创新主体活力促进产业升级

创新系统中，创新主体是核心，它直接决定着一个区域的创新成果转化为实际经济效益的速度和能力，决定着该区域的科技创新的整体水平。在科技创新主体上，继续加大对高新技术企业的培育力度，在资金支持、知识产权保护方面不断创新，帮助和引导企业实施技术改造，提升高科技技术水平，培育和壮大创新主体。推动新乡市优势主导产业提质增效，尤其在特色

装备制造，如兴迪内高压智能成型液压装备制造，高新区氢能装备、新松机器人产业园等项目上加强政策支持力度。着力培育数控机床、机器人、3D打印等高端装备产业，不断改造提升起重、振动、汽车零部件、过滤与分离器等传统装备产业。要坚定不移地持续强化“一台两器一园”的主体模式，引导创新要素、金融资本集聚，推进创新链、产业链、价值链、金融链、供应链、政策链“六链融合”。推进中国电波科技城、“中国制造2025”新乡（原阳）示范区等专业园区建设，带动工业转型升级。

在郑洛新国家自创区方面需要省直各个有关部门的协同联动，大胆创新。要建立起郑州、洛阳、新乡三个国家高新区的联动工作机制，统筹规划，打破三大区域间壁垒。尤其要充分利用郑洛新国家自创区政策先行先试的优势，进行体制机制创新，建立起更加明确容忍的试错容错机制，创建科技人员和公务员勇于担当、敢于创新的宽松政策环境，充分释放创新活力和持续的创新热情。

（三）进一步加大开发合作力度，推动创新创业发展

在创新驱动发展时代，一个国家要想持续发展，就需要进一步深化改革，敢于涉深水区。一个地区要想抓住良好的机遇健康持续发展，也需要进一步打开开放的大门，广泛开展合作与交流[3]。新乡市在构建未来发展建设思路中，打开思路，建成具有吸引力的产业聚集区，多渠道多方式地寻求与高端、专业的科研院所和高校合作，也可以通过专利引进等方式占领发展制高点，深入推进平煤国能电池产业园、清华大学纳米空心硅产业园、奈创国际石墨烯散热膜等项目建设基础上，在与中国科学院、国内知名大学等一流科研院所的深度合作的基础上，推进新乡本地科技创新成果的水平，强化重点实验室和工程技术研发中心服务功能，逐步建立以创新型企业为主体、市场为导向、政产学研金相结合的科技创新体系。在新兴的软件和信息服务业方面，依据当前发展和合作情况，依托华为、九次方、甲骨文等企业，加强大数据基础研究和核心技术攻关，加快新乡云计算数据中心建设，打造中部区域大数据产业中心。高新区电子商务产业园等项目建设要进一步强化开

发合作力度，打造国家、省级电子商务示范基地和示范企业。

在国际合作方面，要不断探索和尝试建设国际化的科技基地、工作站和实验室的新合作方式，应充分利用互联网信息互通的优势，将国外先进发展成果不断引进。另外，对国外高水平的实验平台等的建设经验和管理方式也要进行合作和学习，少走弯路，加快发展进程。充分利用信息传播技术，最大化地汇聚全世界创新资源，形成科技创新成果及时引进应用—不断再创新的发展链条，提升快速发展的新驱动能力。当然，也要通过政策、金融、人才等支持方式，鼓励新乡本地高新大企业和重点企业能够“走出去”，与国外的高新相关企业进行深度合作，赢得更广泛的市场，参与国际竞争。

（四）加快推动高层次人才培育和引进

创业者素质的高低，直接影响着创业的成功率。新乡市要发挥创新型城市的契机，尤其是自主创新示范区的优势，搭建产业集聚集群创新发展的“梧桐树”，起到磁石功效。同时还要注重自有人才的培育和提升，对有创业愿望的年轻人和毕业生进行创业意识和创业能力培训。相关部门应该围绕新乡市政府一贯的“搭建平台、引进人才、给足政策、促进创业”人才政策原则，加快众创空间、创客空间等各类创新平台建设。要加大新乡高校毕业生留新发展的扶持措施，为新乡发展注入更高更优的新动力。更要加大高层次人才引进力度，建设一支素质优良、规模宏大的创新队伍，以开放的心态积极探索和完善创新成果收益分配制度，切实提高收益比重，鼓励和引导科研人员通过各种方式与新乡市的企业等对接和合作，破除人才流动的体制机制障碍。加速创新人才在科研院所和企业间的交流合作，加强地域间人才流动和合作，使各类创新人才、创新团队有更多更大空间去创业和创新。

尤其在自创区方面，要大力引进新乡市外的高级别院校、科研院所、科技型企业以及各类研发实验室和中心与新合作，推动先进、高层次技术在自创区的转化和转移。建立健全改革创新容错机制，使人才想干敢干。坚持“以人为核心”促进大众创业万众创新工作有序发展，推动创业带动就业，构建现代化创新体系推动经济高质量发展工作再上新台阶。

参考文献

［1］《新乡市人民政府关于加快建设现代化经济体系推动经济高质量发展的实施意见》，《新乡日报》2019 年 7 月 24 日，第一版。

［2］李成虎、代捐：《新乡：打造改革“升级版”让创新主体“活”起来》，《河南日报》2020 年 5 月 14 日。

［3］田瑞敏：《市域创新驱动发展特征分析与路径选择》，《企业科技与发展》2017 年第 11 期。

［4］《强化知识产权创造保护运用》，《新乡日报》2020 年 4 月 24 日，第四版。

［5］王海玲：《中国（新乡）知识产权保护中心揭牌成立》，《新乡日报》2020 年 7 月 1 日，第一版。

［6］刘军旗：《新乡自创区高质量发展再赋能》，《新乡日报》2020 年 4 月 15 日，第一版。

［7］代捐：《“新八条”助推“自创区”》，《河南日报》2020 年 4 月 16 日，第十六版。

［8］胡美林：《新常态下河南省产业集群区的创新驱动发展》，《开发研究》2016 年第 6 期。

［9］朱乐宁：《郑洛新国家自主创新示范区政策体系优化研究》，郑州大学专业硕士学位论文，2019。

［10］人民日报评论员：《统筹推进新时代“五位一体”总体布局》，《人民日报》2017 年 11 月 3 日，第一版。

企业发展篇

Enterprise Development

B.20
建业集团以战略转型促进企业高质量发展

豆晓利　宋　瑜*

摘　要： 2015年6月6日，建业集团正式开启了新蓝海战略转型，本文基于对该企业为期半年的调研，阐释了何谓新蓝海战略转型、为什么要转型、如何转型等问题。最后的结论与启示是，顺应时代发展大势、创新、以人为本以及良好的生存土壤是企业的生存之道。

关键词： 建业集团　新蓝海战略转型　新型生活方式

* 豆晓利，硕士，黄河科技学院中国（河南）创新发展研究院副教授，研究方向：农村农业发展；宋瑜，硕士，黄河科技学院中国（河南）创新发展研究院讲师，研究方向：区域经济发展。

有一个企业，在若干年前，就提出了“让河南人民都住上好房子”的理想与使命，今天，当这个企业所建的好房子遍布河南每一个城市的时候，它又提出了“让河南人民都过上好生活”的愿景。是的，这个企业就是建业集团。这个愿景里面，为什么是河南人民？为什么发生了从“住上好房子”到“过上好生活”的转变？究竟是一个什么样的企业，发出了让一亿河南人民都过上好生活的宏愿？带着这份好奇心，2019 年 3 月开始，由河南省高校智库联盟、中国（河南）创新发展研究院组成的“建业新蓝海战略转型课题组”，聚焦建业集团新蓝海战略转型问题，对该企业进行了长达半年之久的调研。调研的过程中，几乎走访了企业业务所辐射的郑州、开封、信阳、南阳、周口等所有的城市，开了几十场座谈会，访谈了几百名员工。作为课题组的成员，笔者非常幸运地参加了此次调研的全过程，特别感慨的是，虽然一直在高校工作，也一直从事一些研究工作，但是，这样深入地接触一个企业，这种方式的调研活动，是以前从未有过的经历。也要特别感谢这次珍贵的经历，让我们认识了一个优秀的企业。无疑，建业集团作为河南的明星企业，其发展历史上一定闪耀着很多光芒四射的时刻，单就这场始于 2015 年的战略转型来说，很多的做法放眼整个房地产行业领域都是极具创新性的。

一　何谓新蓝海战略转型？

2015 年 6 月 6 日，“共发展　同建业——建业集团新蓝海战略发布会”在郑州建业艾美酒店成功举行，建业正式开启由房地产开发商向新型生活方式服务商战略转型。发布会上，建业集团董事长胡葆森做了主题为“共发展　同建业——以分享之道获共赢之果”的演讲。他讲到，建业未来将与多方分享自己的品牌，努力打造建业产业联盟、商家联盟、投资联盟、合作平台，充分发挥企业战略优势、品牌优势和资源叠加优势。

新蓝海战略转型分为“在发展中转型”“在转型中发展”两个阶段，其中，2016 ~ 2018 年为新蓝海战略转型实施的第一个阶段，2019 ~ 2021 年为新蓝海战略转型实施的第二个阶段。“在发展中转型”，需要先把企业规模做大，在做大总量的基础上推进转型。在这个过程中，集团不断探索转型的方向，初步完成了地产、物业、教育、商业、文旅、体育、旅游、酒店、科技、金融、现代农业、君邻会12个业务板块的布局。“在转型中发展”，则要使多个新业态在市场竞争中脱颖而出，探索并形成新业态的商业模式。

随着转型的推进，企业目标、定位、业态、规模等也都在发生全方位的转变。企业目标，实现了由“让河南人民都住上好房子”到“让河南人民都过上好生活”的转变。企业定位，实现了由“房地产开发商”向“新型生活方式服务商”的转变。企业业态，实现了由单一地产向多业态并举的转变。当然，企业规模作为转型自然而然的结果也在发生转变，2019年，建业集团全年累计实现销售额1208亿元，较上年增长49%，集团已进入河南省的18个地级城市和104个县级城市，实现了全省122个县及县级以上城市的全覆盖。

二　为什么要转型?

建业集团新蓝海战略转型升级，不仅给千百万河南人民带来福祉，成就了百年建业的基因，而且对于我国地产行业发展和社会全面进步，都具有多元价值和多重意义。

（一）成就百年建业的必然选择

作为一个本土企业，在激烈残酷的竞争环境中能生存下去已经是最大考验，想要打造“百年老店”谈何容易！那么，“百年老店”的标准与条件是什么?“百年老店”要有坚定不移的价值观，其所有行为规范都要在其价值观指导下进行。“百年老店”要有明确的战略导向，每一步都在其战略规划下迈出。“百年老店”要有高远的企业定位，时时刻刻都要克服短期利益的诱惑。

建业集团经受住了27年的时间考验，27年的时间，成就了一个具有鲜明的价值观、具有明确的战略导向、具有高远社会定位的中原本土企业，这也为其成为“百年老店”注入了强大基因。如今，社会的发展阶段在变，人们的需求在变，行业的竞争格局在变，未来，建业的路在哪里？新蓝海战略转型为其指明了方向。转型是转观念，转业态，转机制，转模式。升级是企业使命的升级，是服务水平的升级，是管理能力的升级。这是新形势下房地产企业的必然选择，也是成就百年建业的必然选择。

（二）新型城镇化和社会全面进步的推动者

社会的全面进步与新型城镇化发展是同步的，新型城镇化“新”在以人为本。近年来，河南发挥后发赶超优势，城镇化率已经提升至53.21%，但仍低于全国近8个百分点。未来五年，河南的目标是把城镇化率提升至60%，未来十五年，河南要达到70%左右的国际城镇化标准。这意味着河南有巨大的城镇化发展空间，也意味着前所未有的巨大挑战，意味着要满足几千万进城生活的迁徙者的需要，这需要政府、企业、社会以及每一个有情怀的河南人的共同担当与努力。

回望历史，曾几何时，最繁华的都市在河南，最精彩的文化在河南，最强大的科技在河南。正是如此，许许多多生于斯长于斯的河南人，他们始终坚守在河南这片土地上，他们或用语言，或用作品，或用行动，努力去复兴这片厚重、质朴、广袤的中原大地。其中，“朴素的狭隘的河南主义者”，也即建业集团董事长胡葆森，就如同一个文人墨客，在“根植中原，造福百姓”的价值观指引下，用建业集团这枝神笔，在中原挥笔创作，用27年的时间，坚定不移地履行着“中原城镇化进程和社会全面进步的推动者”这一使命，去描绘、去还原、去实现河南人民向往的美好生活的瑰丽画面。

新型城镇化是房子的城镇化，产业的城镇化，生活方式的城镇化，文化发展的城镇化。建业集团主动担当，提出“做中原新型城镇化进程和社会全面进步的推动者”，不但承担起了城市建设者的经济责任，还主动承担了文化、社会、生态等社会责任。如今，新蓝海战略转型升级，正是对企业社会责任的更深入理解和更勇敢担当。建业正在用行动不断践行着新型城镇化发展与社会全面进步的使命。

（三）为我国房地产业转型发展提供新经验

供给侧结构性改革的提出，本质上是解决供给侧的产品过剩与需求侧的多元化需求之间的矛盾。纵向来看，几十年起起伏伏，我国房地产行业已经经历了多轮变化，而这一轮的变化却源于供需关系的根本改变。因此，房地产行业转型升级的过程，本身就是供给侧改革的过程，就是改革房地产业发展的理念、模式和手段。从整个房地产行业来看，十年前，中国房地产企业排名前十的房地产企业占市场份额的 5%。如今，中国房地产企业排名前十的房地产企业占市场份额的 24%，排名前五十的房地产企业占市场份额达到 50%。因此，房地产行业集中度越来越高，竞争越来越激烈。如果说过去几十年，是在排行榜上比规模的时代，那么今后，是在商业模式上比特色的时代。

可以看出，如今房地产企业都在尝试和探索，有的企业是机会导向型的转型，什么赚钱投资什么。有的企业是个人喜好偏好型的转型，喜欢什么投资什么。有的企业是上下游延伸的转型，围绕房地产行业投资上下游产业链。可以肯定地说，目前来讲，并没有探索出一个非常成功的转型模式和方向。建业集团不同于以上所有房地产企业的转型，是遵循着“根植中原，造福百姓”的初心，发挥 27 年省域化战略深耕所积累的客户资源核心竞争优势，围绕“让河南人民都过上好生活”而进行了“建业 +”生态系统布局，这是任何房地产企业都不具备的，也是无法轻易模仿和复制的。

（四）满足河南人民对美好生活的新期待

美好生活是随着时代的变迁而不断升级的。经济学家马斯洛把人的需求进一步拓展为五个层次，即生理需要、安全需要、社交需要、尊重需要以及自我实现的需要。就房地产行业来讲，传统房地产企业提供的住宅产品往往只满足第一、二层次的需要，即人们的居住与安全感需要，而第三、四、五层次的需要是被忽略的，包括人们希望在居住环境里感受到人际互动与温情，希望自己的居住意愿能够体现于产品设计环节中，希望在社区平台能够遇见更好的自己，这意味着大量的蓝海没有被开辟。因此，过去的几十年，是房地产企业的黄金时代，并不是消费者的黄金时代。未来，房地产行业将迎来消费者的黄金时代，这意味着人民对美好生活的新期待将更多体现于新型产品/服务的方方面面，意味着无限的空间和可能性。

建业集团围绕“让河南人民都过上好生活”，进行了一系列转型项目和板块的布局。已初步构建起教育生态链，业务范围由学前教育、基础教育向职业教育、国际教育、社区教育以及教育服务延伸。鄢陵建业绿色基地等 12 个现代农业田园综合体项目，打造“设施高效农业、休闲观光农业、文化创意农业、示范体验农业、科普教育农业、健康养生农业”六位一体的现代农业田园综合体，配置了全世界最先进最高端的技术人才等资源，把原本一片荒凉的土地打造成了 AAAA 级景区，既满足都市人的田园梦，又满足乡村的现代农业发展、就业以及消费升级需求。凯旋广场、凯旋汇、百城天地等商业综合体项目，既把最前沿的消费品牌、消费理念、商业模式带到了各地，又充分考虑当地的收入水平、消费习惯、商业环境等，通过资源创新、模式创新、运营创新，打造集餐饮、购物、观影、娱乐等为一体的彰显县域经济发展特色的共享型创新商业平台。目前已经覆盖了河南 18 个地级市，设在县城的项目有 60 多个，设在乡镇的项目有 2 个，设在村里的项目有 1 个。可以看出，建业集团的所有转型项目，实际就是不断挖掘和满足马斯洛需要层次理论中第三、四、五层次的需要，不断满足河南人民对美好生活的向往与期待。

（五）中原文化的挖掘者、保护者和传承者

中原文化，是指从新石器时代开始延续至今的中原地区文明发展的总和。著名历史学家李伯谦指出，我们经常说中华文明源远流长，五千年未曾中断，其实，未曾中断的只有黄河流域的中原文化。中原文化博大精深，包括圣贤文化、农耕文化、商业文化、武术文化、姓氏文化、饮食文化等 20

多个领域。河南是中原文化的根基所在，河南省委原书记徐光春说过：一部河南史，半部中国史。如今，建设出彩中原，书写新时代中原更加出彩的绚丽篇章，必须把打造中原文化高地放在更为突出的位置，要甄选出最能代表中原文化的元素的美食、建筑、戏曲、杂技等，加以挖掘、传播和传承，让中原文化可感可知。

伴随着新蓝海战略转型，建业集团已经从房子建筑商华丽转身为文化的造梦师。“只有河南·戏剧幻城”项目，总投资60多亿元，以河南本土历史文化为素材，以创新演艺手法为形式，以独特建筑空间为载体，倾情打造大型文化旅游综合演艺项目。建业集团董事长胡葆森说过，“只有河南”就是为河南立此存照、扬名立万。他说：“河南人游完‘只有河南’之后，将会为自己是河南人备感骄傲；外省人看完‘只有河南’，也会对河南人肃然起敬。”建业·华谊兄弟电影小镇项目，总投资40亿元，是以华谊电影IP文化为基础，展现电影情境空间的电影小镇主题街区。开封东京梦华项目，总投资超60亿元，涵盖时尚购物、特色餐饮、娱乐休闲、文化体验、主题酒店、民宿客栈、公园住宅等多种业态，是以宋文化为依托，为满足现代人消费习惯及审美需求而打造的集文化、商业、旅游、居住为一体的旅游目的地，是伟大的城市复兴工程。建业·J18，是由15家全球优秀设计团队组成的“梦之队”匠心打造的文化、艺术、时尚、生态、潮流的国际化商业文化生活目的地。胡葆森说：“建业·J18没有竞品，因为这一项目，即使放到上海、深圳这样的一线城市，即使放到纽约、东京这样的国际大都市，也不逊色，在中原乃至中部，至少领先十年。我们寄望将中原文化和世界一流设计大师的先进理念进行融合，为5000年中原文化，为3600年商都文化，为郑州建设国家中心城市，建造一座相得益彰的商业文化生活地标，让外地人改变对郑州土气的成见。”建业集团就像赶海拾贝一样，把中原大地上一个个遗失的文化拾起，加入资金、经营、管理的现代元素，串成了一串闪闪发光的项链，把中原文化推向中国，并促使其走向世界。

（六）勇做民营经济发展的先行者、探路者

改革开放 40 多年，中国从一穷二白到世界第二大经济体，综合国力和国际影响力实现历史性跨越，河南也实现了从百废待兴到百业兴旺、从传统农业大省到新兴工业大省、从乡村型社会到城市型社会的“三个重大转变”。河南乃至全国的巨大变化和创造的奇迹，民营经济功不可没，在很大程度上是缘于对“毫不动摇地鼓励、支持、引导非公有制经济发展”的坚持。如今，民营经济贡献了 50% 以上的税收、60% 以上的国内生产总值、70% 以上的技术创新成果、80% 以上的城镇劳动就业、90% 以上的企业数量。毫无疑问，当前民营经济已经成为推动我国发展不可或缺的力量，成为创业就业的主要领域、技术创新的重要主体、国家税收的重要来源，在我国社会主义市场经济发展、政府职能转变、农村富余劳动力转移、国际市场开拓等方面发挥了重要作用。在高质量发展的新时代要求下，更加需要民营企业的力量，民营企业也必将大有可为。未来，如何打造具有持续盈利能力的核心竞争力并实现转型升级，是民营企业面临的主要难题。

2019 年，建业集团纳税额达 64 亿元，已经连续多年纳税额位居河南民营企业之首。集团地产实现了全省 122 个县及县级以上城市的全覆盖，覆盖省、市、县、镇、村五级市场，共带动 100 多万人就业，成功入选全国 20 家优秀民营企业履行社会责任典型案例，获得“河南优秀社会责任企业”等多项荣誉，这些数字、成就和荣誉是建业集团作为一个优秀民营企业的实力证明。作为民营企业的代表，正是抱着对河南这片土地的热情，保持“根植中原，造福百姓”的初心，凭着对市场发展规律的敏锐判断，依靠灵活的体制机制，才有了建业今天转型升级的丰硕成果，这对所有民营企业转型发展，都具有非常珍贵的借鉴意义。

三　转型升级如何转？

转型已经成为我国地产界的共识，实际上，不仅仅是建业集团，国内很

多房地产企业都在尝试和探索转型之路，新蓝海战略转型经过四年多的探索，逐渐形成了特色鲜明的地产界转型升级的“建业模式”。

（一）以新型生活方式为导向转

新蓝海战略转型，是由“房地产开发商”向“新型生活方式服务商”转变。既然是新型生活方式服务商，必然要围绕人们的新型生活方式提供相应的产品/服务。那么，究竟何谓新型生活方式？2019 年 9 月 27 日，在中国（河南）创新发展研究院，召开了“建业集团新业态商业模式研讨会”，研讨会上，对于新型生活方式的理解，有人说，新型生活方式应该是智慧的、品质的、人文的生活方式。有人说，新型生活方式就是便捷、尊贵、无感，便捷意味着服务效率的提升，尊贵意味着非同一般的体验，无感意味着恰到好处的舒适。有人说，生活方式就是每一个人自己的时间和财富的分配方式，而新型生活方式相比于以往的生活方式来说，并不是 1.0、2.0、3.0 的概念，并不是谁比谁先进的问题，而是人们对生活有更多的追求和向往，从企业的角度看，只要能够给客户带来更好的体验就是新型生活方式，可以从吃穿住用行等多个维度细分挖掘。

新蓝海战略转型，就是围绕人们的新型生活方式在转。例如，遍布全省各地的建业大食堂，网尽河南美食，已发掘并推出 280 余种河南名吃、小吃，推广 10 大类 30 余种非遗曲艺、手工技艺，12 个国家级非遗，38 个省级非遗，战略合作商家达 260 余家，建业大食堂美食忠粉已超过 10 万人，年客流量已突破 300 万人次，被称为“河南人的待客厅”。建业大食堂，就是瞄准当今时代人们对于吃的需求变化，人们不再是简单追求吃饱吃好，而是想要吃出特色、吃出风味、吃出趣味。又例如，建业 · 华谊兄弟电影小镇，是中原地区首个集电影场景游览、电影主题演艺、电影文化体验、电影主题客栈等于一体的电影文化体验地，自 2019 年 9 月面世以来，累计接待游客 90 万人次，日均客流约 8200 人次，位居同时期河南省旅游景区第二，多次登上新华社、央视新闻联播等权威媒体，这正是围绕当今时代人们对于文化娱乐的需求而做出的转型。

（二）以客户为中心转

不同年龄阶段、不同收入阶层，甚至不同地域的消费者所呈现出的消费特征不尽相同，每个企业所集聚的客户群体也有所不同。只有了解自己面对的客户是谁、有什么特征、有什么消费需求，才可能开发出受欢迎的产品/服务，给客户更好的消费体验。对于建业集团来讲，“根植中原，造福百姓”的价值观决定了其服务对象就是千千万万的中原百姓，当然，这是大的客户群体范畴，再进一步聚焦，则是以建业业主为核心所辐射到的一千万中产阶层。中产阶层消费时往往更加注重自我表达、更加注重生活品质、更加追求生活的便利性。建业集团的转型就是紧紧围绕自己客户的需求变化特征不断进行产品、营销、技术等各方面的创新。

例如，一般的房地产企业都是企业单方面完成房子的设计、建造乃至装修等环节，然后推送到客户面前，客户只能在有限的户型中选择自己相对中意的房子，由于对前期的各个环节没有任何参与，即便有不满意的部分也只能将就了。比如，有些单身的客户就喜欢那种比较大的空间没有任何隔断的房子，但是，实际上很少有这种房子可以选择，绝大部分都是考虑到家庭的需要把户型设计得非常紧凑。又比如，有些喜欢烹饪的客户非常希望家里面有一个超级大的厨房，房子结构是以厨房为中心进行设计的，实际上也很少见到这样的设计。又或者，有些客户非常喜欢宽大的客厅，经常可以在家里组织朋友聚会。我们发现，房地产商提供的房子都是非常类似的，人们买房的时候虽然会考察很多家房地产商的房子，但是实际上看到的房子都是非常雷同的。建业集团的君邻大院项目就颠覆了这种传统的模式，不再由企业单方面地完成房屋销售前所有的环节，而是邀请客户共同参与，这就是 C2B 定制模式，客户与开发商共同参与社区的风格设计、户型设计、环境设计等，尊重客户的意愿，注重客户的体验。

（三）以新业态为支撑转

新型生活方式服务商意味着企业向客户提供的不仅仅是房子，还包括吃住行游乐购等方方面面的服务内容，具体如何提供，则需要有新业态做支撑。围绕地产及其相关产业，以满足客户不断升级和丰富的多元化需求为导向，建业构建了“建业+”幸福生态系统，该系统是围绕全面满足人们美好生活需求而形成的包括“建业+地产、+文旅、+农业、+物业、+商业、+教育、+体育、+酒店、+科技、+金融、+旅游、+君邻会”12大板块的多元化生态体系。

譬如，建业文旅板块，完成了建业·华谊兄弟电影小镇、建业足球小镇、濮阳大集古镇、神垕天地等多个投资巨大的文旅项目，通过特色小镇、主题公园、旅游演艺等形式，呈现各具特色的文化旅游产品。建业现代农业绿色基地，打造“设施高效农业、休闲观光农业、文化创意农业、示范体验农业、科普教育农业、健康养生农业”六位一体的现代农业综合体，引领和改变都市人和乡村居民的生活方式。建业物业，追求“尽善尽美”，建立了三级服务体系，成为河南物业第一品牌。建业足球，拥有300多万球迷，是中超职业联赛中25年唯一没有更换投资人的民营职业足球俱乐部。25年过去了，如今的建业足球，已不仅仅是河南的一张名片，更是一亿河南人的精神旗帜和海内外豫籍人士的精神纽带。建业酒店，崇尚“唯精唯美至幸至尊”，与世界一流公司合作，打造国际一流品质，鄢陵建业花满地温泉酒店和郑州建业天筑国际公寓更是成为行业标杆。建业旅游，致力于“做专业化的定制旅游服务者”，倾心为客户提供休闲度假、商旅差旅、教育旅游、体育旅游等定制旅游服务。建业君邻会，推崇“与君同行择邻而居”，通过以“权益、智汇、部落、定制”为核心的君邻幸福系统，为建业客户构建生活共享、智慧共融、商务合作、投资共赢的“线上+线下”会员制服务平台，实现新型邻里关系的价值复兴。除此以外，建业其他各业务板块都是紧紧围绕新型生活方式，在打磨和提供优质的产品和服务。

（四）以技术支持为保障转

作为企业，已经不仅是靠实体经济接触消费者，而更多是通过技术手段触碰消费者。实际上，建业集团很早就在布局和打造科技基础，于2015年成立了河南嵩云网络科技有限公司，该公司成立的初衷就是运用互联网技术创新研发新型生活方式产品/服务，通过各板块的数字化改造，依托互联网将各个板块进行连接，创新整合优质社会资源，通过线上 + 线下、标准化 + 个性化的服务体系，挖掘客户日益丰富多元的生活需求，以智慧社区和智能家居技术服务为支撑，打造“建业 +”综合服务系统。嵩云科技就好像是新蓝海战略转型的脉络，把分散的客户、各个业务板块连接起来。

2019 年 7 月，建业集团以 16.5 亿元价格收购了天津中民筑友科技有限公司的全部股权，该公司是一家专业提供智慧建筑整体解决方案的运营商，同时从事智慧建筑生态链建设的创新型高科技企业，是行业内第一家上市公司，公司专利数量位居行业第一位，已在全国 22 个省、48 个市布局智能化数字工厂。这说明建业集团已经预判到无论是房地产企业还是其他任何行业，新时代满足人们新型生活方式的需求背后必然需要强大的技术支撑。

四　启示

建业集团借助新蓝海战略实现了企业的跨越式发展，其做法告诉我们，企业如何在激烈的市场经济中生存且长久地生存下来，唯有顺应新时代发展大势，唯有时刻创新，唯有以人为本，唯有良好的生存土壤。

（一）企业的生存之道，唯有顺应新时代发展大势

2019 年 11 月 17 日，建业集团董事长胡葆森受邀参加由中原金融博物馆举办的中原企业家论坛，他做了一期题目为《我与改革开放四十年》的专题报告，他用“老胡十悟”讲了自己改革开放四十年来的感悟。其中，有一句话是，“顺天时，借地利，求人和”，这也是他经商几十年最深切的感悟之一。任何一个企业，只有顺应时代的发展大势，才能在残酷的竞争环境中生存下来。那么，新时代的发展大势是什么？是社会主要矛盾已经转化为人民日益增长的美好生活需要和不平衡不充分的发展之间的矛盾，是我国

人均收入已经突破 1 万美元大关人们对消费需求不断升级，是城镇化发展速度的放缓，是房地产市场的逐渐饱和。

因此，建业集团从“让河南人民都住上好房子”到“让河南人民都过上好生活”的转型，已经从以物为中心转向以人为核心，顺应新时代社会主要矛盾的变化趋势，顺应人们消费需求升级的变化趋势，顺应城镇化发展变化趋势，顺应行业发展变化趋势，探索“新”的商业模式，和新时代的“新”结合起来，引领时代，引领行业，引领消费。

（二）企业的生存之道，唯有时刻创新

即便开在街头的一家小面馆，面临的都是和隔壁麦当劳、海底捞、星巴克等行业巨头的竞争，即便已经成为行业龙头的企业，每日还要时刻警惕如何保持第一，想要在残酷的竞争中生存下来，要时刻保持创新意识。

新蓝海战略转型，本来就是一场充满不确定性、非常冒险的创新举措，十多个新业态的拓展，极具有挑战性。不同于其他企业，建业所要构建的是聚焦一千万客户群体的“建业 +”生态体系，不同于单一做某一种产品/服务的企业，只需把面对的某一类客户群体进行分析就够了，转型涉足了多个新业态，各业态面对的客户群体虽然有所不同，但不应该是相互分割的，这一千万客户群体应该是有具体信息可触达的，是各业务板块之间可以共享的，是能够进行数据分析的，这就意味着需要建设一个可触达、可共享、可分析的客户资源库，这无论是在客户资源基础、还是技术支持上都是极具有挑战性的。同时，十多个业务板块相互之间既是相对独立的，都有可能拥有自己可盈利的商业模式，又不能相互完全独立，而是基于共同的客户群体、基于“建业” + 平台、基于共享利益所形成的生态系统。该生态系统能够多样化地满足客户新型生活方式的需求，包括健康绿色食品需求、旅游出行需求、文化体育娱乐需求等，要以套餐式的方式，提供给客户优质的、性价比高的、高效的、尊贵的、便捷的、温暖的服务。这些构想具体实现起来，也是非常困难的。

因此，所谓创新，就是没有任何现成的模式可以参考，没有任何捷径可

走，明明眼下可以舒服地生活，却主动去选择那条艰难的路，这却是企业长久生存下来唯一的路。

（三）企业的生存之道，唯有以人为本

调研结束之后，我们给建业集团的结论之一是，“建业具有伟大企业的基因”。至于为什么得出这样的结论，当然，从企业家的角度，从产品的角度，从企业管理的角度，很多的角度可以论证这个结论，这里仅仅从员工的感受讲一讲。

调研期间，在与建业集团几百名员工访谈交流的过程中，最为深刻的印象是，从董事长、总裁，到各地的一线员工，无论是在什么岗位上，每一个人身上都散发着一种说不出来的魅力，就是非常有动力、有活力、有冲劲、有热情的状态。

可以从几个故事说起。有一个物业部员工王××，他讲到多次深夜接醉酒业主回家的故事，因此和不少业主成为好朋友，他说，虽然自己在普通的工作岗位上，但是建业“守信用、负责任、走正道、务正业”的文化让他感受到了这个普通岗位的价值，让他感受到了自己的人生价值。有一个销售部员工张××，她在讲到自己的工作经历时，忍不住哽咽，说建业给了她太多太多，其中最主要的是自己在这里感受到家的温暖，工作上有很大提升空间。

另外想说一个小故事，我的一个朋友，她毕业后就在建业集团工作，至今已经有十几年了。在2019年建业集团年会上，她发信息给我，说我的领导，也就是中国（河南）创新发展研究院院长喻新安教授正在给他们做报告经验交流，接着，她问了一些问题，包括调研过程中对建业的一些感受。我讲完之后，她又问了最后一个问题，“站在你们的角度，建业有什么缺点吗?”说实话，我当时对这个问题是非常吃惊的，因为就我自己的感受来说，身边无论是在哪个单位上班的朋友，茶余饭后对自己的单位几乎都是满满的吐槽，很少有哪个朋友说特别热爱自己的单位，而这个朋友，我可以感受到，她对自己所工作的单位由衷的爱。

因此，究竟什么样的企业，才能让每一个员工都保持这种充满生命力的状态？才能让每一个员工都感受到家一样的关怀？才能让每一个员工都能在自己的岗位上感受到意义与价值？反过来，这样的企业，做大做强不是必然的吗？

（四）企业的生存之道，唯有良好的生存土壤

改革发展的实践充分证明，以建业为代表的河南民营企业是一支经得起大风大浪考验、勇创大业新业的群体，为河南创造税收、促进经济发展、吸纳就业做出了巨大贡献，是推动中原崛起的重要力量。新时代对中原更加出彩提出了新任务新要求，以建业为代表的广大民营企业是书写中原更加出彩新篇章的生力军，民营企业出彩，中原才会更加出彩，民营经济发展高质量，河南经济发展才会更加高质量，中原更加出彩需要更多的民营企业共同参与，共同出彩。

企业的存活，就像一棵小树苗一样，只有大地提供充分的养料，小树苗才能茁壮成长，对于民营企业尤其如此，生存的土壤和养料需要政府来提供。近年来，从国家到地方各级政府也分别出台了多项政策支持民营企业的发展。例如，2019 年 12 月 23 日，《中共中央国务院关于营造更好发展环境支持民营企业改革发展的意见》对外发布，提出了“放宽准入、减轻税负、平等保护、舆论引导”等诸多颇具含金量的举措，力挺民企改革发展。地方政府贯彻中央方针，致力于从管理者向服务者转变，在构建亲清新型政商关系、营造良好营商环境方面推出了很多创新举措，如提出“产业第一、企业家老大”理念，打造“甘当服务员、争做店小二”服务生态，尝试向企业提供“保姆式服务”等。河南省委、省政府也陆续出台了《关于促进非公有制经济健康发展的若干意见》《河南省优化营商环境三年行动方案》等政策，在弘扬企业家精神、优化营商环境、构建亲清新型政商关系、打造公平诚信市场环境、依法保护企业家合法权益等方面为民营经济发展提振了信心，注入了动力。

但是，应该看到，即便像建业这样的已经成为行业佼佼者的民营企业，

仍面临着“融资难融资贵、政府服务不到位、政策落实不及时、能力与机会不匹配”等问题，因此，为更好地促进河南民营经济发展，需要更好地强化市场规则，建立法治化营商环境，进一步激发民营经济主体活力，推动民营经济高质量发展。

当然，一个个民营企业，作为一棵棵小树苗，长成的那一天，也是回报社会的那一天。建业集团董事长胡葆森曾经讲过，诸多树木中，凡是叶子比较繁茂的品种，例如杨树、柳树、梧桐，往往长得也比较快，因为这些繁茂的树叶到冬天的时候会回馈给大地，化成养料，凡是叶子比较稀疏的品种，像枣树、松柏，往往长得就比较慢，因为冬天的时候几乎无法回馈给大地，来年的时候，大地也无法提供充分的养料让小树生长。所以，企业和政府与社会，更像是一种互为共生的关系，只有相互把彼此作为共同体来看待，才能彼此存活发展得更好。

参考文献

柯林斯：《从优秀到卓越》，俞利军译，中信出版社，2009。

迈克尔·波特：《创造共享价值》，《哈佛商业评论》2011 年第 7 期。

胡葆森：《在河南过日子》，《建业》2019 年第 3 期。

B.21

河南保税集团以跨境电商“郑州模式”助力河南打造内陆开放新高地

张志娟　崔明娟*

摘　要： 河南保税集团作为郑州跨境电商试点城市的承建单位，不断创新探索，依托首创的跨境电商“郑州模式”助力河南打造内陆开放新高地取得了显著成效，为河南、中国乃至世界跨境电商的发展贡献了郑州智慧，不仅是河南创新发展的亮丽名片，也成了全国跨境电商发展的创新典范；但也要看到，跨境电商“郑州模式”也面临着尚未形成强大的平台经济、尚未构建良好的跨境电商产业生态链等发展障碍。面对新的形势，河南保税集团要从依托平台优势做大做强电商产业、加强“四条丝路”协同发展等方面不断完善提升跨境电商“郑州模式”，从而加速构筑内陆开放高地。

关键词： 河南保税集团　跨境电商　“郑州模式”　内陆开放高地　四路协同

扩大对外开放，是习近平总书记对河南实现高质量发展提出的重大要求。2014 年，习近平总书记到河南视察时，曾对河南保税物流中心提出要

* 张志娟，硕士，黄河科技学院中国（河南）创新发展研究院副教授，研究方向：区域产业发展；崔明娟，硕士，黄河科技学院中国（河南）创新发展研究院讲师，研究方向：区域产业发展、创新创业。

朝着“买全球、卖全球”的战略目标迈进，这给郑州乃至全国跨境电商试点城市和综试区指明了前进的方向。2019 年，习近平总书记再次到河南调研时，要求河南“积极融入共建‘一带一路’，加快打造内陆开放高地”。作为不沿海、不靠边的内陆省份，河南保税集团承担着推进河南跨境电商高质量发展的重要使命，必须深刻领会总书记视察河南的重要讲话精神，依托其创新的引领世界跨境电商标准规则的“郑州模式”助力河南打造内陆开放新高地，成为河南乃至全国跨境电商发展的创新典范。

一 河南保税集团发展情况

河南保税集团在 1994 年成立，总部位于河南郑州，是一家以物流业务为基础、以跨境电商业务为核心的综合服务平台运营商，是河南保税物流中心的运营主体。其主营业务包含基础物流服务、贸易供应链服务、保税物流服务、综合物流园区服务等，特色服务主要集中在跨境电子商务综合物流服务、供应链金融服务、多合一物流集成服务、O2O 展销服务和信息化平台服务。

自 2008 年 4 月河南保税集团顺利完成改制后，以徐平为掌舵者的河南保税集团不仅“起死回生”，同时也开启了河南跨境电商飞速发展的新时期。十多年来，河南保税集团恪守“风未起、我先行”的创新理念，已经成为河南省重要的外向型经济服务平台，尤其是在跨境电商领域更是成果斐然。2012 年初，河南保税集团首次提出一套成熟的“跨境电商”方案（即“1210”模式），并在全国范围内迅速复制推广，受到党和国家领导人一致赞誉。2017 年，河南保税集团又将“网购保税”和“实体新零售”有机结合，首创提出跨境电商 O2O 现场提货模式，实现了跨境电商的又一大突破，朝着“买全球、卖全球”的目标进一步迈进。同年 9 月河南保税集团在 WTO 日内瓦公共论坛上发出郑州跨境电商发展的“中国声音”，顺利将“郑州模式”推出国门，为全国乃至全世界跨境电商提供创新样板。

总之，经过十几年的风雨历程，以徐平为掌舵者的河南保税集团紧抓时代机遇，为真正实现“买全球、卖全球”目标而努力奋斗，在通关监管、通关效率、服务平台、税收征收等方面不断创新求变，为跨境电商发展提供了可供借鉴的经验，多项创新模式走在了全国最前列，探索出一条货通天下的“网上丝绸之路”，打开了一扇依托新型国际贸易推动开放型经济发展的内陆开放新大门，为我国跨境电商发展提供了一个创新的典型样本。先后获得了国家级示范物流园区、中国物流十大创新园区、中国 30 强物流标杆企业、中国中部崛起突出贡献奖单位、2014 年河南省经济社会改革发展全局性重大任务攻坚突出贡献单位、河南省电子商务示范基地、郑州市先进基层党组织等荣誉称号。

二　跨境电商“郑州模式”助力河南打造内陆开放新高地的成效和价值

所谓跨境电商“郑州模式”，是由河南保税集团首创，在全球跨境零售 B2C 型电子商务交易中实施的“电子商务 + 保税中心 + 行邮监管”的“B2B2C”监管模式。保税物流中心的卖家提前将国外商品备货到保税物流中心，买家线上下单后，通过线下自提或邮递到家的方式就可以快速买到货真价实的海外商品，也被称为网购跨境电子商务保税监管服务方案。河南保税集团凭借其首创的引领全球跨境电商标准规则的“郑州模式”，已经成为河南经济转型发展的新引擎。如今，不沿海、不临江、不沿边的河南，依托河南保税集团首创的跨境电商“郑州模式”，已从“中原内陆洼地”一跃成为“开放前沿高地”。

（一）取得了显著成效

1. 跨境电商生态良好

目前，河南全省跨境电商备案企业超过 4000 家，跨境电商多点发展、百花齐放的局面初步形成，产业生态圈发展良好。在中大门和 E 贸易博览中心里，来自全世界多个国家的化妆品、服装饰品、母婴用品、保健食品等各类海外商品应有尽有，郑州已经发展成为中国最大的跨境电商交易基地。截至目前，河南保税园区海关备案企业达1200余家，服务企业4万多家，全国排名前10的贸易平台和物流平台均已入驻，业务覆盖全世界200多个国家或地区，为河南省乃至全国的跨境电商业务发展奠定了良好的基础。

2. 跨境电商业务量持续增长

2019年，河南全省跨境电商业务进出口增长速度超过20%，无论是交易规模成长性还是可持续发展性都潜力巨大。截至2019年12月31日，郑州试点累计验放进出境商品包裹共计33876.89万单，进出口额393.30亿元，其中进口25979.05万单，进口额344.24亿元，进口征收税款约37.35亿元，综合纳税率约10.85%；出口7897.84万单，出口额49.06亿元。

3. “买全球、卖全球”取得阶段性成果

截至2019年底，进口商品来自世界67个国家，按照货值计算，日本占比25.96%，韩国占比23.93%，美国占比13.46%，法国占比10.49%，澳大利亚占比6.01%；出口商品发往207个国家和地区，其中美国占比26.68%，德国占比10.69%，俄罗斯联邦占比8.18%，意大利占比5.89%，法国占比5.43%，英国占比4.94%。这些成绩，让河南从“中原洼地”走向了开放前沿，真正践行了习近平总书记“买全球、卖全球”的期望。

4. 跨境电商国际话语权进一步提升

河南跨境电商发展得到了习近平总书记、李克强总理等党和国家领导人的高度认可，并成为全国学习观摩的典型，成为支持河南经济高质量发展必不可少的开放型平台。跨境电商“郑州模式”成为我国跨境电商的“模板”，全球跨境电商大会连续三年在郑州举行，EWTO核心功能集聚区建设等实践探索，大大提升了河南跨境电商在全球的话语权。

（二）极高的创新价值

1. 引领EWTO规则制定，为国际社会提供全新的跨境零售监管方案

河南保税集团率先提出的跨境电商“郑州模式”，一走出国门就引起全球多个国家的强烈反响，并在卢森堡、加拿大、俄罗斯、荷兰等国家成功复

制推广，为国际社会提供了全新的跨境零售监管方案。跨境电商“郑州模式”在海外复制推广的成功实践，不仅意味着该模式迎合了数字化时代全球贸易的发展趋势，更彰显了国际舞台之上的“中国智慧”，这对于中国在未来制定、推动和引领全球国际贸易规则具有里程碑意义。

2. 推动数字化贸易快速增长，极大提升全球化贸易的便利化水平

伴随着数字经济时代的到来，河南保税集团在积极创新跨境电商新模式的过程中，通过对碎片化贸易流量资源的汇聚和集成，有效解决了全球跨境零售交易模式在清关难、成本高、消费者权益得不到保障等方面诸多难题，这都离不开数字化、智能化、信息化的技术手段支持。跨境电商“郑州模式”所打造的“单一窗口”提供跨境电商“一站式”通关服务，首次实现跨境零售 O2O 现场提货，大大提升了全球化贸易的便利化水平，不仅是郑州在国际跨境电商领域的开创之举，也为世界提供了数字化国际贸易新思路。

3. 提升国际贸易话语权，致力于构建覆盖全球的贸易征信体系

未来时代，线上线下高度融合、海外保税仓建设、货到付款等必将是全球跨境电商发展的大趋势，构建完善的全球贸易征信体系迫在眉睫。近些年来，河南保税集团在跨境电商业务领域的“领头羊”地位有目共睹，在探索 EWTO 的新型贸易方式、构建 EWTO 国际规则、健全相应的监督管理机制、建立全球认可的贸易规则和标准体系等多个方面做出了积极贡献。跨境电商“郑州模式”的不断发展，就是在 WTO 原有贸易规则框架体系下，对跨境电商发展中新贸易、新规则的实践探索，大力提升了我国在国际贸易中的话语权，同时对建立全球贸易征信体系也发挥着重要作用。

4. 解决产业链难题，探索建设完整的跨境电商生态链体系

进入数字经济时代，跨境电商已经成为支撑全球经济发展的最新增长点，如何借助互联网、人工智能、大数据等信息手段，探索建设完整的跨境电商生态链体系，对于推动跨境电商新业态转型升级至关重要。河南保税集团创新提出的跨境电商“郑州模式”，使关务申报、税收征管、物流服务等

多方面的系统问题得到有效解决，同时让广大顾客可以购买到来自全球近70个国家上万种海外商品，并通过“秒通关”信息技术实现跨境O2O现场自提，享受到更优质、更快捷、更便利的消费体验，对于拉动沿线各地产业转型升级、探索跨境电商生态链体系建设具有重要意义。

5. 提供可复制样本，真正实现国家税源保障、企业成本降低和顾客购物便利的有效结合

当今时代，全球国际贸易普遍存在着企业交易成本高、政府税收监管压力大、消费者海淘利益得不到保障的问题。由河南首创的基于B2B2C的监管服务模式，恰恰同时解决了跨境电商交易过程中政府、企业和消费者三方的难题，一经推出便得到了国际社会的广泛认同，并在海内外多个国家和地区成功复制推广。河南保税集团摸索创新出的跨境电商“郑州模式”，不仅丰富了跨境电商新理论，成为极具借鉴意义的可复制样本，同时在保障国家税收监管、降低企业成本和优化消费者购物体验三方面得到了完美融合，真正使老百姓足不出户“买全球、卖全球”成为可能。

三 跨境电商“郑州模式”面临的发展障碍

河南保税集团首创的跨境电商“郑州模式”，无论是对河南扩大对外开放，还是郑州建设国家中心城市，都发挥着极其重要的推动作用。但面对现阶段日益深刻复杂的全球经济态势，跨境电商“郑州模式”也面临着一些发展障碍需要进一步加以提升完善。

（一）强大的平台经济还未形成

跨境电商平台有赖于一批活跃的、出色的、优秀的企业，能够在全球调动资源，通过采购、运营、运输、金融等系列的运营活动来支持跨境电商发展。而目前郑州跨境电商的企业规模以中小型居多，缺乏真正具有竞争力和影响力的龙头企业，阻碍了平台的长远建设，规模效益尚未形成。如何引进更多国际化企业、引导和培育本土中小企业，实现企业间优势互补、协同推

进的布局，将平台经济做大做强，是跨境电商“郑州模式”发展的一大挑战。

（二）完整的跨境电商产业生态链尚未建成

郑州跨境电商的持续性发展需要良好的产业生态支撑。打造良好的产业生态，就需要打通金融服务、物流服务、通关监管等服务体系，形成一个能量互相补给的生态系统。然而目前，郑州跨境电商的配套产业发展尚比较缓慢，难以实现产业的融合互动发展。

（三）“四条丝路”协同发展不足

跨境电商作为国际贸易新业态，涉及的产业链条最长、最复杂，包括生产制造、内贸交易、跨境交易、跨境交付、跨境支付和质量追溯等。如今，“四条丝路”已经成为河南进一步实现对外开放的重要途径，为跨境贸易和相关配套产业落地带来了历史发展机遇。跨境电商可以为空中、陆上和海上三条丝绸之路的发展提供货源保障；然而目前的国际贸易是以空中、陆上和海上三条丝绸之路为重点，对于四条丝路之间的逻辑关系还存在一定认知缺失，导致“四条丝路”协同发展不足。在未来，网上丝绸之路建设必将成为河南积极融入“一带一路”的核心重点，对进一步提升我国在全球跨境电商发展的主导权方面意义重大。

（四）区域间同行业竞争激烈

跨境电商的“电商”属性决定了其经营的地域属性不强。随着河南保税集团首创的“1210 通关监管模式”推广至全国，其先后提出的“关检三个一”“查验双随机”“跨境秒通关”等创新成果也迅速被复制到其他地区，并且发展势头相当迅猛。相比于珠三角和长三角地区，河南省的外向型产业基础还不够扎实，跨境电商企业数量和质量还存在巨大差异性，这就必然会对河南跨境电商的进一步发展带来影响。尤其是近几年跨境电商形成热潮，使得我国许多原有的外贸企业、电子商务企业纷纷进入跨境电商领域，同时国内每年还有许多新设立的跨境电商企业，这些同行业之间的激烈竞争会对河南跨境电商的生存与发展带来挑战。

（五）本土第三方跨境支付平台尚不成熟

虽然中国当前的第三方支付系统已较为发达，但是在跨境金融支付上，河南本土暂时还没有具备第三方跨境支付牌照的相关机构。跨境电商出口商家的资金回收，大多依赖于 Paypal，Payoneer 等成熟的第三方支付平台，这些第三方支付平台不仅交易费用高，而且资金周转慢，这无疑给河南跨境出口商家带来了高额的成本负担。另外，第三方支付平台相关业务的管理因中外金融监管的差异使得跨境支付的问题带有一定的复杂性，跨境支付的安全性存在挑战。

四　河南保税集团完善提升跨境电商“郑州模式”的主要举措

河南保税集团在跨境电商领域进行的一系列改革创新实践，为河南、中国乃至世界的跨境电商发展贡献了郑州智慧。面对新的形势，河南保税集团要全面领会落实习近平总书记视察指导河南时的重要讲话精神，不断完善提升跨境电商“郑州模式”，加快筑牢内陆开放高地的战略支点。

（一）依托平台优势做大做强电商产业

河南保税集团要充分利用郑州全球最先进的运营监管服务平台，推动网易考拉海购、唯品会、聚美优品、京东全球购、天猫国际、香港莎莎等引进的电商平台做大做强。同时，以河南本土出口量大、特色资源、传统手工艺商品等为依托，建立跨境电商公共服务平台，并引进阿里巴巴、敦煌网、大龙网等 B2B 出口电商平台，亚马逊、全球速卖通、eBay 等 B2C 出口电商平台在河南设立运营及集货中心，推动河南优势产品出口，提升把控国际市场渠道的能力。

（二）强化 EWTO 核心功能区“买全球、卖全球”的功能

通过不断强化 EWTO 核心功能区“买全球、卖全球”的功能，将郑州建设成为全球网购集散分拨中心，集聚跨境电商企业，壮大跨境电商出口规模，打造跨境电商核心企业集聚的全产业链和生态圈。面向共建“一带一路”国家，积极引进商贸流通 O2O 平台入驻，吸引商品和服务贸易集聚，形成对沿线政府、企业交流沟通要地，巩固和促进商品与服务流动；加快推进跨境电商大数据中心建设，推动跨境电商数据开放与共享，将郑州打造成为全球跨境电子商务大数据中心；顺应城乡居民消费升级趋势，持续推进跨境电商线上线下融合，不断拓宽进口商品领域，提高进口商品质量和层次，创新商业新业态、新模式，实现全渠道上下融合、全业态多元融合、多样化消费融合的良好生态，早日把郑州建成内陆地区国际消费中心。

（三）加强“四条丝路”协同发展

河南保税集团要充分利用四条丝绸之路抢抓打造内陆开放高地的历史机遇，持续推动跨境电商“郑州模式”的探索创新。以郑欧班列为依托，重点打造欧亚公铁联运大通道，郑日韩海铁联运通道，打通与东盟的货运连接通道，东南亚国家与俄罗斯的国际陆路通道，建设陆地丝绸之路。建设货物集散中心，健全跨区域集货节点功能，全面开通对接各大港口的海铁联运班列，进一步推进海上丝绸之路建设。积极对接国家多式联运信息平台，建成公益性省级多式联运信息平台，推动实时跟踪和综合货运监控调度系统建设和应用，完善公铁、铁海、陆空、空铁联运服务规则，打造“四路”信息网络通道和信息技术交互平台。

（四）加强区域间发展合作

河南保税集团的跨境电商“郑州模式”虽具有先发优势，但面对新的形势，想在未来继续保持优势，就必须加强郑州综试区与其他综试区合作，加快构建跨境电商综试区创新发展联盟，通过互相借鉴经验、实现资源共享

来促进业务交流，打造全省协同发展格局。以郑州为中心，深化与知名电商企业战略合作，建设跨境电商的分拨中心、运营中心、电商物流节点，与郑州国际物流中心实现资源共享、功能互补、协同发展。

（五）大力发展保税物流和现代金融

围绕跨境电商的支付瓶颈，要大力发展保税物流和现代金融，形成“跨境电商+保税物流+金融”一体化发展格局，促进贸易便利化。探索建设“互联网+”跨境电商供应链金融平台、双边金融监管结汇平台和金融中介等各种平台，打破商品端与金融端之间的信息阻断，不断完善支付结汇、抵押贷款、供应链融资等全流程金融服务；鼓励跨境电商企业在综合保税中心内建立运营及集货中心；积极引导符合条件的相关机构获得跨境支付牌照，带动更多省外跨境支付机构到郑州成立交易结算中心。

参考文献

刘洋：《中国跨境电商创新发展报告（2019）》，社会科学文献出版社，2019。

河南国际数字贸易研究院：《中美贸易战背景下我国跨境电商出口企业发展路径和策略研究报告》，2019。

河南国际数字贸易研究院：《河南空中、陆上、网上、海上丝绸之路“四路”融合发展策略与路径研究报告》，2019。

李晓沛、王坤：《推动 EWTO 核心功能集聚区建设的路径思考》，《河南日报》2019 年 3 月 2 日。

李娟：《河南省跨境电商发展现状、问题及对策分析》，《河北企业》2019 年第7 期。

B.22

郑州国际陆港助力“四路协同”发展

郭军峰　刘 晓*

摘　要： 郑州国际陆港的建设寄予着习近平总书记“要把河南建设成为连通境内外、辐射东中西的物流通道枢纽，为丝绸之路经济带多做贡献”的厚望，是河南深化对外开放的重要名片。作为郑州国际陆港的建设主体，郑州国际陆港公司借助中欧班列的运营走上了快速发展的道路。本文以郑州国际陆港公司为例，通过总结其现状、经验，分析问题，提出相关对策，希望郑州国际陆港能更好地助力“四路协同”发展。

关键词： 郑州国际陆港　中欧班列　“一带一路”　多式联运

国际陆港的建设是新时代的产物，以内陆无水港的形式迎接对外开放的今天，对于内陆地区外向型经济的发展有着至关重要的影响。河南于2013年组建郑州国际陆港，以省会郑州为中心，构建面向国内、国际的开放性经济新平台，助力“四路协同”发展。

一　郑州国际陆港公司总体情况

（一）郑州国际陆港公司建设背景

2013年，习近平总书记提出“共建丝绸之路经济带”的倡议，获得各

* 郭军峰，硕士，黄河科技学院中国（河南）创新发展研究院副教授，研究方向：产业经济、国际贸易；刘晓，硕士，黄河科技学院中国（河南）创新发展研究院讲师，研究方向：产业发展、国际贸易。

沿线国家的积极响应，“一带一路”倡议也为国际陆港的加速发展提供了良好的外部环境。国际陆港成为“一带一路”的先行棋和重要平台，国内各地区，尤其是内陆城市均纷纷投入以中欧班列常态化运行为主要依托的国际陆港建设。继国务院批复《中原经济区规划》和《郑州航空港经济综合实验区规划》后，中原经济受到了中央进一步重视，为中部地区省份和城市提供了历史性机遇。同年，河南省委省政府、郑州市委市政府以纵览全球的国际化视野，紧跟“一带一路”步伐，谋划建设郑州国际陆港，打造河南对外开放平台。国家郑州经济技术开发区管委会和河南物资集团公司共同投资组建了郑州国际陆港开发建设有限公司（简称郑州国际陆港公司），全面负责郑州国际陆港的规划和建设。2015 年，国家三部委联合发布《推动共建丝绸之路经济带和 21 世纪海上丝绸之路的愿景与行动》，明确提出支持郑州等内陆城市建设国际陆港，为推进郑州国际陆港建设提供了强有力的支持。

（二）郑州国际陆港公司建设和运营现状

郑州国际陆港占地 5.78 平方公里，主体园区位于河南省郑州经济技术开发区，也属于河南自由贸易片区。区域优势为郑州国际陆港带来了更为便利的经营环境和优惠政策，郑州国际陆港公司也通过自身经营为所在区域做出了重大贡献，2018 年郑州国际陆港公司荣获年度“中国（河南）自由贸易试验区郑州片区十佳创新案例”、郑州经开区年度“开放创新优秀企业”等。目前，郑州国际陆港公司现有员工 1600 多人、技术开发人员近 400 人，已建成集国际贸易、国际多式联运、跨境电商、保税物流等于一体，定位为国家铁路一类口岸、中欧班列货运中心、多式联运服务中心等综合性大型现代化企业。郑州国际陆港公司主要负责运营中欧班列和国际物流通道建设，从首班中欧班列开行以来，中欧班列增至“七个站点、六个口岸”，站点和口岸主要分布在欧洲、中亚、东盟等地，基本构建了河南连通欧洲、东盟及亚太等国际物流大通道。中欧班列（郑州）在中欧班列中持续保持领先地位，是国内唯一实现去程满载、回程满载，货值、货重均名列前茅的中欧班列。

二 郑州国际陆港公司主要经验

郑州国际陆港公司的快速发展，不断融入“一带一路”的战略布局，不仅优化了区域对外开放新格局，还对本地经济的持续快速增长做出了重大贡献，在建设过程中也积累了许多可供参考或复制的经验和做法，对于国内国际陆港的建设有一定的借鉴作用。

（一）加强顶层设计，坚持政策为引导

当地政府的重视和引导对于国际陆港的建设至关重要，国内卓有成效的国际陆港都非常注重顶层设计，坚持规划引领。在郑州陆港建设中，为了更科学高效地规划和建设，由河南省政府口岸办牵头，委托专业机构编制总体规划和可行性研究报告，并聘请权威专家参与项目指导和论证。协调相关部门深化完善和评审工作，明确国际陆港的规划和定位，按照“四港一体”多式联运的发展理念，规划建设国际陆港。目前，郑州国际陆港已投入使用跨境电商仓储物流中心、汽车整车进口口岸、亚欧国际冷链物流集疏中心等，各种功能区的投入使用为主营的中欧班列业务以及衍生业务提供了较为完善的平台和载体。同时，政府除了同其他区域一样提供财政补贴以外，为了进一步加强郑州国际陆港的核心竞争力，结合本土优势，出台了许多相关政策对郑州国际陆港的发展加以引导。例如，2017 年出台的《河南省人民政府办公厅关于实施多式联运示范工程的通知》《中国（河南）自由贸易试验区郑州片区政务服务体系、监管服务体系、金融服务体系、法律服务体系、多式联运服务体系建设实施方案》，均强调和鼓励河南多式联运的发展，为郑州国际陆港建设带来了多重助力。

（二）利用综合枢纽优势，大力发展多式联运

在政策的引导下，依托河南省及郑州市的现代综合交通枢纽优势，郑州国际陆港公司积极投身于多式联运的探索和实践。一是合理规划布

局联运通道和物流园区，不断打通国际物流通道，加强集疏体系建设。截至2019年底，中欧班列与境内外近2000家物流企业签订长期合作关系，在境外建立数十个物流集散地，中欧班列已经实现了双枢纽的物流集散体系，可以较好地提供“门到站”和“站到门”一站式服务。二是不断探索多样化的多式联运组织模式，通过整合物流企业、海外货代等多种资源，促进铁路、公路、海洋、航空多种运输方式之间的高效转换。如公—铁—公、公—海—公—铁—公、空—公—铁—公、公—铁—公—空联运线路。2019年，中欧国际货运班列“一干三支”铁海公多式联运示范工程被交通运输部、国家发改委正式命名为“国家多式联运示范工程”。三是积极探索多式联运标准化，以多式联运“一单制”为典范。郑州国际陆港公司作为多式联运经营人，在相关政府部门的协调下，通过货物全程监管和担保的方式，赋予国际多式联运提单物权属性，制成“公铁联运”提单，增强了多式联运下的单据融资功能，更好地提供门到门的全程运输代理服务，探索了陆上运输多式联运贸易新规则。

（三）不断探索增值服务，突出冷链业务优势

郑州国际陆港公司除了保障中欧班列的常态化运营，为了突出特色，加快业务布局，不断拓展增值业务，中欧班列（郑州）成为国内唯一实现冷链业务常态化的中欧班列。随着人民生活水平的提高，国内农产品冷链物流需求急剧增长，目前发达国家易腐食品冷链流通率约90%以上，而我国整体冷链流通率不及其一半，冷链物流业务市场潜力巨大，冷链物流业务成为中欧班列的一个重要切入点。郑州国际陆港公司在国内国外展开多点布局，可在境外22个国家的150多个城市进行冷链全球运输，能实现郑州到欧洲10000公里以外的冷链物流配送，国内则以郑州为中心可覆盖中部大部分地区乃至全国。为更好地掌握核心竞争力，保障更高效地提供冷链服务，进行了许多自主研发，如具有长运距全程冷链物流系统、多温带集装箱系统等。2017年全球冷链峰会公布了中国冷链物流百强名单，郑州国际陆港就在其

列，一跃成为中国冷链物流行业的“新星”，冷链业务的发展为其带来了更多特色优势和附加价值。

（四）优化运作模式，推动“以运带贸，运贸一体”发展

随着中欧班列的开行加密和业务规模的扩大，郑州国际陆港公司积极优化运作模式，实施“以运带贸、以贸促运、运贸互济”的策略。尤其是随着近几年物流与贸易融合发展让产业集聚效应显现，郑州国际陆港公司带动和培育了周边许多新兴企业，以平均每年500家的速度增长。郑州国际陆港公司利用自身强大的运输网络，积极开展国际贸易业务，不断增进与“一带一路”沿线国家和地区的贸易合作。如推出“郑欧进口商品”品牌运营模式，线上线下共同发力。郑州国际陆港公司负责郑欧进口商品的全链条管理，与“一带一路”沿线国家建立直接战略合作关系的有300多家商家。郑欧进口商品线下专营店有将近100家，已覆盖国内200余个地级市，真正把国外超市搬到国内。通过大力开展跨境贸易和电商业务创新实践，中欧班列（郑州）的“9610”监管方式成为全国中欧班列的首家，进一步推动了“以运带贸，运贸一体”发展。

三　郑州国际陆港公司发展问题分析

郑州国际陆港的建设寄予着习近平总书记“要把河南建设成为连通境内外、辐射东中西的物流通道枢纽，为丝绸之路经济带多做贡献”的厚望，是河南深化对外开放的重要名片。作为郑州国际陆港的建设主体，郑州国际陆港公司在强化内核、科技保障、完善基建、注重品牌的基础上，积极走“以运带贸，运贸一体”的发展之路，以多式联运助力“四路协同”发展，但依然存在许多问题亟待解决。

（一）中欧班列竞争力有待进一步提高

中欧班列是郑州国际陆港公司的主营项目。2013年7月19日首趟中欧

（郑州）国际铁路货运班列的运行，开启了河南“陆上丝绸之路”的建设。截至2019年底，郑欧班列已累计开行2760班，仅2019年就开行1000班，同比增长33%，形成了覆盖欧洲、中亚、东盟和亚太（日韩等）的物流网络。与此同时，郑州国际陆港公司借助“中欧班列”的运营，在物流集聚、信息化建设、多式联运、园区设置等方面发展迅猛，品牌效应初显。

截至2019年4月，全国中欧班列累计开行14691列，国内开行城市达62个，开行路线达68条，开行城市之间的竞争日趋激烈。经过九年的发展，中欧班列竞争的重点已从“比开行数量”向“比开行质量”转变，物流时长、货值、重载率、通关时间等成为中欧班列竞争力强弱的重要指标。尽管郑州目前已成为中欧班列中部区域的中心，但在开行班列的绝对量、运输货值、回程比例、通关时间、货源组织方面，差距较大，竞争优势不明显。2019年上半年，中欧班列（成都）运输货值25.2亿美元，回程通关到达时间缩短为109小时，通关时效提升275%，其运输货值、综合重载率增速名列全国第一，发送量、回程比例等指标排名前列，是全国运行最稳定、运行时间最短、发班频率最高的中欧班列。2019年上半年，中欧班列（西安）开行量达846列，实载开行量和重载率均为全国第一，而同期郑欧班列总开行为524列。郑欧班列在货源组织方面，以揽收外省货源为主，去程货源大部分来自江浙沿海一带、珠三角等，运营成本较高，而其他发展迅猛的中欧班列大多是为本地产业发展服务的，这使得郑欧班列在中欧班列开行城市、开行线路不断增加的竞争中处于不利地位。

（二）企业市场化水平低

郑州国际陆港公司是河南省、郑州市重点扶持的国有企业，全面负责郑州国际陆港规划建设及郑欧班列运营，在政策、资金支持、税收等方面具有先天优势，这为郑欧班列的迅速扩张提供了良好的条件。当前，郑欧班列正从追求数量向追求质量的转型过程中，前期为开拓线路、争抢货源、站点设置、信息化改造投入大量资金，再加上回程货源不足、通关手续烦琐、多次变轨换装等造成物流成本较高，始终面临“盈利难”问题。因此，发展多靠政府补贴为主，市场化运营水平较低。从2018年开始，市场格局发生重大改变，中央明确要求地方政府降低中欧班列补贴标准，2020年将补贴标准降为不超过全程运费的30%，中欧班列的发展已进入“后补贴时代”，线路、企业的重组、退出将时有发生，市场竞争占据重要位置，而政府的作用将更多地体现在塑造和保障良好营商环境方面，企业需要按照市场规则开展竞争，盈利能力的强弱是企业发展的基础，因此陆港公司在今后发展的过程中要注重盈利能力的提升。

（三）辐射带动能力不足

郑州国际陆港原是在铁路集装箱中心站的基础上建设，经过近几年不断扩展功能，统筹布局建设多式联运集疏中心、郑欧班列综合服务中心、多式联运海关监管中心、进口商品展示体验中心等，产业支撑能力逐渐增强。但区域内现代化高端制造业、新兴物流产业整体发展水平较低，对周边产业的集聚带动能力不足。2019年郑欧班列去程货源地中，河南占比在25%左右，和2017年5.23%的占比相比有了较大的提高，但目前仍以揽收其他省份货源为主，对河南本土相关产业集聚效益还未充分发挥。相比较而言，渝新欧班列的辐射带动效应更显著。2011年3月我国第一条中欧班列“渝新欧”班列正式运行，不仅带动了重庆多种外向型产业迅速崛起，而且极大地推动了重庆国际化的进程：进出口额快速增加、世界500强和领事馆数量较大提升，全球最大的集装箱运输公司马士基、全球最大的工业及物流基础设施提供商和服务商美国普洛斯公司等国际物流巨头布局重庆等。

（四）多式联运创新缓慢

多式联运现已成为我国内陆港发展的关键着力点。成都内陆港借助多式联运，致力于成为我国向西发展外向型经济的“桥头堡”，其创新举措多次入选我国自贸区“十大创新案例”。2016年，成都国际陆港集装箱铁公水多式联运示范工程入选国家首批多式联运示范工程，搭建了全国首个基于提单信息的EDI交换系统，实现与多式联运全链条上相关主体单位及管理部门之间的信息共享和智能交换，推动了海铁联运的发展；2017 年推出针对中欧班列的多式联运提单，实现了“一单制”；2018 年中欧班列（成都）以青白江铁路枢纽港为重点，构建“国际陆海联运”双走廊；2019 年成都国际铁路港建立了首个基于中欧班列多式联运“一单制”的跨境区块链平台。这些创新做法取得了良好的成效，中欧班列（成都）的开行数量呈爆发式增长（约占全国的四分之一），辐射区域不断扩大，开行质量也位居全国前列。

郑州国际陆港公司的发展也依托多式联运建设，充分利用郑州的区位交通优势，目前已形成“一干三支”铁海公多式联运，具有较完备的铁路、公路、海运、空运多式联运物流网络，实现了线路多元化、口岸多元化和节点多元化，运营管理效率水平逐步提高，集疏运体系日渐完善。但整体创新步伐缓慢，在多式联运通关时效、运行时间、单据物权化、平台建设、信息化运营等方面应借助河南自贸区（郑州片区）的政策优势，不断进行制度、内容、形式创新。

四　提升郑州国际陆港公司竞争力的建议

郑州国际陆港目前已成为河南内陆开放高地建设的重要窗口，是服务“一带一路”倡议的有效载体。自 2020 年 1 月始，新冠肺炎疫情在全球迅速蔓延，给国际贸易和制造业发展带来重创，全球经济面临前所未有的挑战。2020 年一季度，中欧班列共开行 1941 列、发送货物 17.4 万标箱，和 2019 年同期相比不降反升，分别增长 15%、18%。2020 年 2 月 16 日郑欧班列开通了疫情防控以来的首班去程班列，是全国首家常态化稳定开行的班列。但面对越来越激烈的竞争和后补贴时代的到来，郑州国际陆港公司的发展还需在建枢纽、强功能、聚产业等方面持续发力。

（一）优化多式联运组织模式

一是探索铁水联运。积极联动周边“水港”城市周口，挖掘铁水联运的资源优势，依托周口市港口物流园区，货物经周口港向上可延伸到中原腹地，向下经淮河、京杭运河可达长江三角洲地区。郑州与周口通过铁水联运，可将京杭运河通道与中欧（郑州）国际铁路连接起来，促进周口港衔接郑欧班列，让内陆无水港实现家门口的铁水联运。二是加强铁海联运。尽管中欧班列近年来发展迅猛，但其年运输规模仅为同期海运规模的2%，海运依然是国际贸易货物运输最主要的方式。作为内陆无水港，为了进一步增强竞争力，承接来自海运的业务，争取更多货运资源，目前越来越多的中欧班列开行城市利用“海铁联运”的方式展开与沿海港口合作。2019 年上半年，中欧班列（西安）就开行了海铁联运班列 21 列承接东部港口的海运货物转运；中欧班列（成都）已具有 5 条国际海铁联运通道，正加快建设“一主多辅”铁海联运大通道。郑欧班列应充分利用腹地辐射范围广的优势，在已有铁海联运建设的基础上，加快向南、向北铁海联运通道的建设，织密线路，增加货源吸引力。

（二）提高郑欧班列运营质量

一是在货源组织方面，在加大对省外货源揽收的同时，积极对接省内的外贸物流货代企业，充分挖掘省内的优势产业和特色产品，助力河南企业“走出去”的同时，还能降低企业物流运输成本。二是在港口服务方面，除了需完善基础设施等硬件外，还要运用云计算、大数据、区块链等技术，搭建统一的跨境服务平台，实现国际铁路联运数据共享，形成交货—运输—监管—提货全链条闭环，“一单到底”；开展集拼集运模式和运输单据物权化，增加货运量，降低企业的运输成本和资金压力；开展国际关系合作，提高通关效率和速度。三是要结合河南的口岸经济，开设定制班列。河南拥有 3 个一类口岸和 8 个功能性口岸，是内陆地区指定口岸数量最多、功能最全的省份之一。郑欧班列可以根据特定的货物品类定制专属班列，如肉类进口、进境粮食、进口药品等，可以部分解决返程货源不足的问题。四是主动对接“新郑综合保税区”“经开综合保税区”“河南自贸区”等特殊海关监管区域产业发展，助推河南外向型经济发展。和这些区域内的产业园区、加工区建立常态化合作机制，开设专属通道，在进出口货物运输方面提供便利。五是搭建国际多式联运综合服务信息平台。郑欧班列可以在前期信息化发展的基础上，整合订舱信息平台、箱管信息系统、公路物流系统功能，率先构建多语种版本的国际多式联运综合服务信息平台，切实解决沿线国家客户间的语言障碍，满足客户实时获取货物物流信息的需求，占据先发优势，为构建全国范围内统一的中欧国际多式联运综合服务信息平台先行先试，形成更多可复制可推广的经验。

（三）融入带动产业链发展

郑欧班列运行六年多来利用郑州的腹地优势，货源地已覆盖全国 3/4 的省份，集货半径达 1500 公里，这是郑州区位交通优势的体现，但同时货源地的分散也对郑欧班列的货源组织和全路网货源协调能力提出了较高的要求。在中欧班列线路之间同质化严重、竞争日趋激烈的情况下，郑州作为始发站的货源吸引力必将受到较大影响，因此郑欧班列要尽快从单一的物流通道，向带动综合产业布局与产业链的延伸方面扩展，要将运输与服务产业合作结合起来。一要立足河南，结合河南现有的产业优势，开设服装、汽车、电子信息等品牌专列，和跨境电商所带动的产业链条相契合，形成相互协调相互促进的局面。二要使货源多样化，当前货源主要是最终消费品，充分调研“一带一路”沿线国家的产业状况，多和河南产业属于生产链条不同环节、能够形成结构性互补的国家进行合作，进一步拓展发展的空间和领域。

（四）加大龙头企业的引入

郑州国际陆港公司作为全面负责郑州国际陆港规划建设及郑欧班列运营的主体，要从陆港的建设发展角度出发，不仅自身参与经营，还要引入物流、第三方服务方面的龙头企业共同提供运输、通关、金融、信息等方面的服务，集聚货源，降低运输成本，增强物流集成引力，在竞争中同发展，形成物流带动贸易、贸易带动产业的良性传导机制，推动郑州国际陆港高质量发展。一要充分利用河南自贸区（郑州片区）投资贸易自由化便利化优势，吸引国内外知名物流和第三方服务企业入驻、合作，提升物流国际化水平，降低揽货成本，增强货源吸引力。二是在市场竞争中郑州国际陆港公司要明确定位，聚焦发展优势，壮大主体规模，提高经营管理能力和技术水平，逐步参与全球供应链、产业链运作，和其他企业实现优势互补协作共赢，共同服务郑州国际陆港建设，为河南开放型经济提供有力支撑。

参考文献

袁庆达、江静、李金龙：《中欧班列始发城市货源吸引力研究》，《上海对外经贸大学学报》2019 年第 5 期。

王伟：《“一带一路”战略下的国际陆港物流系统研究——以郑州国际陆港第二站点（上街）为例》，《交通与港航》2018 年第 5 期。

文瑞：《中欧班列运行效益分析及高质量发展对策》，《区域经济评论》2019 年第 5 期。

赵建军、梁钟巍等：《高标准建设徐州淮海国际陆港》，《唯实》2020 年第 1 期。

贺博雅：《集成场视角下西安国际陆港竞争力评价及提升对策研究》，《长安大学》硕士论文，2018。

陆芳、郭杏：《浅析郑州在“一带一路”战略中发挥的纽带作用》，《江苏商论》2017 年第 5 期。

詹斌、肖庆：《成都国际铁路港建设内陆无水港创新模式研究》，《物流技术》2016 年第 8 期。

杨佩：《搭乘丝路快车，“外向河南”需要再提速——省政协“主动融入‘一带一路’建设，积极发展河南省外向型经济”月协商座谈会综述》，《协商论坛》2016 年第 10 期。

赵振杰、孙静、刘斐：《河南省积极融入“一带一路”建设“四条丝路”优势并举畅通开放新通道》，《丝路经济》2018 年第 10 期。

郑州国际陆港官网，http：//www. zzguojilugang. com/。

B.23 鹿邑农商银行“党建 + 金融”引领创新发展

郭军峰*

摘 要： 鹿邑农商银行作为扎根农村的地方性金融结构，在持续解放思想、创新产品、优化服务中助力乡村振兴。近两年其通过打造党建统领、夯实存款工程、深化金燕惠贷“三大引擎”，推动各项业务实现健康、快速发展，为县域经济发展做出了积极贡献。面对竞争激烈的金融市场，新技术新模式新应用带来的挑战，鹿邑农商银行还需做好加大对科技的整体运用、加强对信贷产品的风险管控、重视内部员工的培养、有效应对互联网金融挑战、提升银行的内生动力等工作。

关键词： 鹿邑农商银行 “党建 + 金融” 金燕惠贷

当今世界多极化、经济全球化、社会信息化深入发展，市场框架不断拉大和拓展，金融行业市场竞争愈演愈烈。如何以创新的思维、有力的举措彰显改革成效，更好践行普惠金融理念、服务“三农”、助力乡村振兴和县域经济社会发展，直接关系到我国经济社会的全面均衡发展，是新时代对金融业提出的要求，也是农村金融业发展的立身之本。鹿邑农商银行为此不断进行探索，取得了良好的成效。

---

* 郭军峰，硕士，黄河科技学院中国（河南）创新发展研究院副教授，研究方向：产业经济、国际贸易。

一 鹿邑农商银行基本情况

鹿邑农商银行（原鹿邑县农村信用社）位于“老子故里、道家之源、李姓之根”的河南鹿邑县，始建于1951年，2017年11月23日成功改制为鹿邑农商银行。目前，该行所辖23个支行，1个营业部，18个分理处，总行内设20个职能部门。截至2019年9月，资产总额1524456万元，金融市场业务累计收入11845万元。先后荣获鹿邑县纳税十强企业、老子故里突出贡献单位、全市农信社（农商行）综合考核先进单位、省级文明单位、服务鹿邑高质量发展优秀单位、第九届“全国农村金融十佳科技创新机构”等荣誉称号。

二 主要工作举措

鹿邑农商银行成立70年来不忘初心，牢记使命，扎根鹿邑，服务“三农”，近两年通过打造党建统领、夯实存款工程、深化金燕惠贷“三大引擎”，助力农民工返乡创业就业，推动各项业务实现了健康、快速发展，为县域经济发展做出了积极贡献。

（一）创建“党建+金融”服务联盟，以高质量党建引领高质量发展

鹿邑农商银行在学习借鉴同行业先进经验的基础上，贯彻落实乡村振兴战略目标，服务“三农”金融需求，坚定“姓农、姓小、姓土”的核心定位和“向实、向小、向内”的经营服务理念，在当地县乡党委与政府的大力支持下，与乡村基层党支部联手，共同创建“党建+金融”服务联盟，全方位支持乡村振兴和县域经济社会发展。

具体做法：一是健全“党建+金融”服务联盟的组织架构。总行党委成立工作领导组，负责制定实施方案并示范引领，推进落实及督导各项工

作。二是坚持一个党员一面旗帜，一个支部一个战斗堡垒，一个党建联盟致富一方百姓的服务理念。总行党委、党员干部和领导班子，与所辖支行的党员和客户经理结对，集中开展进村入户大走访活动，实施亲情服务理念，传播金融知识，与全县541个行政村（办事处）党支部签约成立“党建+金融”服务联盟。三是逐步创新完善和充实普惠金融服务的抓手与平台。在做好存、贷、汇等传统业务和实施手机银行、金融e家、云闪付等现代金融服务全面覆盖的同时，重点支持“互联网+金融”大数据信贷平台“金燕惠贷”的推广，结合贷款的使用方向创新推出党员创业先锋贷、生态贷、精准扶贫贷、爱心助学助教贷、精英创业青年贷、巾帼贷、拥军贷等助力乡村振兴系列产品。四是积极主动履行社会职责，热心支持乡村文化及道德公益事业。通过“孝心红包”、戏曲、电影、文艺演出等公益活动，一方面宣传党的政策，普及金融知识，传播社会正能量，另一方面拉近与群众的距离，增强群众的信任，了解群众的需求。截至2019年10月7日，鹿邑农商银行共组建“党建+金融”服务联盟542个，占辖内行政村的98.55%，走访辖区内农户53566户，占辖内农户的15.56%。这些用心的服务和行动筑牢了“党建+金融”服务联盟的根基，使得服务联盟的优势得到有效发挥，推动该行业务服务的高质量发展，推进该县农业、农村、农民全面发展，助力乡村振兴。

（二）持续推进存款“一二五”工程，筑牢根基

面对经济新常态下金融市场的激烈竞争及纷繁的市场乱象，鹿邑农商银行进一步强化“回归本源，专注主业”发展战略和“存款是立行之本、强行之基、兴行之源”经营理念，着眼长远，立足当下，转换发展机制，拓宽经营思路，夯实发展根基。2018年5月18日鹿邑农商银行总行党委、班子以开展党员干部党性教育培训为契机，召开了存款工作研讨会，创造性提出存款“一二五”工程，把优质文明服务质量水平提升和存款产品个性化创新营销作为工作重点，要求全辖支行深入贯彻落实，并始终坚守、自觉做到“四不四优”：不违规章优机制，不参乱象优产品，不送礼品优服务，不

搞高息优科技，把揽存吸储工作做深、做细、做优、做强，以真抓实干与心血汗水铸就存款工作突出业绩。

（三）科技助力发展，创新产品稳增长

2018年以来，鹿邑农商银行在多年小额贷款业务取得良好成效的基础上，学习借鉴全国标杆银行的成功经验，依托现代金融科技和先进的“互联网+”技术，建成了以政府大数据为主导，社会、商业和金融大数据互联我用的“智慧鹿邑、信用鹿邑”大数据普惠金融信贷平台系统，并创新推出大数据线上信贷产品——“金燕惠贷”。该模式根据大数据系统模型采取线上自动化运作，实现了“7个自动”功能，贷前、贷中、贷后有效衔接，自动评级授信、自动利率定价、自动风险预警、自动化催收，具有高效性、安全性、科学性、黏度大、广度大的特点。从2018年11月1日正式上线到2020年2月13日，“金燕惠贷”共接收贷款申请245962户，授信156657户，授信金额60.78亿元，户均授信3.88万元，累计放款57898笔，累计放款金额12.02亿元。“大数据信贷产品——金燕惠贷”是对传统线下信贷业务的颠覆性改变，顺应互联网发展的大势，实现了普惠线上业务质的飞跃，达到了存量“活”客与智能“获”客的目的。

创新永远在路上，该行目前已实现二代征信与“金燕惠贷”大数据系统对接工作，正通过研发努力实现“4个一”的效率目标，即一分钟扫码、一分钟电子进件、一分钟自动审批、一辈子授信，尽可能地让客户感受到智慧银行、极简金融和阳光普惠带来的高效体验和便利。

三　形成的基本经验与启发

（一）诺守初心，回归本源

鹿邑农商银行作为扎根地方的股份制银行，面对纷繁复杂的外界变化和乱象丛生的互联网金融，在发展中固守本心，专注主业，不触底线。围绕

“乡村振兴”等重点工作，进一步健全金融支农组织体系、创新金融支农产品和服务、完善金融支农激励政策，充分发挥农商银行支农主力军作用，支持返乡农民工创业就业。为此，鹿邑农商银行专门成立了农民工创业资金支持领导小组，并开创符合返乡农民工创业特点的金融产品。河南明新化妆用具有限公司是鹿邑农商银行帮扶农民工返乡创业的典型代表，其尾毛出口业务在行业内处于领先地位。而“金燕惠贷”产品发放的贷款多用于农户购置农用大型机械、发展规模种植或者养殖（特色种植或养殖）、开办农村商贸店铺、农产品加工等。鹿邑农商银行的做法彰显了普惠金融的理念，为乡村产业发展、助力乡村振兴提供了源源不断的金融活水。

（二）时不我待，唯有创新

当前处于新一轮科技革命和产业革命的历史交汇期，金融不断地向普惠化、智能化、场景化方向发展。面对瞬息万变的世界、新技术新模式的涌现，鹿邑农商银行的例子表明，要有思想的解放、革新的勇气、创新的手段、科技的助力才能保持运营的平稳及增长。思想决定方向，金燕惠贷模式是对传统业务的一次颠覆性革命。如果墨守成规、闭门造车，就不会有“走出去学习”的视野；如果畏首畏尾、瞻前顾后，就不会有“摸着石头过河”的勇气；如果不是积极探索、敢于试错，就不会达到“开辟新路径、普惠千万家”的良好效果。金燕惠贷模式也是新时代银行业因受到传统模式制约而产生，并在运行过程中通过破解一个又一个难题而得到不断优化、提升和完善。金燕惠贷模式的成功运行，彰显了创新的力量，有力地诠释了“科技是第一生产力”。

（三）党建引领，业务支撑

鹿邑农商银行金燕惠贷模式的顺利推行，得益于鹿邑县、乡、村三级党组织的高度重视和大力支持，得益于鹿邑农商银行党组织和广大党员带领全体员工不舍昼夜的真心服务、辛勤付出和扎实工作。正是通过普遍建立的“党建+金融”服务联盟，鹿邑农商银行才能精准掌握群众信息，减少坏账的发生率；才能了解到群众对新模式的疑虑、困惑，加速金燕惠贷模式的顺利开展；才能让党员干部和群众密切接触，加深相互理解，为新业务的开展奠定基础。

四　提升鹿邑农商银行竞争力的建议

鹿邑农商银行作为鹿邑县网点分布最广、历史最悠久的金融机构，和其他金融机构相比具有很多的优势，如长期本土化经营形成的天然的信息对称、决策经营灵活、品牌效应初见成效、对客户的资信与生产经营比较熟悉等。这些是鹿邑农商银行在同业竞争中领先的基础和关键，需要有效利用并加以持续的巩固扩大。同时，面对新形势新问题，鹿邑农商银行在吸取以往成功经验的基础上还需在以下几个方面不断发力。

（一）加大对科技的整体运用

近年来，随着金融与科技的交融，银行的经营管理被注入越来越多的科技因子，科技与业务发展的关系也逐渐从辅助提升转变为引领主导，为此银行应及时将新技术新模式新场景新服务应用于经营管理的各个方面。鹿邑农商银行“金燕惠贷”的成功验证了大数据、云计算等新科技给企业发展带来的强大动力。因此应加大对科技的整体运用，要紧跟人工智能、物联网、区块链等前沿技术的发展，找准创新金融科技的突破口。但金融科技新产品与服务存在开发投入大、后期运行维护难等特点，对原有的组织架构、管理体制、人员岗位等也造成较大的冲击。因此，鹿邑农商银行一方面全行上下要转变思想，适应“变”的新常态，以开放的姿态积极迎“变”，另一方面联合市级、省级农商银行综合推进金融科技建设，发挥“小银行、大平台”机制，依靠集体的力量分担开发与应用过程中的成本和风险，结合自身优势，寻找新的增长点，才能持续保持竞争优势。

（二）加强对信贷产品的风险管控

鹿邑农商银行作为传统的地方性金融机构，信贷投向主要为涉农贷款和小微企业贷款，一旦发生各种自然灾害等不可抗力风险和经济疲软消费下滑时，农商银行不可避免的是风险最终的承担者。因此，鹿邑农商银行一要加强贷款内部管理与完善，建立健全相关贷款业务制度，强化对贷款业务的审计；二要增强部门协作，涉及贷款的相关部门和人员建立一体化的奖惩制度；三要严密控制贷款流程，贷前、贷中、贷后风险控制科学规范，贷后催收及时有效；四要建立更全面的风险控制体系，加强对系统内员工履职能力与责任意识的审查，通过“党建 + 金融”服务联盟全面开展信用村、信用户创建，推进“整村授信”，宣传引导农户建立守法意识和诚信意识，积极构建农村地区信用体系。

（三）重视内部员工的培养

人才是推动企业发展的中坚力量，在金融开放新常态下，作为扎根县域经济的金融机构，鹿邑农商银行面临着复合型专业型人才短缺的困境。经济发展水平、工作生活环境、当地教育医疗资源等现实情况使得高层次人才“引不进、留不住”，因此鹿邑农商银行在向市行、省行借智借技的同时，更要把自身人才的培养纳入长远发展战略。首先，定期在全行范围内对工作人员展开思想业务技术培训和考核，每次考核结果登记在案，作为人才选拔、绩效考核的依据；其次，根据考核结果和平时表现，选拔上进心强、业务能力突出、思想端正的人员作为重点培养对象，在保留原有工作岗位的基础上，提供外派学习进修新技术新技能的机会，并根据后期表现调整岗位薪酬；再次，完善绩效考核机制和晋升机制，重要岗位实行竞聘上岗，实现管理人员“能上能下”，确保“多劳多得、少劳少得、不劳不得”，通过合理有效的考核机制，激发全体人员工作学习的积极性，形成良性的上进争优创先企业文化；最后，要主动加强与同业机构的交流合作，鼓励员工“走出去”，取长补短，创新发展。

（四）有效应对互联网金融挑战

目前以 P2P、第三方支付为代表的互联网金融凭借低成本、高效率、便利化、覆盖广的优势，在小微贷款、个人理财等方面发展迅猛，对我国银行机构的资产负债业务、中间业务造成较大的冲击。面对互联网金融势不可当的发展趋势，鹿邑农商银行需明晰利用互联网发展的重要性，立足企业建设与发展实际，积极谋划，顺势而为。首先，要借助互联网技术拓展平台，构建移动支付渠道，完善网络营销渠道和服务系统，形成传统物理网点与电子银行协调营销，互相促进发展的局面；其次，要加强银企合作，延伸服务范围，扩大与小微商户的合作，提供适合其使用管理的定制化系统；最后，要优化信贷业务机制，改进贷款业务流程，改变“重押轻管”的传统思维，结合贷款的用途推出多种还款方案，提高信贷市场占有率。

（五）提升银行的内生动力

银行的内生动力是保持其旺盛生命力的源泉。为此，鹿邑农商银行要做到以下几点：第一，在精细管理的基础上提升凝聚力。要针对不同类型不同阶段的企业、不同种类产业制定差异化的信贷政策和上下浮动的利率；要主动对接重点客户和项目，增加服务的精准度和有效性，加大对其融资需求营销，同时注重潜在客户培育，努力拓展优质首贷客户。第二，在树牢服务意识的基础上发挥主动性。总行内部各职能部门要主动对接基层，进行业务辅导、营销指导、任务督导；支行网点作为业务争夺的前沿阵地，人员要“走出去”主动作为，深入市场接触客户，彼此间强化协作合力。第三，在强化考核的基础上增强执行力。不论职位高低都应该树立服从意识、执行意识，一切决策部署都应严格落实；领导要率先垂范、身体力行；要合理制定考核体系，强化考核力度，落实考核结果。第四，在勇于创新中提高竞争力。要在管理上创新，创新产品种类、服务模式、营销模式、结算模式等；要在机制上创新，创新公司治理机制、绩效考核机制、人才选拔机制等；要提高创新能力，主动解放思想，拓宽眼界，打破常规，用新思想武装头脑，用新视角观察问题，用新思维分析问题，用新技术、新方法解决问题，在持续创新中行稳致远。

参考文献

杨勇先：《浅论如何提升农商银行内生动力》，《当代县域经济》2019 年第 12 期。

张丰兵：《以金融科技赋能农商银行高质量发展》，《中国农村信用合作报》2020 年 1 月 14 日。

冯旭东：《推动农商行高质量发展的认识与建议》，《中国县域经济报》2019 年 9 月 5 日。

段勇：《农商银行应对互联网金融挑战的策略研究》，《中国市场》2019 年第 7 期。

李保旭：《北京农商银行探索构建数字化金融体系》，《中国金融电脑》2020 年第 1 期。

李维唐：《青岛农商银行应对互联网金融影响的案例分析》，青岛大学硕士研究生毕业论文，2017。

李春嵚：《河南省 LY 市农村商业银行贷款业务风险识别及控制措施研究》，吉林大学硕士研究生毕业论文，2019。

B.24
双汇集团国际化经营道路的探索与实践

于善甫　魏　征*

摘　要：　随着全球化经济的迅猛发展，各大企业都想走出国门，走向世界，向世界推销中国产品，推广中国经验，同时借鉴吸收国际先进技术和管理理念。本文以双汇集团为例，介绍了企业国际化经营的探索和实践，对双汇集团做了简单介绍，介绍了双汇集团的发展历程和国际化历程，以及对双汇集团国际化经营的动力和途径进行了论述，最后对双汇集团国际化经营进行了反思并对企业国际化经营的经验进行了总结。

关键词：　双汇集团　国际化经营　管理理念

一　双汇集团简介

双汇集团的前身是建于1958年的漯河肉联厂，1969年漯河肉联厂更名为漯河市肉类联合加工厂，长期处于亏损状态，濒临破产的边缘。1984年，万隆当选厂长，抓住白条肉市场，在河南省率先实行生猪议价收购，当年实现盈利，结束了26年的亏损历史。1984～1990年，在万隆厂长的带领下，双汇实现了扭亏为盈，年销售收入从1000万元增长到1亿多元，年利润

* 于善甫，硕士，黄河科技学院中国（河南）创新发展研究院院长助理，副教授，研究方向：区域经济、创新创业；魏征，硕士，黄河科技学院中国（河南）创新发展研究院讲师，研究方向：区域经济、房地产经济、创新创业。

500多万元。1992年，第一支“双汇”牌火腿肠诞生。1994年，在以原漯河市肉联厂为核心的基础上成立了双汇集团，并用五年的时间建成了当时中国最大的肉制品加工基地，1998年双汇集团登陆A股市场（股票代码：000895），自此，双汇集团开始了快速发展的新征程，经过多年的积累，双汇集团在全国布局各种下属产业，并且走出国门，走向世界，成为全球最知名的肉制品加工企业之一。六十年一甲子，双汇集团经过六十多年的发展，已经从资不抵债的小肉联厂发展成全球规模最大的猪肉加工企业。

二　双汇集团的国际化发展历程

（一）双汇集团的发展历程

20世纪80年代，万隆当选漯河肉联厂厂长，当时全国的肉联厂都处于亏损状态，为维持企业运转，万隆带领职工们杀猪、宰鸡、宰牛、宰兔、宰乳猪，用过多重经营，企业逐渐摆脱了困境；90年代引进国外的先进技术设备，改造传统产业，进行肉类的深加工，通过品牌化、集团化的经营策略，壮大了企业的实力，自此走上了品牌化的发展之路；90年代末双汇上市以后，资金实力增强，开始全国布局，建设全国范围内的经营网络，在多个省市建立了肉类加工基地，走出河南，走向全国；进入21世纪后，双汇开始走向国际化，2006年双汇集团的国有股份在全球范围招标拍卖，高盛和鼎辉买下了国有股份成为控股股东，双汇成为外资企业。自此经过30多年的发展，双汇实现了工业化、产业化、规模化、国际化的经营。

（二）双汇集团的国际化历程

双汇集团在20世纪80年代后期（当时还叫漯河市肉联厂）开始对外贸易业务，肉制品远销苏联、东南亚及港澳地区，然而20世纪80年代末，苏联解体后，双汇失去了80%的国际市场，此时企业开始调整产品线，出口转内销。然而双汇集团并不满足于国内市场，在不断扩展其国内业务规模的同时，也在逐步进行国际化经营。2006 年 12 月，双汇集团以 20.1 亿元的价格把其全部股权出让给香港罗特克斯有限公司（该公司由高盛和鼎辉共同控股，其中高盛51%，鼎辉49%），高盛和鼎辉两大国际知名集团公司的加入给双汇带来了国际化的经营理念和管理人才，两大集团公司利用各自在资金、管理及国际市场运作上的优势增强了双汇的国际竞争力。2013 年双汇又斥资 71.2 亿美元收购全球最大的猪肉企业——美国史密斯菲尔德食品公司，这是双汇集团国际化战略的重要标志。双汇集团通过收购国际一流企业获取了丰富的管理经验并进一步拓展了海外市场和营销渠道，企业规模的扩大使营业收入逐年增加，一跃成为全球最大的肉制品企业。此后双汇国际化经营的脚步不断加快，接连收购了美国、波兰、罗马尼亚等多国企业，涉及领域包括肉制品加工、生物制药、肉制品设施生产等，在 2016 年首次跻身世界 500 强。

（三）双汇集团国际化经营的动力

1. 经济全球化的发展

中国加入 WTO 以后，国内的市场逐渐对国外的投资者开放，我国的肉制品加工企业数量多，规模小，安全标准和品质达不到国际市场的要求，尤其进入 21 世纪以后，经济全球化迅猛发展，对企业发展的影响由浅入深，经济的融合给企业带来了大量的发展机遇，全球各大企业通过贸易、合约、战略联盟等方式建立合作伙伴关系打入国际市场，使得企业能够支配全球范围内的生产要素，合作共赢，增强企业的国际竞争力，双汇抓住机遇走出国门同世界上的知名企业进行竞争。

2. 企业自身的因素

一是随着经济社会的发展，居民收入逐渐增加，人们的生活水平随之提高，对肉制品的需求随之增加，由于我国人口众多，消费的猪肉量占到全球的一半以上，我国每年进口的猪肉数量也在不断攀升，因此双汇有必要进一步扩大生产经营规模，提高我们国家自给自足程度。为此，作为国内肉制品龙头企业的双汇集团必须走出国门学习发达国家在生猪养殖和猪肉加工方面的先进经验，扩大生产规模，降低企业生产成本。二是随着企业的规模扩大，对资金的需求量也越来越大，依靠企业自身的积累已经无法满足企业对资金的需求。双汇进行国际化发展也是为了更好地进行融资，2006 年高盛、鼎辉注资双汇，向双汇提供了充裕的资金，同时双汇集团在 2008 年获得了中国银行给予 118 亿元的授信限额，该授信主要用于双汇集团的国际化经营和产业化发展，大大增强了自身的实力。

3. 解决自身发展困境的需要

在国内，猪的养殖和屠宰属于高度竞争的行业，国内已经形成了一批规模化的龙头企业如南阳牧原、南京雨润、大众食品等，竞争非常激烈，双汇仅仅依靠国内的市场，经营风险较大，利润也非常有限。而在国际市场上由于 2008 年美国次贷危机的影响，很多企业的估值大幅下跌，缺少资金的著名企业犹如龙困浅滩，此时双汇进行国际化收购是非常有利的时机。同时国内的消费也是萎靡不振，双汇因此有必要进行国际化经营，分散风险。

4. 消费者消费观念的转变

随着经济的发展，人们的生活水平逐渐提高，消费者从解决温饱逐渐转变为追求生活品质，对食品的安全要求越来越高，尤其是瘦肉精事件，对国内肉制品行业打击很大，人们对食品安全的关注度越来越高，也需要双汇下大力气扭转企业形象。

（四）双汇集团的国际化——从收购开始

直接收购外国企业是本土企业进行国际化的主要路径之一，特别是食品企业，大家都很重视饮食健康，国外的食品企业在当地人心目中的地位已经树立，其他品牌贸然闯入，很难打开市场，这样本土企业通过收购外国企业能够依赖被收购企业的品牌、产能、渠道等多种优势迅速入驻当地市场。双汇集团迈出国际化的第一步便是收购全球最大的肉制品企业——史密斯菲尔德食品公司。

史密斯菲尔德食品公司创立于 1936 年，是一家全球性的食品公司，全球第一大生猪生产商，饲养母猪 85 万头，年产近 1600 万头商品猪，日屠宰能力 11 万头，美国排名第一的猪肉供应商，旗下拥有十几个品牌，多个产品在市场排名第一。史密斯菲尔德拥有世界领先的食品安全监控体系、生物安全系统与科学记录，全供应链的质量控制，卓越的产品追踪能力，产品元信息可回溯至养猪场。在《财富》杂志评选的全球最受尊重的企业排名中，史密斯菲尔德位居食品领域第二位。受国际金融危机影响，史密斯菲尔德 2009 年年报显示净亏损 2.5 亿美元，2010 年年报显示继续亏损 1.0 亿美元，直到 2012 年才勉强回到金融危机前的水平。2012 财年年报显示，史密斯菲尔德年销售额 131 亿美元，约合人民币 800 亿元，净利润 3.613 亿美元，而同期双汇集团的收入为 500 亿～600 亿元人民币，所以说双汇集团收购史密斯菲尔德是以小博大。

双汇收购史密斯菲尔德，在当时来看，这是一次中美两大经济体内最大的猪肉企业的结合，各取所长，相互融合，美国拥有世界上最先进的科技，中国拥有全世界最大的市场，中国的企业走出国门学习国外食品安全的先进经验和技术，做大做强中国食品企业。从收购成本来说，双汇斥资 71 亿美元，其中 47 亿美元用于股权收购，较史密斯菲尔德发布公告之前的最后一个交易日 36 亿美元市值溢价 31%，剩余 24 亿美元为双汇集团承担史密斯菲尔德的债务，可谓“代价巨大”。收购完成后，双汇不会到美国新建肉制品加工厂，同样史密斯菲尔德也不会到中国来建厂，但是双汇可以把史密斯菲尔德的品牌引入国内市场，进一步扩大国内的业务，同时保持史密斯菲尔德的原有企业经营方式不发生变动，并承诺不裁员、不关闭亏损的工厂，与美国的生产商、供应商、农场继续合作，双汇采取的不干预政策大大降低了业内人士的担忧。

单靠引入外资的品牌产品进入国内市场是远远不够的，双汇要做的是学习史密斯菲尔德的先进管理经验，世界遥遥领先的技术，来弥补自己的短板，尤其是瘦肉精事件后，双汇在国内的形象一落千丈，公司的经营也受到很大的影响，双汇想要扭转困局必须从最根本的生产管理上降低产品的不安全风险，如此才能获得持久的竞争力，双汇收购史密斯菲尔德后，每年都派出人员前往美国参观学习，学习美国最先进的技术、经营理念。

三　对我国企业国际化经营的思考

（一）对双汇集团国际化经营的反思

中国的猪肉消费量占全世界消费量的一半，然而中国的肉制品市场一直像过山车一样，时而门庭若市，时而门可罗雀，各大中小型养殖户都在承受这种煎熬，造成这种现象的终极原因就是养殖业的碎片化，我国三大养殖户占市场份额总和不如丹麦一家企业的份额（80%），这种碎片化的养殖模式带来的不仅仅是猪肉价格的剧烈波动，更多的是疫病的防治问题，以及因此带来的食品安全问题。2011 年，双汇遭受的瘦肉精事件，以及 2019 年肆虐的非洲猪瘟基本可以归结为养殖环节的问题，一旦出现类似事件，小规模养殖企业遭遇灭顶之灾，大规模的养殖企业也是伤筋动骨。

史密斯菲尔德是全世界最大的生猪生产商及猪肉供应商，拥有优质的资产、完善的管理制度、专业的管理团队和完善的食品安全控制体系。双汇则是中国最大的肉类加工企业，是中国民众耳熟能详的肉类品牌的开创者，品牌价值 497.02 亿元，连续 20 多年位居全国肉类行业第一。收购史密斯菲尔德，双汇集团董事长万隆说：“这是中美两个世界最大经济体内最大的猪肉企业的结合，集中了最先进的科技、资源、技术和人才，优势互补，将形成世界最大的猪肉企业，为全世界提供优质、安全的肉类蛋白。”史密斯菲尔德首席执行官拉瑞·珀普（Larry Pope）评论称：“史密斯菲尔德是世界领先及最可信赖的垂直一体化生猪养殖和加工企业，我们十分高兴双汇国际认同我们完善的管理机制、卓越的食品安全运营体系，和 4.6 万名辛勤工作的员工。我们将共享彼此的专长，以及在中美两个世界最重要的猪肉消费市场的领导地位，作为双汇的一部分，我们期待加速全球扩张战略。”显然，双汇收购史密斯菲尔德是一次强强联合，对其在国际市场的竞争将产生重大影响。

通过本次收购，双汇实现了三个重要转变：一是产品由中低档向中高档转变；二是由过去速度效益型向安全规模型转变；三是把双汇打造成为具有国际竞争力的国际大双汇。由于西方国家的肉制品行业集中度非常高，泰森公司、史密斯菲尔德等几家企业生猪屠宰量，占美国生猪屠宰总量的 50%，牛为 79%、禽类为 49%，丹麦的皇冠公司生猪屠宰量占丹麦生猪屠宰总量的 80%。双汇通过收购史密斯菲尔德在全球化背景下抢占了扩张先机，收购完成后双汇利用史密斯菲尔德原有的销售渠道能够迅速占领美国市场。同时，借助于美国完善的市场监管体系，双汇的经营管理环节获得了诸多提升，品牌效应更加突出。

（二）对双汇集团国际化经营的经验分析

1. 企业进行国际化经营必须转变经营理念

一是曾几何时，《世界是平的》一书作者用深入浅出的语言把经济全球化描绘得绘声绘色。每个国家或者地区都是这个全球经济体的组成部分，对外贸易和投资加深了世界经济的融合，把整个世界融合成一个“地球村”，经营者应以国际化的视野和观念寻求企业发展的新空间，中国的企业必须顺应世界历史潮流，企业的经营必须从内向型向外向型转变，由国内市场转向国外市场，突破地理界限，及时融入全球化经济的飞速发展中。二是中国自改革开放以来，由于贫穷落后的历史现状，通过引进国外先进的技术以及管理经验，进行消化吸收，我国短时间内走完了发达资本主义国家上百年才走完的道路。中国改革开放取得的成就举世瞩目，但是人口基数大，人均资源占有率低的现状，要求我国的企业必须积极主动开辟国际市场，开发利用国外的资源，实现我国经济社会的可持续发展。对于双汇集团而言，我国猪肉产品的消费量占全世界的一半，但是我们自己产量又不能满足需求，这就需要大量的进口，双汇集团收购史密斯菲尔德能把国外的猪肉进口到国内，弥补我国的缺口。

2. 企业进行国际化经营必须按照国际化标准进行经营管理，提高国际竞争力

企业的竞争力主要体现在产品、质量、服务和成本等方面，国内经验和

国际标准有较大的不一致的地方，我们必须抛弃国内经验。一是由于我国传统的中庸文化及人情社会，我国企业在本国经营时候，追求“多快好省”“公关能力”“多部门协作能力”，但是在国际竞争中，必须按照国际化标准实施才能得到认可。比如双汇集团的瘦肉精事件，瘦肉精事件爆出后，双汇处于舆论的旋涡，后来的新闻发布会差强人意，一副官老爷高高在上的形象，被消费者千夫所指。如果把这样的经营行为带到国外，首先在国外很少有食品安全事件发生，即使有该企业会被罚得倾家荡产，企业老板会把牢底坐穿；其次，这种企业会影响我国企业的国际形象（包括爆出财务造假的瑞幸咖啡），我国企业“走出去”的空间会大大缩小。二是企业的发展战略必须适应国际市场。企业的产品是企业开拓国际市场、打开销路的关键，与国内市场统一定价和充斥着假冒伪劣商品不同的是，顾客是真真正正的上帝，企业想要在国际市场上生存下去必须贯彻以客户需求为导向的差异化战略，打造完整的产品序列，结合灵活适度的技术服务方案同西方本土企业竞争。企业对产品定价必须结合不同人群的偏好及不同区域客户的收入标准来合理设计产品的价格，分析竞争对手的策略，同竞争对手合作双赢，在竞争中合理控制分支机构和分销渠道建设，在提高市场覆盖面的基础上，尽可能把市场直接延伸到消费者层面，加大对消费者的直接宣传，提高企业知名度，突出产品独特优势，激发消费者的购买欲望。三是加大国际化人才的培养力度。由于西方人思考问题的方式和我们有很大的不同，本土人才直接派到国外去，很多人无法理解西方人的做事方式，这就显得企业核心人才捉襟见肘。这就要求企业必须在日常重视国际化人才的培养，企业应为员工提供海外学习和工作的机会，学习西方国家的风土人情、先进的技术和管理经验，锻炼本土员工，加强人才培养。

3. 企业进行国际化经营必须重视风险

我国企业“走出去”的很多，但是在多维度、多极化的世界经济中，一个值得重视的问题主要是对各种风险不够重视。一是战略定位不准，投资风险评估不充分。企业在对外投资的过程中，没有清晰的战略定位，投资前对投资项目没有进行充分的风险评估和科学论证，盲目进行决策，未建立和健全海外风险管理组织体系和内部控制制度，造成投资失败的案例不胜枚举。二是企业的短视行为造成的恶性竞争。企业在进行对外投资时，不关注全球经济的发展趋势，很少进行风险评估。三是国际政治、法律和人文传统的影响。企业在西方国家经营必须遵守西方国家的法律，尊重西方国家的人文传统，这也是企业代表国家利益和形象的需要。

参考文献

冯晶：《中国企业国际化经营成功经验和失败教训浅析》，《公共管理》2014 年第 9 期。

张铃钒、孙涛：《双汇集团国际化经营道路选择》，《企业科技与发展》2018 年第 11 期。

B.25
牧原集团“3 + N”扶贫模式促进乡村发展的探索*

魏　征**

摘　要： 贫困问题一直是全世界的难题，也是各国政府的头等大事，由政府进行扶贫，一般都是慈善式的扶贫，能解决一时的困难，但是却解决不了长久的贫困。牧原集团利用自己企业的优势因地制宜，带领大家脱贫。本文首先回顾了牧原集团的发展历程和成就，其次介绍了牧原集团从最先采用的“5 +”扶贫模式过渡到“3 + N”模式，再次详细介绍了“3 + N”扶贫模式在牧原集团的始建地——南阳市内乡县的成功实践案例，最后针对“3 + N”扶贫模式中存在的不足之处给出相关政策建议。

关键词： 牧原集团　“3 + N”扶贫　扶贫模式

一　牧原集团的发展历程及现状

牧原集团始建于1992年，总部位于河南省南阳市。董事长秦英林先生出生于河南省内乡县马山口镇河西村，祖辈都是农民。秦英林于1985年考

* 文中数据均来源于河南省扶贫办、内乡县党史办、牧原集团官网。

** 魏征，硕士，黄河科技学院中国（河南）创新发展研究院讲师，研究方向：区域经济、房地产经济、创新创业。

入河南农业大学畜牧专业。大学毕业后，被分配到南阳市肉联厂工作，1990年成家后，本可以过上安稳日子，每天按时上下班、每月按时领工资的秦英林却觉得自己应该利用所学的知识，开创一番事业才好。经过一段时间的认真思考，秦英林萌生了回老家养猪的念头。当秦英林把自己想要回老家搞养殖业的想法告诉家人的时候，几乎遭到所有亲友的反对，乡亲们认为养猪是农民的事，大学生来养猪真是丢尽了家人的脸，在当时的乡亲们眼中，能够端上“铁饭碗”，真是“祖坟上冒青烟”了。秦英林并没有气馁，他首先说服了自己的妻子钱英，取得了妻子的支持后，1992年夫妻俩一起裸辞，回到了老家内乡县马山口镇河西村，开始了他的养猪生涯。1993年，秦英林从郑州和南阳买来22头良种猪，养猪界的神话从那个时候开始了。很快乡亲们就发现，大学生养猪的确与农民养猪不一样，首先招聘的饲养员都是职高起步，秦英林还经常给他们上培训课，讲解科学养殖技术。秦英林建立了一套隔离和防疫制度，还用营养学理论配置猪饲料，这一切在乡亲们看起来都是新鲜的，大家从未经历过的新鲜事。经过20多年的发展壮大，秦英林创造了一个个养猪业的神话，以科技为导向，以创新谋发展，他开发的早期隔离断奶技术、液体投喂技术、猪舍自动降温技术等，在全世界都处于领先水平，被誉为世界养猪界杰出的青年工作者。2018年，面对非洲猪瘟的肆虐，秦英林带领研发团队，研发出一整套阻断和隔离非洲猪瘟的技术秘籍，大大减少了猪瘟给企业造成的损失，目前已申报国家科技成果鉴定。

牧原从最开始的生猪养殖发展到现在的生猪养殖兼有饲料加工、生猪育种、生猪屠宰等业务为一体的完整封闭式生猪产业链，截至目前，集团在河南、湖北、山东、山西、陕西、安徽、河北、江苏、辽宁等15省成立120余家全资及控股子集团。牧原与山东龙大集团合资成立了高档肉食品加工厂——河南龙大牧原集团肉食品有限集团，介入下游的生猪屠宰行业。2019年，集团在河南省内乡县、正阳县分别投资建设200万头生猪屠宰及食品加工项目，打开了育、繁、养、宰、销一体化战略发展新局面。其中生猪养殖业务遍布在全国17个省62个市130个县区，员工超过5万余人。旗下的子公司牧原食品股份有限公司于2014年1月上市（股票代码：002714），是目前A股生猪养殖类企业中市值最高的公司，公司2019年位列中国民营企业500强第26位，河南省百强企业第28位。

牧原集团采用大规模一体化养殖模式，完全实现自育自繁自养，建立了食品安全保障体系和可追溯体系，实现了从厂址选择、原料采购、饲料加工到生猪饲养等环节的全程监控，构建了“养殖—沼肥—种植”的循环经济发展模式。牧原集团自建饲料厂，研究营养配方，生产饲料，供应各环节生猪饲料；自行设计现代化的猪舍和自动化投喂设备；建立育种体系，自行选育优良品种；建立曾祖父—祖代—父母代—商品代的代繁体系，自行繁育种猪及商品猪；采取全程自养模式，使各环节置于严格控制之中，使得集团在食品安全控制、产品质量控制、疫病防治、规模化经营、生产成本控制等方面，具有显著的特色和优势。

二　牧原集团的扶贫模式从“5 +”到“3 +N”的变迁

牧原集团秉承创造价值，服务社会；内方外正，推进社会进步的核心价值观，构建了覆盖“决策、组织、实施”三个层级的社会责任管理体系，将企业责任理念传导至企业管理的各个环节，并通过强化社会责任绩效管理与信息披露，提升集团整体的可持续发展能力。在经营和业务发展过程中，牧原集团高度重视履行企业社会责任，以安全、高效、环保的方式进行生猪养殖，为社会提供安全、高品质的猪肉产品，努力做到经济效益与环境、社会效益的和谐统一，促进自身发展与社会发展相互协调，实现与利益相关方共赢发展。近年来，牧原集团以强烈的社会责任为己任，勇于承担扶贫重任，积极地参与到脱贫攻坚工作中去，2016年秦英林创新了“5 +”扶贫模式，即“党委政府 + 合作社 + 龙头企业 + 金融 + 贫困户”资产收益扶贫模式。2017年10月牧原集团被国务院扶贫办评选为全国“万企帮万村先进单位”和“脱贫攻坚·奉献奖”，是河南省唯一一家获得此殊荣的集团。2018年两会期间，国务院扶贫开发领导小组办公室主任刘永富在听取了作为全国人大代表、牧原集团董事长秦英林关于企业资产收益扶贫情况的汇报后，对内乡县及牧原集团“5 +”扶贫模式给予了高度评价和充分肯定，并就牧原集团的带贫和减贫机制做出了指导，即在丰富和完善“5 +”扶贫模式的基础上，探索推进“3 + N”扶贫新模式。对此，4 月 18 日，南阳市召开市委常委（扩大）会议，研究部署“3 + N”扶贫模式的正式推进实施方案；4 月 19 日，南阳市委会议通过了《南阳市牧原“3 + N”扶贫模式全市推进实施方案》，南阳市委、市政府和内乡县委、县政府高度重视，迅速制定方案，组织“3 + N”扶贫新模式在全市整体推进。众所周知，扶贫工作一直都是党中央、国务院的一项重要战略部署，我国要在 2020 年全面建成小康社会，实现党的第一个百年目标。牧原集团因地制宜，结合农村实际情况，在南阳市全市范围内推进“3 + N”扶贫模式。董事长秦英林先生曾说“给钱给物，不如给个就业门路”，让贫困群众参与到扶贫产业中来，通过自己的勤奋和努力来摆脱贫困，推动“授人以鱼”式扶贫向“授人以渔”式扶贫转变，该模式一经推出便引起巨大反响，在全国范围内得到复制推广，并受到联合国开发计划署的关注和肯定，联合国开发计划署曾两次到内乡考察，确定在内乡建设国内唯一的县级联合国减贫和可持续发展示范区，成为联合国用国际话语体系向世界讲述中国扶贫故事的美丽家园，为全球消除贫困提供“中国方案”，贡献“中国智慧”。

“3 + N”扶贫模式以党政引领、市场引导、产业带动、企业尽责、银行扶持、平台支撑为主要特点，坚持严格政策、依法办事、互利互惠、防范风险、各方自愿、量力而行的原则，促进了脱贫攻坚，促进了产业发展，弘扬了社会主义核心价值观和扶贫济困的优秀传统文化，一举多得，多方受益。其中的“3”即资产收益、转移就业、服务外包。资产收益上，每个县区建立若干村级扶贫聚爱合作社，贫困户拿一部分本金入股聚爱合作社，并由国资平台担保每家每户都可以从银行贷出一笔符合国家政策的扶贫资金然后入股到聚爱合作社中，聚爱合作社拿这部分资金用于扶贫养殖基地建设，猪舍建好后租赁给牧原集团，牧原集团支付租金给聚爱合作社，村级聚爱合作社提取这笔收益的 10% 用于村公积金，剩余部分给社员分红，聚爱合作社和牧原集团的协议到期后，牧原集团按原价回购猪舍，这种运作模式实现贫困户连续10年年户均收益3000元左右。转移就业上，牧原集团给贫困户开辟绿色通道，吸纳贫困户家庭中有劳动能力成员就近到集团下属企业就业，确保年收入不低于3万元/人；对非完全劳动能力的未脱贫群众，降低标准，因人设岗；优先安排建档立卡贫困户中的大学生就业。服务外包上，牧原集团把液态肥还田、安全保卫、保洁绿化、餐饮保障等适宜贫困户参与的劳务承包给聚爱合作社，聚爱合作社组织运营后获取业务承包收益。“N”就是N种方式并举，助力脱贫攻坚，即金融扶贫、教育扶贫、订单扶贫、消费扶贫、光伏扶贫等精准扶贫途径，并且牧原集团出资1亿元、南阳市政府出资2000万元，组建成立南阳市牧原集团扶贫基金会，用于教育资助、技能培训、奖励脱贫先进等。另外，牧原集团与贫困户签订供应玉米等饲料原料的种植合同，按高于市场价进行收购；并且利用牧原员工消费能力强的优势与贫困户签订特色农副产品购买合同，实施订单扶贫和消费扶贫，同时各县区结合自己的实际情况，采取灵活多样的扶贫项目。

三　“3+N”扶贫模式在内乡县的成功实践

牧原集团创建于内乡县，集团的发展壮大离不开县委县政府的领导鼓励，离不开全县人民的大力支持。内乡县位于河南省西南部，属于秦巴片区国家级贫困县，全县共有贫困村97个，深度贫困村23个，贫困户15998户，共44124人，一直以来内乡县的脱贫问题是全县的头等大事。党中央提出全面脱贫攻坚战略后，牧原集团主动担当历史使命，紧紧依托和充分发挥龙头企业的产业优势，在地方党委的扶贫战略框架内寻求切入点，为全县的脱贫问题做出了有益的探索，内乡县是最早与牧原集团签约“3+N”扶贫模式的县级政府。

资产收益方面。在县委县政府的领导下，基层的乡镇政府负责组织贫困户加入内乡县聚爱农牧专业合作社（以下简称“聚爱合作社”），该合作社为村集体经济组织，理事长由村支书或村主任担任，每家每户出资5000元作为入股本金加入到聚爱合作社。由内乡县投资控股有限责任集团担保，聚爱合作社再向国开行、农商行申请符合国家政策的扶贫贷款，每家每户可在农商行、国开行贷款 15 万 ~ 30 万元不等，委托聚爱合作社统一用于经营。聚爱合作社根据牧原集团的要求，投资设计建造现代化的猪舍等，按照“合作社贷款建设—牧原集团租赁统一经营—贷款到期牧原集团回购”的模式，将猪舍租赁给牧原集团，牧原集团负责经营管理，聚爱合作社每年按照投资总额的 6% 收取租赁费，收取的租赁费扣除利息支出和聚爱合作社费用外，采取资产收益按季度分红的办法，每季度分红一次，保证参加聚爱合作社的贫困户每年净收益不低于 3200 元。该模式由政府主导，让贫困户“抱团发展”，然后联结到优势企业，减轻了牧原集团的资金负担，实现了政府、企业和贫困户，风险共担，收益共享，避免了个人因缺乏经营管理能力和技术的弊端，持续的时间久，是精准扶贫的新模式。此模式一经推出，便迅速在全国得到复制和推广，因其带贫户数多、带贫能力强、覆盖区域广受到了各级各地党委政府的高度认可和好评。

转移就业方面。一是各基层组织对辖区内贫困群众按照“正常劳动能力、非完全劳动能力、完全没有劳动能力和应往届未就业贫困大学生”四种类型，挨家挨户进行摸排登记，充分宣传发动有劳动能力和有意愿的贫困群众到牧原集团务工就业，使其顺利完成从“贫困农民”向“产业工人”的转变。二是开辟贫困大学生就业“绿色通道”。县人社局在摸清底子的基础上，以信函的形式将政策及时告知每一位贫困大学生，牧原集团根据自身的人才需求情况，将符合企业需求的贫困大学生免试吸纳进企业务工，确保有就业意愿的贫困大学生能顺利进入牧原集团务工。三是牧原集团主动把对技术要求不高、工作时间不严格限制的工作岗位最大限度地提供给贫困户，增加贫困群众的增收渠道；同时适当降低用工标准，开发保安、保洁、绿化、餐饮服务等公益性岗位，因人设岗、按劳取酬，实现年龄偏大、无技术的贫困群众有事干，这些为贫困户“量身定做”的工作岗位给贫困家庭带来每年 2 万 ~ 5 万元的工资收入。

服务外包方面。2018 年 6 月 6 日，内乡县灌涨镇各村聚爱合作社与牧原集团正式签订劳务外包战略合作框架，随后全县各村聚爱合作社分别与牧原集团签约。所谓的劳务战略外包就是：一是牧原集团根据自身的生产经营需要，把工装加工、苗木花卉、液态肥还田、安全保卫、保洁绿化、餐饮保障等适宜贫困户参与的劳务承包给聚爱合作社，聚爱合作社根据牧原集团的需求组织运营，获取适当的业务承包收益，同时要求聚爱合作社在工作岗位的分配过程中，要优先考虑符合条件的已经建档的贫困户参与就业，让贫困户自食其力获得收入。二是通过宣传系统，运用好“三带五联”这一有效载体，通过“十星五美”评选活动及“红黄黑”旗授旗活动，改变贫困群众的“等、靠、要”思想，扶贫首先要扶志，积极改变贫困户的精神风貌，激发其工作脱贫的内生动力。这样一方面向社会提供了大量的就业岗位，另一方面减轻了牧原集团的管理压力。

订单扶贫。一是各乡镇、县农业局和粮食局等部门协调摸排全县建档的贫困户各种农作物种植情况，估计拟收购的产量，汇总形成科学有效的数据，做好订单前期准备工作。二是结合牧原集团原料采购需求情况，通过政府主导，合作社组织实施。以收购玉米为主，由牧原集团与村级合作社签订《采购框架协议》《采购订单》，由村贫困户统一与村级聚爱合作社签订《授权委托书》后，按订单需求将贫困户玉米集中运输到牧原集团，由牧原集团以每斤高于市场 0.1 元价格进行收购。截至 2018 年底，牧原集团共收购 5290 户建档立卡贫困户 1538.1 万斤玉米，帮助贫困户增收 153.81 万元。三是牧原集团与聚爱合作社签订《委托加工协议》，聚爱合作社与天曼制衣集团签订《员工服装加工合同》，牧原集团的工装由天曼制衣负责加工生产，每年由天曼制衣加工价值 2000 万元左右工装，同时将部分产能下沉至村级制衣扶贫车间，实现“多方循环受益”的产业链。

光伏扶贫。牧原将在内乡县的 80 万平方米猪舍屋顶无偿提供给县政府，由县政府发动贫困户投资建设屋顶光伏电站扶贫项目，此项目能够确保全县贫困户每年从中获得 3000 元的收益。

消费扶贫。牧原集团、其他企业利用员工数量多、消费能力强等消费优势，与内乡县参与扶贫、带贫成效好的新型农业经营主体签订定向采购合同，通过购买其菊花茶、核桃、软籽石榴、杂果、食用菌等特色农副产品，定向帮助贫困户，实现多方共赢。目前，全县已完成带贫成效好的新型农业经营主体的筛选、信用评估及产品意向选定等前期工作。

教育扶贫。一是发挥牧原集团自身优势，积极参与内乡县教育扶贫，进一步提升教育质量和教学水平。2015 年集团董事长秦英林先生个人出资 1500 万元，设立“内乡县牧原教育基金”，建立扶贫帮困、奖优助学的长效机制，确保贫困家庭的学生都能接受良好的义务教育。从 2016 年开始，牧原集团决定每年向内乡县捐款 5000 万元，连续 20 年的教育扶贫基金，用于贫困学生资助和乡村学校教师奖励。建立健全奖励激励机制，招聘优秀人才进入教师队伍，壮大师资力量，进一步提升教师待遇和工作积极性，稳定农村学校尤其是贫困乡村学校教师队伍，提高教育教学质量。二是继续对新考入普通高等院校的建档立卡贫困家庭应届高中毕业生，实施教育资助，确保其顺利入学。三是通过各种不同途径，对牧原集团分厂所在地学校的教师及在校中小学生开展访贫问苦和资助工作。

四　对牧原集团“3＋N”扶贫模式的反思

牧原集团在国务院扶贫办公室人员的关怀指导下，在南阳市委、市政府的重视下，在“5＋”扶贫模式的基础上推出了“3＋N”的升级版扶贫模式，该模式现已在全国各地开花结果，大大加快了各地的扶贫脱困攻坚工作进度。亮点一：金融扶贫。贫困户以 5000 元本金外加 15 万～30 万元的贷款入股聚爱合作社，每年可以获得净分红 3200 元左右，外加在牧原上班的工资性收入、光伏扶贫收入等其他收益，年收入可达 5 万元左右。这对于贫困户可以说是雪中送炭，但对于普通百姓来说，吸引力还不够大。以最低贷款额度 15 万元来说，本金 5000 元，总共入股 15.5 万元，年收益 3200 元，跟一年期银行定期存款收益相差无几。我们国家要在 2020 年全面建成小康社会，单单消除贫困还不够，还要乡村振兴，乡村振兴要全体乡里乡亲的参与，需要调动大家的积极性，都参与到乡村振兴的路上来，这就需要更加有吸引力的政策。亮点二：订单扶贫。牧原集团按照超过市场价 0.1 元/斤的价格收购贫困户的玉米，由于玉米是做猪饲料的重要原料之一，我们河南是农业大省，可以种小麦，也可以种玉米，还可以种青饲料，小麦的麦麸也是作饲料的原料，青饲料也是喂猪的良好食材，牧原集团是否考虑也可以收购小麦和青饲料？亮点三：消费扶贫。牧原集团利用其员工多，消费能力强的优势，收购贫困户的农副产品，定向帮助贫困户，但这还远远不够，牧原集团是否考虑帮助广大农民进一步发展农副产业，比如乡村旅游、有机蔬菜等。亮点四：教育扶贫。牧原集团通过捐赠成立基金，帮助贫困学生完成义务教育，贫困大学生踏入大学的校门，提高乡村教师待遇，提高农村的教育质量，这仅仅解决了义务教育阶段的学生和贫困大学生的上学问题。现在农村存在着大量的文化水平不高的“能人志士”，他们主要受限于文化水平不高而不能更好地展现自己的能力，牧原集团是否应该考虑以自身的典型象征意义对这些人进行文化知识和技能的培训？提高他们的科学文化水平，增强社会竞争力，为乡村振兴贡献一分力量。

五　对牧原集团“3 +N”扶贫模式的政策建议

（一）对牧原集团进行改制

牧原集团现在是股份制企业，建议改为特殊合伙制企业，不单单是贫困户，广大村民都可以作为特殊合伙人入股，这样可以降低风险。现在贫困户以 5000 元本金贷款 15 万 ~ 30 万元，意味着 30 ~ 60 倍的杠杆，杠杆率过高，一旦遇到经营不善，牧原无力支付租金的时候，如果再加上银行抽贷，那么刚刚脱贫的贫困户可能会一夜返贫。采用特殊合伙制企业模式，所有的村民都可以出资入股，作为集团的特殊合伙人，不享有集团的管理权，但可以享受集团的收益分配权，这对于广大的非贫困户有很大的吸引力，增加了参股人员的归属感，同时降低了杠杆率，集团的经营更加稳健。

（二）积拓展消费订单范围

现在的消费订单仅限于收购农民产的农副产品，大家的消费不仅是物质上的消费，还有精神上的消费，依托南阳独有的地理优势比如丹江口水库，2012 年第七届农民运动会在南阳举行，有着良好的文化基础，牧原可以组织建设乡村文化旅游小镇。对农民进行技术培训，鼓励支持开展有机蔬菜的种植，牧原的养殖场产出大量的农家肥，这些都是种植有机蔬菜的有机肥，有机蔬菜的附加值更高，这样能更好地提高广大农民的收入。

（三）成立牧原职业大学

牧原可以设立一所自己的大学，一方面可以用于自己员工的日常培训，还可以纳入高考招生，为自己企业的发展培养后备人才，现在知名企业比如碧桂园、茅台，都有自己的大学；另一方面可以作为教育扶贫，为广大村民提高自己的科学文化素质提供契机，一般村民文化水平都不高，但是智力不差，他们进入牧原工作无法操作现代化的设备，只能从事一些低端的保洁、保卫、绿化等工作，这些岗位的技术含量不高，相应的收入也不高，脱贫可以，但是致富还遥遥无期。对他们进行有机蔬菜种植、自动化设备操作、园艺花卉等技术培训，文化技能水平提高后，可以从事一些相对高端的工作，能够提高收入水平。

（四）做好战略调整，积极应对风险

现如今，牧原集团面对的风险主要是新冠肺炎疫情带来的经济、政治环境的变化和非洲猪瘟的反复。2020 年初暴发了全球范围内的瘟疫，时至今日，国内的疫情基本控制住了，但是国外却沦陷了。我国在年初由于硬核封城封村，虽然损失巨大，但是却及时控制住了疫病的蔓延，但疫病过后带来的一系列经济和政治问题却长期影响着企业的经营。在供给端，封城封村期间，几乎所有的工厂都处于停工停产状态，很多饲料加工厂无法开工，而同时养殖场购买不到饲料，养殖场面临着无食可喂的窘境，这会影响到生猪的生产。而在需求端，长时间的封城封村，给人们的消费观念带来了改变。本次疫情对消费的影响相当大且在短期内无法全面恢复到疫情前的水平，这势必会影响到猪肉的消费，企业需要提前谋划，以应对危机。与此同时，农业农村部最新印发的关于防范非洲猪瘟的指导意见，意见指出非洲猪瘟将在中国长期存在，一年之内会在不同的时间暴发，春夏季一般出现在南方地区，而秋冬季则出现在北方地区，2019 年非洲猪瘟肆虐时，数百万计的猪苗及生猪被进行防疫处理。牧原集团一要防范非洲猪瘟保证自己的生产经营稳健，二要防范新冠肺炎带来的需求端的萎缩给企业带来的危机。

参考文献

鲁飞：《牧原股份：助力乡村振兴》，《农业经济》2019 年第 4 期。

许圣义、赵祖英、张改层：《“5 +”扶贫模式，家畜养殖脱贫好门路》，《科学种养》2018 年第 3 期。

梅淑娥：《做好产业扶贫大文章——牧原集团产业扶贫巡礼》，《中国经济信息》2018 年第 24 期。

Abstract

This is the fourth annual blue book to track innovation and entrepreneurship and innovation in Henan Province, organized Huanghe Science and Technology University, Think Tank Association of Henan Higher Education Institution, and China (Henan) Innovation and Development Research Institute. Blue Book implements the State Council on Promoting High-quality and Upgraded Mass Entrepreneurship and Innovation. (State Council 2018, No. 32) . With the theme of "Mass entrepreneurship and innovation and high-quality development", the blue book is to conduct in-depth research on industrial, regional, enterprise development, thus to comprehensively, objectively and truly reflect the achievements of Henan innovation and entrepreneurship in 2019. In order to further promote and upgrade Henan mass entrepreneurship and innovation in 2020, develop venture capital, platform and shared economy and stimulate social creativity, this book offers theoretical and intellectual support for high-quality economic development.

The book is divided into four parts, the structure is as follows.

Part I, General report. This section consists of two sub-reports. The first report, *Analysis and Prospect of Innovation, Entrepreneurship and High-Quality Development in Henan* (2019 - 2020) . Based on the review of the overall situation of Henan's innovation and entrepreneurship development in 2019, this report makes a systematic analysis of Henan's entrepreneurship and innovation environment in 2020 from the following three aspects: the opportunities, challenges and the new trend, and puts forward the countermeasures for the improvement of entrepreneurship and innovation and high-quality development in Henan Province in 2020. The second report, *Evaluation Report on Urban Innovation Capacityin Henan Province* (2020) focuses on the perspective of empirical investigation, constructs the evaluation index system of urban innovation ability in

Henan Province composed of 35 statistical indicators, and uses the new statistics to evaluate the urban innovation ability in Henan Province in 2020, and puts forward the relevant suggestions to promote the development of urban innovation and high quality development in view of the evaluation of urban innovation in Henan Province in 2020.

Part Ⅱ, Industrial development. This part mainly combines the current industrial development trend, for the current Henan related emerging industries, advantageous industries, characteristic industries innovation and high-quality development research and analysis. Research industry involves electronic information, manufacturing, finance, life services and many other fields, including: Henan equipment manufacturing industry, new materials industry, intelligent manufacturing industry, modern logistics industry, financial industry, cultural and tourism industry, health and elderly careindustry, modern agriculture, food processing industry, information industry and so on. This part offers a systematic analysis of the current development status of related industries in Henan Province, and also provides suggestions and countermeasures for the transformation and upgrading of the industry, thus moving toward high-quality development.

Part Ⅲ, Regional development. From the perspective of regional development, this part mainly studies and analyzes the innovation, entrepreneurship and high-quality development of relevant cities and regions. This part comprehensively reviews the situation of business startups and innovation and high-quality development in Zhengzhou, Luoyang, Kaifeng, Shangqiu and other regions, and examines the relevant regional situation and problems. Suggestions are put forward regarding to promote high-quality development. We should improve the industrial competitiveness and innovation ability, promote internationalization, and invigorate the main body of business startups and innovation. Furthermore, we also should be cultural driven, cultivate and gather innovative and entrepreneurial talent, optimize innovation and entrepreneurship ecosystem.

Part Ⅳ, Enterprise development. This part selects some typical enterprises in Henan to conduct research and analysis. Such as Jianye Group, Henan Bonded Group, Zhengzhou International Land Port, Luyi Rural Commercial Bank, Shuanghui Group, Makuyuan Group and so on. Through the in-depth research of enterprises, this part reviews the development status of enterprises in business startups and innovation and high-quality development, summarizes the practice and exploration of enterprises in promoting innovation and entrepreneurship and upgrading to achieve high-quality development, analyses the current problems and difficulties faced by enterprises, and finally puts forward optimization suggestions and countermeasures from multiple dimensions.

Keywords: Henan Province; Innovation and Entrepreneurship; High-quality Development

Contents

Ⅰ General Report

Abstract: On March 10, 2019, General Secretary Xi Jinping called for efforts to create a favorable environment for innovation and entrepreneurship during the deliberations of the Fujian delegation at the Second Session of the 13th National People's Congress. On the same occasion, General Secretary Xi Jinping also encourages to seek impetus from reform and openness, unleash the driving force for innovation, entrepreneurship and creativity of the whole society to the greatest extent, and constantly enhance China's influence and competitivenessin a changing world. On December 27, 2019, the Ministry of Human Resources and Social Security issued the Guideline on *Further Supporting and Encouraging Researchers in institutions to Innovate and Start a Business*, redeploying the work of mass entrepreneurship and innovation. The transformation from entrepreneurship and innovation and creation reflects the thought system of technology-oriented entrepreneurship of various factors of production, and then promoting the great national spirit and creativity. Efforts will be made to promote entrepreneurship and innovation and creation, efficiently utilize innovation elements, and comprehensively transform products from labor production to value creation. This will help unleash new driving forces for entrepreneurship and innovation and creation throughout society to the greatest extent and promote high-quality economic development.

China's economy has been transitioning from a phase of rapid growth to a stage of high-quality development, this setting new and higher requirement for promoting entrepreneurship and innovation and creation. At present, the COVID-19 epidemic is spreading all over the world. The world's major economies are rapidly declining, and the interruption of the global industrial chain has seen global economies stifled. Therefore, entrepreneurship and innovation and creation in Henan face unprecedented difficulties and challenges, yet there are many opportunities in these challenges. Henan Province must adhere to the innovation, entrepreneurship and creationat the core of its overall development, activate the primary driving force for high-quality development, and effectively improve the quality and efficiency of science and technology supply. In addition, Henan should build a new engine for development and foster new driving forces for development, and provide strong support for Zhongyuan in the new era.

Keywords: Innovation and Entrepreneurship; High-quality Development; Henan Province

Abstract: In 2019, Henan province adheres to the new development concept, promotes high-quality economic development, and achieves the simultaneous rise of quantity and quality in scientific and technological innovation. This research group constructed the evaluation index system of urban innovation ability in Henan Province, composed of 35 statistical indicators, and used the new statistics to evaluate the urban innovation ability of Henan Province in 2020, of which Zhengzhou, Luoyang and Xinxiang were ranked in the top three cities innovation ability in Henan Province. In view of the results of the evaluation of urban innovation ability in Henan Province in 2020, combined with the current trend of scientific and technological innovation, this research group put forward a number of suggestions on enhancing the driving role of Zhengluoxin national independent innovation demonstration zone, constantly strengthening the foundation and talent support of innovation development, promoting high-quality development with scientific and technological innovation, creating a better and superior development environment, and accelerating the pace of opening up innovation opportunities.

Keywords: Urban Innovation; Competency Evaluation; Henan

Ⅱ Industrial Development

B. 3 Study on the High-Quality Development Path of Equipment Manufacturing Industry in Henan Province

Abstract: The high-quality development of equipment manufacturing industry is a major task for Henan to achieve high-quality economic development, and it is an important starting point to accelerate the construction of an advanced manufacturing province. In recent years, as amainstay industry in Henan, the equipment manufacturing industry has constantly performed well. However, bottlenecks such as weak independent innovation ability, unbalanced development among industries, fewer leading enterprises and insufficient supply of high-end talents still restrict the high-quality development of the equipment manufacturing industry in Henan province. Therefore, in order to promote the high-quality development of equipment manufacturing industry in Henan province, it is proposed to start from increasing the investment of fundamental research, rationally cultivating the equipment manufacturing industry cluster, cultivating the advantages of industries and leading enterprises, strengthening the construction of talents team, etc. , thus, to achieve the transformation from a large manufacturing province to an advanced manufacturing province.

Keywords: Equipment Manufacturing; High-quality Development; Intelligent; Industrial cluster

B. 4 Research on the Transformation and Upgrading of Henan New Material Industry to Promote High-Quality Economic Development

Abstract: New materials industry is vital to foster strategic emerging industries, and it is of great strategic significance to develop new materials industry and accelerate the transformation and upgrading of new materials industry, which is of great significance for promoting the structural adjustment of Henan's industry in an all-round way and promoting the development of high-quality economic quality. Henan has a unique advantage in developing the new material industry, and the development of new materials industry has shown rapid growth in recent years, but it is also facing many problems and challenges. This paper offers relevant countermeasures and suggestions to speed up the development of Henan's new materials industry through the analysis of contemporary times.

Keywords: New Materials Industry; Transformation and Upgrading; High-quality Economic Development

B. 5 The Problems and Solutions of Intelligent Manufacturing Leading the High-Quality Development of Henan Manufacturing Industry

Abstract: As a new mode of production with deep integration of new generation technology and manufacturing industry, intelligent manufacturing is not only a world trend of technological transformation, but also an inevitable trend of industrial upgrading. Intelligent manufacturing has been profoundly changing the world's manufacturing landscape. Since 2015, China's provinces and cities have accelerated their intelligent manufacturing planning and strategy. Intelligent manufacturing is the fundamental way for Henan to build a new manufacturing system and promote Henan's manufacturing industry to become stronger. With the joint efforts of the government and enterprises, Henan province has formulated a series of action plans and specific supporting policies to promote intelligent manufacturing which have fostered success. However, it should not be overlooked that the ideological cognition is uneven, the overall level needs to be improved, lack of the core technology, the new infrastructure is backward, and the regional development imbalance and other problems exist. Under the trend of intelligent leading the future, Henan should focus on the new requirements of the new system of modern industry, identify the key to develop intelligent manufacturing, firmly promote intelligent manufacturing and industrial Internet three-year action plan, and strive to achievethe general goal of building an intelligent manufacturing advanced area at an early date. To be specific, we can start with breaking the ideological understanding of the taboo, classifying the stratification and steadily advancing, continue to increase policy support, making every effort to solve the financial problems and construct the industrial ecological system, so as to lead the high-quality development of Henan manufacturing industry with the development of intelligent manufacturing.

Keywords: Intelligent manufacturing; Manufacturing; High Quality Development

Abstract: Henan province has the geographical advantages of logistics operation, and logistics industry is increasingly becoming an important development area of Henan. Under the background of high-quality development, the necessity of optimizing the modern logistics system in Henan province is highlighted. Facing the problems of low level of informatization and inconsistent standards in modern logistics in Henan province, this paper puts forward the viewpoint of using blockchain and big data technology to optimize the modern logistics system in Henan province. The corresponding methods are proposed, and the possible economic and social benefits are analyzed.

Keywords: High-quality; Logistics; Blockchain; Big Data

Abstract: Digital inclusive financial innovation is of great significance to advance the high-quality development of Henan's economy. Digital inclusive finance optimizes the allocation of financial resources and improves the coverage and accessibility of financial services. Digital inclusive financial innovation supports the upgrading of industrial structure, makes financing to micro, small and medium-sized enterprises easier and more affordable, thus stimulating the innovation. Digital inclusive financial innovation also serves the agriculture, rural areas and farmers to boost the strategy of rural revitalization and encourage spending of households and provides good financial resources for the high-quality development of Henan's economy. The policy recommendations of Henan digital inclusive financial innovation are as follows. Henan should improve the ecosystem of digital inclusive finance, balance innovation and risk and increase transparency of digital financial inclusion products and services. Furthermore, Henan also should ensure network security, data security and personal privacy protection, improving financial technology infrastructure and monitoring the progress of innovation in digital financial inclusion.

Keywords: Digital Inclusive Financial Innovation; High-quality Development; Henan

Abstract: Integration development has become an important way to develop high-quality culture and tourism industry. Promoting the integrated development of cultural and tourism industry is the practical need for Henan to cultivate a new economic growth point, highlight the important link of cultural soft power, and it is an effective way to help rural revitalization. Through the analysis of the current situation of the development of Henan culture and tourism industry, the research finds that: restricted by the concept, planning, platform, talents and other factors, Henan's cultural and tourism industry is faced with some prominent problems, such as insufficient integration and development of cultural and tourism resources, insufficient extension and expansion of industrial chain, and a lack of leading key enterprises and other outstanding problems. On this basis, from the integration of ideas, top-level design, innovation leadership, resource integration, platform construction and other aspects, this report puts forward a proposal to advance the high-quality development of Henan's cultural travel industry.

Keywords: Cultural and Tourism Integration; Tourism Industry; Cultural Industry; High-quality Development

Abstract: Accelerating the development of the health and elderlycare industry is an inevitable requirement for the rapid development of industrialization and urbanization in Henan province. Promoting the integration and development of healthy old-age industry is conducive to promoting supply-side structural reform and cultivating new economic growth points, which is of great significance to the sustainable and healthy development of Henan's economy and society. This paper studies thenecessity of the integration development of health and elderly care industry in Henan. It puts forward five models of the integration of health and elder care industry, such as medical care industry, sports fitness industry, cultural and tourism industry, real estate industry and industrial agriculture industry. In addition, this paper analyzes the difficulties faced by the integration development of health care and elder care industry in Henan province, such as insufficient supply, weak foundation, shortage of talents and insufficient funds, etc. This paper offers countermeasures and suggestions from the aspects of strengthening government guidelines, improving industrial integration system and mechanism; deepening management reform to stimulate the vitality of industrial development; strengthening professional training to improve the level of specialization; increasing capital investment and encouraging the participation of social forces.

Keywords: Health and Elder Care Industry; Industry Integration; Elderly Care Services; Henan

Abstract: In this era, with the rapid development of information technology such as the Internet, big data and artificial intelligence, people's lifestyle and consumption concepts have also undergone great changes, especially in the continuous upgrading of healthy, green and personalized consumer demand, which has created a huge space for the transformation and development of the food processing industry in Henan province, but also brought unprecedented opportunities and challenges. Under the new situation, Henan province, as a major agricultural province and a large food processing province, must conform to the trend of the times, vigorously promote the food processing industry to high-end, green, intelligent, integrated transformation and upgrading, to help Henan's economy to achieve high-quality development, so as to achieve a great leap from agricultural province to strong agricultural province. This paper first expounds the significance of the integration of entrepreneurship, innovation, and creation to the transformation and development of the Henan food processing industry, then analyzes the current situation and problems of the Henan food processing industry under the new situation, and finally puts forward some suggestions from the perspective of entrepreneurship, innovation, and creation integration, so as to advance the transformation and development of the Henan food processing industry.

Keywords: Innovation Entrepreneurship and Creation; Integration of Innovation Entrepreneurship and Creation; Food Processing Industry

Abstract: With the continuous development of science and technology and the accelerated change of economic environment, the information industry has become the leading and strategic industry of international competitive position in the 21st century. China's information industry is in a period of rapid development, focus on developing the information industry can further implement the innovation-driven strategy, promote supply-side structural reform, and promote high-quality economic development. As one of the 12 key industries in Henan province, the information industry has developed rapidly in recent years. Especially with the introduction of the action plan of Internet plus and Smart plus, the implementation of the construction of advanced province of the internet economy and the continuous upgrading of innovation and entrepreneurship, the information industry has become an important force in promoting social and economic development. On the basis of having good conditions for development, Henan province should further develop the information industry by strengthening the training and introduction of talents, enhancing innovation ability, supporting the development of information technology service industry and improving the construction of service platforms, and promoting innovation and entrepreneurship to a deeper level and contributing to the development of high-quality economy.

Keywords: Information Industry; Informationization; High-quality Economic Development

Ⅲ Regional Development

B. 12 Research on Zhengzhou Entrepreneurship and Innovationand High-Quality Development

Abstract: Mass Entrepreneurship and Innovationis an important strategy and decision of the Party and the government. It is a solid guarantee for fostering new drivers of development, achieving higher employment and high-quality economic development. Based on the systematic analysis of the current situation of environmental support, resource investment, performance value and other aspects in Zhengzhou in 2019, this study analyzes the situation and existing problems in the development of mass entrepreneurship and innovation in Zhengzhou. This study also compares Zhengzhou and other developed cities in China, taking into account of the impact of the epidemic and environmental changes at home and abroad. In view of these problems, countermeasures and suggestions are put forward from the aspects of enhancing competitiveness, improving industrial innovation ability, promoting internationalization, releasing the main vitality of business start-ups and innovation and driving by culture.

Keywords: Innovation; Business; High-quality; Zhengzhou

B. 13 The Effect, Situation, Tasks and Suggestions of Luoyang City to carry Out "Innovation and Entrepreneurship" Activities to Promote High-Quality Development

Liu Yulai, *Qian Yi* / 176

Abstract: 2019 is the 70th anniversary of the founding of the People's Republic of China. It is a sprint moment to build a moderately prosperous society inall respects. It is also a year to further demonstrate the great country's style, not to be afraid of risks and challenges, and still be calm in the flight of chaos. In accordance with the central and provincial party committee, Luoyang, the whole city conscientiously implements the innovation and entrepreneurship planning and deployment, take the advantage of the sound policy environment, and adhere to the new development concept as a guide, thus, striving towards steady progress. Luoyang comprehensively deepen the "9 plus 2" work plan, continues to deepen structural adjustment. As a result, the quality of Luoyang development steadily improved, this laid a solid foundation for building a moderately prosperous society, achieving the goal of the first century and the 13th Five-Year Plan.

Keywords: Entrepreneurship; Innovation; High-quality Development; Luoyang

B. 14 The Implementation of Mass Entrepreneurship and Innovation in Kaifeng City in 2019 and Prospects and Suggestions for 2020

Zhao Jianji / 187

Abstract: From the aspects of improving the policy system and support system of mass entrepreneurship and innovation, accelerating the construction of mass entrepreneurship and innovation platform, and establishing Kaifeng Science and Technology Innovation service Alliance, this paper summarizes the development of mass entrepreneurship and innovation in Kaifeng in 2019. This paper further analyzesthe existing problems of mass entrepreneurship and innovation in Kaifeng from the following aspects: insufficient high-level platform, lack of support for high-quality economic development, and imperfect transformation chain from innovation to entrepreneurship. On this basis, this paper puts forward the countermeasures and suggestions for Kaifeng City to carry out mass entrepreneurship and innovation and promote high-quality development from five dimensions: speeding up the construction of Zhengzhou-Kaifeng mass entrepreneurship and innovation science and technology corridor, improving innovation and entrepreneurship service carrier and incubation system, cultivating and gathering entrepreneurship and innovation talents, accelerating integration into Zhengluoxin National Independent Innovation Demonstration Zone, and optimizing innovation and entrepreneurship ecosystem.

Keywords: Mass Entrepreneurship and Innovation; Innovation-driven; High-quality Development; Kaifeng

Abstract: Innovation is the eternal theme of economic development of a country and a region, a city is a national and regional innovation machine and laboratory, transportation hub also provides basic conditions for the convergence of innovative resources. Therefore, the improvement of the innovation ability of regional central city based on the development of the transportation hub economy is of great significance to promote the high-quality sustainable development of Shangqiu economy. This paper analyzes the economic status, innovation ability and economic development status of Shangqiu City in Huaihai Economic Zone, points out the status of Shangqiu City as a regional central city in Huaihai Economic Zone, and puts forward policy suggestions for the improvement of innovation ability.

Keywords: Transportation Hub Economy; Regional Center City; Innovation Capability Improvement

B. 16 Evaluation of the Competitiveness of Advanced Manufacturing Industry in Jiaozuo and High-Quality Development Countermeasures

Yang Bo, Liu Tao and Zhang Yongheng / 216

Abstract: Advanced manufacturing industry is a high-end form of manufacturing industry; it is an important force to promote regional economic development. In order to further clarify the industrial positioning of Jiaozuo City, find the development direction of advanced manufacturing industry, Jiaozuo Industry and Information Technology Bureau and Henan Polytechnic University Taihang Development Research Institute organized a team to analyze the 27 manufacturing industries. This study conducts an empirical analysis on the competitiveness of the 2012 -2017 key manufacturing sub-sectors in Jiaozuo, by using the location entropy method and shift-share analysis. This study further identifies the subdivision of the top ten industries and puts forward the countermeasures for the high-quality development of advanced manufacturing industries.

Keywords: Advanced Manufacturing; Location Entropy; Shift-share Analysis; Jiaozuo

Abstract: At this present stage, Zhengzhou Aviation Port Area to improve the quality of mass entrepreneurship and innovation work with government services, to enhance the carrying capacity of mass entrepreneurship and innovation by carrier construction, to promote the level of intellectual support with talent education, to build a platform to enhance the level of innovation and entrepreneurship, to optimize the soft environment with policy support. At the same time, Zhengzhou Aviation Port Area actively explores the three-level incubation, mass entrepreneurship and innovation carrier construction, and production-innovation integration. However, there are practical problems such as weak resource base of science and education, lack of scientific and technological innovation, imperfect system of scientific and technological financial services and so on. The countermeasures put forward for the future high-quality development of mass entrepreneurship and innovationare: exploring the long working system of the innovation chain, accelerating the support of innovative leading enterprises, introducing and cultivating innovative leading institutions, and accelerating the cultivation of innovative leading talents.

Keywords: Zhengzhou Airport; Innovation and Entrepreneurship; High-quality Development

Abstract: Xinyang attaches great importance to mass entrepreneurship and innovation and high-quality development, actively promote business startups and innovation to constantly reach a new level. At the same time, Xinyang creates a good environment and takes innovation as the strongest driving force for development. In addition, Xinyang focuses on key projects and takes innovation as the crucial factor to enhance regional competitiveness. Furthermore, Xinyang seizes policy opportunities to ensure building a better old revolutionary base and a better life with high quality. Xinyang will concentrate on key goals and work hard to improve the quality and efficiency of mass entrepreneurship and innovation, and actively explore the road of achieving of "two better" high-quality development.

Keywords: Mass Entrepreneurship and Innovation; High - quality; Regional Competitiveness; Xinyang

Abstract: Since the introduction of the Guidelineon Deepening institutional reform and accelerating the implementation of the Innovation-Driven Development Strategy in 2015 and The Outline of the National Innovation-Driven Development Strategy in 2016, Xinxiang has adhered to the strategy of scientific and technological innovation and institutional innovation to establish a new system. In 2020, Xinxiang will continue to adhere to the new development concept, take supply-side structural reform as the main line, and take Zhengluoxin national independent innovation zone construction as the starting point. Furthermore, Xinxiang will upgrade the innovation and entrepreneurship environment, form a policy support system covering all aspects of innovation and entrepreneurship, thus to promote the high-quality development of the new township economy. Taking the opportunity of the pilot and demonstration construction of Made in China

2025, Xinxiang will accelerate the optimization and upgrading of the industrial structure, focus on building a modern innovation system and a modern industrial system, and accelerate the overall optimization to enter the ranks of innovation cities. In view of the existing problems such as weak industrial integration and low conversion rate of scientific and technological achievements, and the lack of strength of high-tech enterprises and the lack of high-level innovative talents. Xinxiang Municipal Government should take a long-term view, design and innovate the development system from the top-level, further strengthen the efforts to promote the integration of enterprises and industries, and effectively promote the cultivation and introduction of high-level talents and other strategies, so as to advance the development of high-quality economy by further constructing a modern economic system.

Keywords: Innovation City; Modernization Innovation System; Xinxiang

Ⅳ Enterprise Development

Abstract: On June 6, 2015, Jianye Group officially opens up a new blue ocean strategy transformation. Based on a six-month research on the enterprise, this paper explains what the new blue ocean strategy transformation is, why transformation, how to transform and other issues. Finally, the conclusion and inspiration are that to comply with the development trend of the times, innovation, people-oriented and good ecosystem is the key to the enterprise growth.

Keywords: Jianye Group; New Blue Ocean Strategy Transformation; New Lifestyle

B. 21 With the "Zhengzhou Model" of Cross-border E-commerce, Henan Bonded Group to Build a New Inland Opening Centre

Zhang Zhijuan, Cui Mingjuan / 283

Abstract: Henan Bonded Group, as the construction unit of Zhengzhou cross-border e-commerce pilot city, constantly innovate and explore, relying on the first cross-border e-commerce "Zhengzhou model" to help Henan to build a new inland opening centre, has achieved remarkable results, for Henan, China and even the world's cross-border e-commerce development has contributed Zhengzhou wisdom, not only Henan innovation and development of bright business card, but also become the national cross-border e-commerce development of the model of innovation. Facing the new situation, Henan Bonded Group should continuously improve the cross-border e-commerce "Zhengzhou model" from relying on the advantages of the platform to become bigger and stronger e-commerce industry, strengthen the "four silk roads" and so on, so as to accelerate the construction of inland open advanced zone.

Keywords: Henan Bonded Group; Cross-Border E-commerce; Zhengzhou Model; Inland Advanced Open Zone; Four-way Coordination

B. 22 Zhengzhou International Land Port to Contribute "Four-Way Coordination" Development

Guo Junfeng, Liu Xiao / 293

Abstract: Theconstruction of Zhengzhou International Land Port places on General Secretary Xi Jinping's high hopes of "building Henan into logistics channel connecting China and abroad, radiation east and west, and making more contributions to the Silk Road Economic Belt", which is an important business card for Henan to deepen its opening to the outside world. As the main body of the construction of Zhengzhou International Land Port, Zhengzhou International Land Port Company has embarked on the road of rapid development, with the help of the operation of China-Europe railway express. This paper takes Zhengzhou

International Land Port Company as an example, by summing up its current situation, experience, analysis of the problem, put forward relevant countermeasures, hoping that Zhengzhou International Land port can better facilitate the development of "four-way coordination".

Keywords: Zhengzhou International Land Port; China-Europe Railway Express; Belt and Road Initiative (BRI); Multimodal Transport

Abstract: As a local financial structure rooted in rural areas, Luyi rural commercial bank helps the countryside to revitalize while continuing to emancipate the mind, innovate products and optimize services. In the past two years, it has promoted the healthy and rapid development of various businesses by building the Party's leadership, solid deposit project and deepening the "three engines" of Jinyan Inclusive loan and has made positive contributions to the economic development of the county. Facing the challenges brought about by the fierce competition in the financial market and the application of new technology, Luyi rural commercial bank also needs to strengthen the overall application of science and technology, strengthening the risk control of credit products, paying attention to the training of internal employees, effectively addressing the challenges of Internet finance, and enhancing the endogenous power of banks.

Keywords: Luyi Rural Commercial Bank; Party Building Plus Finance; JinYan inclusive loan

Abstract: With the rapid development of the global economy, all enterprises want to go abroad, go to the world, market Chinese products to the world, and promote China's experience, while learning from international advanced technology and management concepts. Taking Shuanghui Group as an example, this paper introduces the practice of international operation of enterprises. First of all, this paper makes a brief introduction to Shuanghui Group' development and internationalization, and then discusses the dynamics and paths of internationalization of Shuanghui Group, and finally summarizes the experience of Shuanghui Group's international operation.

Keywords: Shuanghui Group; International Operation; Management Concept

B. 25 A Study on "3 +N" Poverty Alleviation Model of Muyuan Group to Advance Rural Development

Abstract: Poverty has always been a worldwide problem, and it is also the top priority of governments. Charitable organizations can help alleviate poverty, but not eradicate long-term poverty. Muyuan Group utilizes its own advantages to adapt to local conditions and lead people out of poverty. This paper first reviews the development course and achievements of the Muyuan Group, and then introduces the transition from the first "5 +" poverty alleviation model to the "3 + N" model. This paper also introduces the successful case of the "3 + N" poverty alleviation model in Neixiang county, Nanyang city, where the "3 +N" poverty alleviation model started. Finally, this study gives some policy recommendations for the shortcomings in the "3 +N" poverty alleviation model.

Keywords: Muyuan Group; "3 + N" Poverty Alleviation; Policy Recommendations

S 基本子库
SUB DATABASE

中国社会发展数据库（下设 12 个子库）

整合国内外中国社会发展研究成果，汇聚独家统计数据、深度分析报告，涉及社会、人口、政治、教育、法律等 12 个领域，为了解中国社会发展动态、跟踪社会核心热点、分析社会发展趋势提供一站式资源搜索和数据服务。

中国经济发展数据库（下设 12 个子库）

围绕国内外中国经济发展主题研究报告、学术资讯、基础数据等资料构建，内容涵盖宏观经济、农业经济、工业经济、产业经济等 12 个重点经济领域，为实时掌控经济运行态势、把握经济发展规律、洞察经济形势、进行经济决策提供参考和依据。

中国行业发展数据库（下设 17 个子库）

以中国国民经济行业分类为依据，覆盖金融业、旅游、医疗卫生、交通运输、能源矿产等 100 多个行业，跟踪分析国民经济相关行业市场运行状况和政策导向，汇集行业发展前沿资讯，为投资、从业及各种经济决策提供理论基础和实践指导。

中国区域发展数据库（下设 6 个子库）

对中国特定区域内的经济、社会、文化等领域现状与发展情况进行深度分析和预测，研究层级至县及县以下行政区，涉及地区、区域经济体、城市、农村等不同维度，为地方经济社会宏观态势研究、发展经验研究、案例分析提供数据服务。

中国文化传媒数据库（下设 18 个子库）

汇聚文化传媒领域专家观点、热点资讯，梳理国内外中国文化发展相关学术研究成果、一手统计数据，涵盖文化产业、新闻传播、电影娱乐、文学艺术、群众文化等 18 个重点研究领域。为文化传媒研究提供相关数据、研究报告和综合分析服务。

世界经济与国际关系数据库（下设 6 个子库）

立足“皮书系列”世界经济、国际关系相关学术资源，整合世界经济、国际政治、世界文化与科技、全球性问题、国际组织与国际法、区域研究 6 大领域研究成果，为世界经济与国际关系研究提供全方位数据分析，为决策和形势研判提供参考。

法律声明

“皮书系列”（含蓝皮书、绿皮书、黄皮书）之品牌由社会科学文献出版社最早使用并持续至今，现已被中国图书市场所熟知。“皮书系列”的相关商标已在中华人民共和国国家工商行政管理总局商标局注册，如LOGO（ ）、皮书、Pishu、经济蓝皮书、社会蓝皮书等。“皮书系列”图书的注册商标专用权及封面设计、版式设计的著作权均为社会科学文献出版社所有。未经社会科学文献出版社书面授权许可，任何使用与“皮书系列”图书注册商标、封面设计、版式设计相同或者近似的文字、图形或其组合的行为均系侵权行为。

经作者授权，本书的专有出版权及信息网络传播权等为社会科学文献出版社享有。未经社会科学文献出版社书面授权许可，任何就本书内容的复制、发行或以数字形式进行网络传播的行为均系侵权行为。

社会科学文献出版社将通过法律途径追究上述侵权行为的法律责任，维护自身合法权益。

欢迎社会各界人士对侵犯社会科学文献出版社上述权利的侵权行为进行举报。电话：010-59367121，电子邮箱：fawubu@ssap.cn。

社会科学文献出版社